U0720387

俾斯麦
与德意志崛起

BISMARCK AND THE GERMAN EMPIRE

[英]埃里克·埃克 / 著

戴玲珊 / 译

江苏人民出版社

图书在版编目（CIP）数据

俾斯麦与德意志崛起 / (英) 埃里克·埃克著；戴玲珊译 . —— 南京：江苏人民出版社，2024.4
书名原文：Bismarck and the German Empire
ISBN 978-7-214-29031-1

Ⅰ . ①俾… Ⅱ . ①埃… ②戴… Ⅲ . ①俾斯麦 (Bismarck, Otto 1815-1898) —生平事迹②德意志帝国—历史 Ⅳ . ① K835.167=43 ② K516.42

中国国家版本馆 CIP 数据核字 (2024) 第 023568 号

书　　　名　俾斯麦与德意志崛起
著　　　者　(英) 埃里克·埃克
译　　　者　戴玲珊
责 任 编 辑　张延安　胡海弘
装 帧 设 计　东合社·安宁
出 版 发 行　江苏人民出版社
地　　　址　南京市湖南路 1 号 A 楼，邮编 210009
印　　　刷　天津市新科印刷有限公司
开　　　本　880×1230 毫米　1/32
印　　　张　12
字　　　数　256 千字
版　　　次　2024 年 4 月第 1 版
印　　　次　2024 年 4 月第 1 次印刷
标 准 书 号　ISBN 978-7-214-29031-1
定　　　价　59.80 元

（江苏人民出版社图书凡印装错误可向承印厂调换）

目录

俾斯麦与德意志崛起

俾斯麦与德意志崛起

前言

我曾有幸在牛津大学历史系的邀请下，在贝利奥尔学院的礼堂主讲过一系列讲座，本书是以讲座内容为基础写成的。战争期间，我的一部重要作品，三卷本的《俾斯麦传》（*Bismarck*），于埃伦巴赫－苏黎世，由欧根·伦奇出版社出版了德语版本。本书中我试着总结了《俾斯麦传》的相关要点。诸位学者若希望详细研究我的理论和论据，请参考该书的完整版本，每卷附录也有具体论据。

在此，我想感谢我的儿子弗兰克·艾克（Frank Eyck），他协助我筹备了本书的英文版本，并在我旅居国外期间，完成了本书的出版工作。

埃里克·埃克

1949 年写于汉普斯

绪论

　　这是一本围绕着一位 19 世纪下半叶最重要的人物展开的书。无论是对德国还是欧洲的历史进程和社会发展，俾斯麦都起到了举足轻重的作用，他产生的影响比同时代其他任何政治家都要深远。那时，位于欧洲大陆中心的德意志民族实现了民族统一，奥地利被逐出德意志和意大利，法兰西第二帝国衰落并在普法战争中战败、法德长期对立、德意志帝国和哈布斯堡君主国①结盟，丹麦王国解体等一战前欧洲历史上的里程碑事件，都有俾斯麦的功劳。同时，虽然当时不显著但不容忽视、影响深远的是，德意志人民的精神和心态也发生巨大变化，这也应归功于俾斯麦。

　　对大多数人来说，俾斯麦是"铁血宰相"的代言人。俾斯麦曾亲口说出"铁和血"这个词，并将其贯穿整个政治生涯；但是，它并不能完整概括俾斯麦。俾斯麦的智慧远超同时代的所有政治家，其卓越成就不仅被普鲁士人民认可，也获得了德国以外的欧洲政治家们的一致称赞。1870 年普法战争中法国战败，拿破仑三世垮台，法兰西共和国外交部长儒勒·法夫尔承担了签署停战协定的艰巨任务。尽管他不可能会喜欢俾斯麦，但还是称赞俾斯麦是一个"超乎想象的政治家"。英国首相索尔兹伯里勋爵曾尖锐批评过俾斯麦的政策，但在俾斯麦下台后，他写道："德意志民众的亚希多弗②不在了，但这位长者的非凡影响力会永存人心。"

---

① 此处代指哈布斯堡王朝统治的奥匈帝国。——译者注
② 《圣经》中大卫王的谋士。——译者注

俾斯麦的个人回忆录《思考与回忆》（*Gedanken und Erinnerungen*）备受博闻强识的英国历史学家乔治·古奇赞誉，他说这本书"对治国理政有着无可比拟的启发价值""所有的政治家，历史系的教师与学生，都应该把这本书放在手边，以供随时翻阅"。这本书不仅有着无比深远的政治影响力，还是一部文学杰作，书中的许多场景都令人难以忘怀。俾斯麦的文采极好，留下了许多文字曼妙的德语书信，其中最值得品读的就是他写给未婚妻约翰娜（后来成为他的妻子）的信件。这些信将德语文字的美发挥到了极致。

上文对俾斯麦的介绍只是表明，他这个人值得研究。但他是否将杰出的天赋真正用在了为伟大理想鞠躬尽瘁，是否真正推动了德国乃至欧洲的进步与发展，是属于正义还是邪恶一派等问题，都值得细细揣摩，我将在后文进行尝试性的探讨。

俾斯麦出生于 1815 年，这一年拿破仑在滑铁卢战役中战败。他比迪斯雷利小 11 岁，比格莱斯顿小 6 岁。1862 年，俾斯麦就任普鲁士首相，同时期帕麦斯顿任英国首相，亚伯拉罕·林肯任美国总统。俾斯麦治理普鲁士和德意志帝国的生涯长达 28 年，直到 1890 年，也就是维多利亚女王在位的第 53 年，他被德意志皇帝、普鲁士国王威廉二世撤职。他与格莱斯顿在同一年即 1898 年去世，享年 83 岁。1871 年 1 月 18 日，他达到了人生的巅峰：在凡尔赛宫镜厅，俾斯麦宣布德意志帝国成立，普鲁士国王加冕成为尊贵的德意志皇帝。而 48 年后，也就是 1919 年，德国在同一地点签署了第一次世界大战的停战条约。

俾斯麦与德意志崛起

第一章

厚积薄发

一、俾斯麦的青年时代

俾斯麦的父亲是普鲁士容克（Junker）。"容克"没有确切的英文对应词汇，因为英国没有与之相对等的社会和政治等级。容克们既是贵族，又是大地主。如果某个德国人名字中间有"冯"这个字眼，那么这个人一定是德国贵族。但容克和英国贵族统治阶级差别很大：容克的物质财富和政治影响力远远无法与英国贵族相比。18或19世纪，英国贵族的生活对普鲁士容克来说几乎是无法想象的。许多德国容克只能说是小贵族，他们靠担任军官或公务员维持生计；但容克和平民之间的界限比英国更加严格，这是因为德国容克后代和平民的区分方式被严格保留了下来，其中就包括"冯"的传承。在英国，只有男爵的长子能继承爵位，其他儿子则成为平民，比如温斯顿·丘吉尔的爷爷是公爵，但因为丘吉尔的父亲排行老三，没能继承爵位，他只能被称为丘吉尔先生。而俾斯麦虽非家中长子，仍然是奥托·冯·俾斯麦，一位德国容克。"冯"鲜明地将贵族与平民，一般市民、资产阶级和中产阶级（Bürgerlichen）区分开来。

通过名字来区分阶层，具有社会和法律的双重意义。这一点在腓特烈大帝统治时期尤为明显，他曾出台政策，保护容克手中的地产（德语称为 Rittergüter，"骑士封地"）并让容克们世代担任军官。政策强调："贵族的子孙后代保卫国家，血统优良，我们要尽一切可能维护他们世世代代的容克身份。"虽然在俾斯麦出生时，这些特权已从法律上废除，但事实上它们仍然存在；在当时的普鲁士军队中，尤其是步兵的精锐部队和骑兵部队中，仍然只有容克能担任军官。1806 年，拿破仑在耶拿击败了普鲁士后，施泰因男爵和哈登贝格伯爵先后进行了普鲁士农奴制改革，自此贵族地主的法律地位发生重大变化。此前，农民世世代代依附于贵族地主（Erbuntertan），而施泰因男爵的改革则让他们获得解放，成为自由农民。这项改革发生于 1807 年，此时离俾斯麦出生仅有 8 年时间。诚然，法律层面的改革无法在短短几年内改变社会习俗和思想认知，当时的贵族仍然是城市和农村社区事务的行政首长，管辖当地居民。甚至在俾斯麦的青年时期，当他在父亲的庄园长大时，他身边的人还是会对贵族的统治和独裁命令习以为常，并将俾斯麦家族视为他们天生的主人。

容克与英国贵族之间最明显的区别在于，德国从未出现过辉格党。当然，普鲁士容克中也有一些思想自由的人（伟大改革家冯·施泰因男爵不在其列，因为他出生于德国西部，并非土生土长的普鲁士人）。举例来说，19 世纪 60 年代，激进派进步党的议会领袖是东普鲁士贵族冯·霍韦贝克男爵。容克们的政治思想往往是一致的，他们是极端的保守派，狂热地反对改革，对于自身在法律、物质或社会层面的特权不愿做出丝毫让步。他们直截了当地反对施泰因男爵和哈登贝格伯爵的农奴制改革，最终取得了巨大成功。以至于可怜的农民仍然难以翻身。在拿破仑垮台后，普鲁士的危机得以解除，而改革也随之被容克们彻底阻止了。那时，保守派的一位领袖指责改革者，称他们"非得把好好的传统的普鲁士变成一个新奇怪异的犹太国家"；有的人则愤怒呼喊，"倘若我们与自由的农民为邻，美丽的乡村将沦为我们的地狱"。容克们是狂热的保皇党，但这也要以普鲁士国王能够维持他们的传统特权，尤其是在军队和政府部门优先晋升的特权为前提。

俾斯麦也十分重视自己的容克身份。1848年，他告诉一位与他交好的自由派议员："我是容克，我希望这个身份能给我带来优势。"其实，从父亲的家族来看，他的确是容克，但他母亲威廉明妮·门肯没有贵族血统，只是中产阶级家庭出身——她的父亲是一位受到腓特烈三世重用的高官。毫无疑问的是，俾斯麦的母亲比他的父亲更聪明，对他的思维影响也更大；父亲则只能说是一位平庸之辈。在母亲的影响下，继承了敏感活跃的头脑、丰沛的活力与超群智慧的俾斯麦对很多问题都有自己的想法，也能产生明确的见解，比如人类存在的意义、所需承担的道德责任，以及为了实现人生目标需要接受什么教育等。不过，威廉明妮鲜少对俾斯麦表达过什么关怀，还经常过度干预他的个人意志，这让俾斯麦对自己的这位母亲一直没什么好感。

作为贵族家庭的小儿子，俾斯麦有两条职业道路可选，一种是做军官，另一种是做高级行政部门或外交部门的官员。然而俾斯麦反感严格的军队纪律，因此选择了第二条路。要想在普鲁士行政部门谋得一官半职，他首先得学习法律，然后在司法和行政部门做几年不拿工资的候补官员（Referendar）或见习生（Auskultator）。于是俾斯麦离开了普鲁士，去到汉诺威的哥廷根大学学习法律。但他学习不太认真，也很少去听讲座，过着随心所欲的"学生团"生活。他很爱喝酒，至少与他人决斗过25次，还欠下了大量债务。转学到柏林大学后，他还是不去听课，甚至见到大学里的知名教授也会躲着走，但他还是顺利地通过了司法考试，在靠近比利时边境的莱茵省的亚琛担任见习生的职位。那时，亚琛是国际闻名的疗养胜地，借着这层关系，俾斯麦也融入国际社交圈，还在那里遇到了一位美丽的英国姑娘，随后便同她坠入了爱河。据推测，这位姑娘是克利夫兰公爵的侄女拉塞尔小姐，两人很快便订了婚，随后俾斯麦便随她一同离开了亚琛，把所有公务抛诸脑后。在一封写给朋友的信中，俾斯麦甚至提到他们计划在1838年3月在莱斯特郡的斯卡斯代尔举行婚礼。

当时的事情我们已无法得知，但在后来的信中，俾斯麦提到拉塞尔小姐遇到了一位50岁的独臂上校，这位上校有5000塔勒的年收入，并且"俘获了船"。面对情感上的挫败，俾斯麦只好返回亚琛，但几个月后，他又辞职了。对于辞职的原因，他在若干年后的一封重要信件中给出了解释："普鲁士官员就像管弦乐队的队员，而我只想演奏自己喜欢的音乐，否则我宁愿不去演奏。"这句话精确地概括了他的性格特质：从年轻时他就立志做领袖，无论去到哪，别人都必须以他为首，对他人俯首称臣不是俾斯麦的作风。

此后他返回父亲的庄园，开始务农，管理父亲的部分产业。但很快他又失去了耐心，这种生活完全不能让他提起兴趣，只能让他感到失望。为了打发时间，他做了许多其他事情，而这种放浪形骸的生活方式又为他博得了"狂放不羁的俾斯麦"（Der tolle Bismarck) 的绰号。他曾去英国旅游，虽然他很喜欢这个国家，却很讨厌这里的星期天；后来，他解释说，有一个星期天，当他在利斯边吹着口哨边散步时，有人当面对着他说："先生，请不要吹口哨。"在这段时间里，俾斯麦读了很多书，有哲学，有梅涅和莱瑙的诗，还有大量历史书籍。不过，直到 30 岁前，他的人生似乎还只能用"一败涂地"来形容。

随后，与玛丽·冯·塔登的友谊为俾斯麦带来了人生转折点。玛丽的父亲是一位来自特里格拉夫的波拉美尼亚贵族，名叫阿道夫·冯·塔登，他是一个由一群虔诚绅士组成的怪圈子的中心人物。这个奇怪的圈子极其虔诚地信仰基督教，坚信《圣经》的每个字都蕴含着上帝的启示，有些行为在外人看来难以理解。而那时的俾斯麦则与他们完全相反，他是位自由思想家，信仰不可知论和斯宾诺莎的思想，还是位黑格尔的激进信徒。虽然玛丽曾与俾斯麦深入讨论过宗教信仰相关的问题，两人也都被彼此深深吸引，但已经与俾斯麦的朋友订婚的她最终还是与这位朋友结了婚。最终，这个故事也只有一个令人唏嘘的结局：玛丽在婚后一年就离世了，她病重时，俾斯麦 16 年来第一次向上帝祈祷。此后，他感到生命的第一个阶段落下了帷幕。

在玛丽过世前，她曾将自己的朋友约翰娜·冯·普特卡默介绍给俾斯麦。俾斯麦明白，玛丽是在为二人牵线搭桥，于是他便试着去追求约翰娜，并向她求婚。约翰娜虽然愿意接受求婚，但作为一位虔信的基督徒，她提出：她只能嫁给一位基督徒，而且只有得到父亲的同意，才能举行婚礼。在 1846 年 12 月，俾斯麦给约翰娜的父亲写了一封信，这封信深刻地反映了他的内心世界的变化。信写得十分精彩，开放坦诚，富有阳刚之气，而且极为聪明灵活：他将为玛丽而第一次向上帝祷告作为故事的中心和转折点，把自己宗教信仰的发展历程写得引人入胜，最终让约翰娜的父亲也深受感动。几周后，两人订婚了。

当然，关于这封著名的信件到底是真实地描述了俾斯麦的宗教信仰发展历程，还是只为了达到娶走约翰娜的目的而采取的权宜之计，这一点还需要进行一番探讨。也许，两者兼而有之，俾斯麦此时确实开始了从不可知论者向基督徒的转变；但他的交际手腕也在这封信中展露无遗。他深谙人性和交往话术，清楚该如何呈现论点，传达情感，来达到目的——这种能力在他的信件中反复体现。他身上展现出一种令人无法拒绝的特质，和迪斯雷利比起来也毫不逊色，而他的信也像迪斯雷利写给维多利亚女王的信那样展现了强大的说服力。

从这天起，他开始对外宣称自己是基督徒。许多年来，他写给妻子的信中，虔诚的宗教信仰跃然纸上。至少在此后若干年里，他一直坚持做礼拜。对于那些将宗教戒律在现实生活中的应用作为是否虔诚的检验标准的人来说，他们可能会感到好奇：俾斯麦的一生中，到底在多大程度上受到了基督教义和宗教规范的影响？他的个人行为和政治决策又受了多大影响？对于这个问题，笔者无法拿出相关的确凿证据，但只要我们回顾一下 1870 年普法战争期间，俾斯麦如何根据宗教信仰来指导战争，就能找到想要的答案。第一个例子是他对德法两国士兵的军人操守的对比："法国人没有德国人那么有责任感，德国士兵能不惧生命危险，在黑夜里独自坚守岗位。这是因为我们的普鲁士人民有信仰；他们知道，即便没有中尉监督，仍然有人注视着他们的一举一动。"对此，一位外交官讽刺说："如果

俾斯麦与德意志崛起

俾斯麦相信上帝，那他一定认为上帝也是个普鲁士人。"
第二个例子则发生在色当战役后，那时俾斯麦告诉英国外
交官爱德华·马雷，他决定吊死所有不穿制服的武装人员（也
就是所有的法国义勇兵），还说"我不认为生命有多重要，
因为我相信来世"。对于他的发言，维多利亚女王感到难
以置信："仅从这番话就足以看出，俾斯麦是个多么冷酷
无情的人。"事实上，如果罗马天主教的大审判官要烧死
异端，也会给出同样的借口。

　　在皈依基督教后，俾斯麦在仕途上开始平步青云。由
于立场与容克趋于一致，在此后政治生涯的斗争中，容克
成为俾斯麦的政治盟友。尤其重要的是，在虔诚的基督教
信徒圈里，有些对国王腓特烈四世影响重大的人物，其中
最为突出的是一对兄弟：国王的私人副官利奥波德·冯·格
拉赫将军和高级上诉法院院长路德维希·冯·格拉赫。他
们是柏林和宫廷社会中高级托利党的领袖，1847 年，俾斯
麦到柏林参加第一届普鲁士"联合省议会"(Vereinigter
Landtag) 时，就曾向这两人讨教建议、了解信息。

二、1847 年的联合省议会

　　"联合省议会"这个名字看起来十分古怪。它有什么
工作职责？为何建立？谁起了这么一个名字？在 1847 年，
普鲁士还是一个君主专制国家，国王完全掌握行政权和立
法权，制定或撤销法律就在国王的一念之间，国家也不存
在任何形式的民主代表机构。不过，在拿破仑屡战屡胜的

普鲁士危难时刻，腓特烈三世曾许诺说："普鲁士各省乃至整个国家都可以选举民主代表。"

1815年，拿破仑忽然从厄尔巴岛秘密回国，令整个欧洲震动，而腓特烈三世为了打败他也再一次做出了同样的承诺。在爱国者和忠诚的人民的努力下，普鲁士赢得了解放战争，解除了民族的危机——但腓特烈三世则把他的承诺忘得一干二净。他只是在1820年颁布了一道命令：今后如果国王要借公债，必须要征得国家会议制度（Reichs-Stände) 的同意。

谁来组成国家会议制度？等到国王政令需要实施时，答案自然见分晓。腓特烈三世直到1840年去世时都没有出现过要借公债的情况。他的长子腓特烈四世是个多才多艺的人，精力旺盛、能说会道、富有智慧、有敏锐的艺术和文学嗅觉——可惜，他唯独不具备做国王和统治者所必需的那些品质。在普鲁士的动乱时期，他的弱点被更加明显地凸显出来。他缺乏目标感，厌恶做简单和合乎逻辑的事情。他的密友冯·格拉赫将军曾在日记中写道："国王认为他的大臣们是一群蠢货（Rindvieh），总是不厌其烦地和他讨论国家事务。"腓特烈四世将一切普鲁士的优良传统视为眼中钉，对官僚机构和公务员有一肚子不满意，即便他们尽职尽责、廉洁奉公、没犯任何错。他还总是有一套响亮的说辞，用来粉饰自己的荒唐想法——但这只会让情况变得更糟。俾斯麦曾在晚年时评论说："如果你试图控制他，会发现他本性圆滑，完全不受控制。"

然而，现在国王必须面对国民代表权的问题。随着铁路时代的到来，普鲁士不得不开始修建铁路。其中最重要的一条铁路是连接柏林与普鲁士东部各省的铁路，这条线路不仅军事上举足轻重，经济意义也十分重大，是一条不得不修的大动脉。然而，普鲁士此时已经掏不出修建铁路的资金，唯一可行的途径是借公债，而借公债就势必要征求国家会议制度的同意。最先需要解决的，就是国家会议制度的具体形式、制度结构和会议代表成分问题。对于腓特烈三世关于国民代表权的承诺，普鲁士人民，或者至少是受过教育的中产阶级，都期盼着"国家会议制度"的实施能推动国民代表权的实现，并促进普鲁士宪法的制定。可是，国民代表权和制定宪法属于自由主义的要求，而这正是国王所深恶痛绝的，他认为自由主义等同于发动革命。在他看来，国民代表权与可怕的人民主权原则有着密切联系，与他的神授君权（Gottesgnadentum）水火不容。另外，他也认为，给民众划分等级（Stände）符合自然之道和基督教秩序。众所周知，1789 年的法国三级会议（États Généraux）将议员分为三个等级——贵族、神职人员和第三等级（Tiers État）；而法国大革命的第一步就是摧毁等级界限，消除等级区分，合并为一个议会。腓特烈四世国王希望回归到革命前的状态，召开一个由骑士封建主（Ritterschaft）、城市居民（Bürgerschaft）和农民（Bauernschaft）三个等级组成的议会，并要求普鲁士各个行政区的省级议会（Provinzial-Landtag）也要遵照这种构成方式。1847 年 2 月 3 日，腓特烈四世下令召开由各省议会组成的联合大会，"联合省议会"自此形成。

腓特烈四世的做法引起了公众的强烈不满，人们觉得自己受到了欺骗。这也难怪，毕竟"联合省议会"和国王承诺的民主代表机构不同，只是一个胆小怯懦、神经质的浪漫主义者伪造出来的替代品。当然，无论"联合省议会"

有着怎样多的缺点，它仍然是普鲁士向君主立宪主义迈出的巨大的一步。国王开始允许报纸如实发表议会辩论的逐字报告，而此前，严苛的审查制度一向禁止报刊以任何方式刊登德国或普鲁士的政治事务。议会辩论内容发表后，柏林或马格德堡、格尼斯堡或科隆的读者第一次读到了这些与自身权益息息相关的内容。对于这个完全没有什么"出版自由"可言的国家来说，这无疑是个巨大的进步。那些发表令人叹为观止的演讲，无畏捍卫民众权利与自由的人能够第一次出现在普鲁士人民面前，而他们也因此备受追捧；少数反对自由主义呼声的人却不得人心，甚至被人民视为仇敌。

然而，有一个人不仅对这种不得人心毫不在意，甚至还追求人们来讨厌他。这就是我们的主人公，萨克森骑士（Sachsische Ritterschaft）的代理人俾斯麦-申豪森（Bismarck–Schönhausen）先生[①]。他有着最保守、最反动的观点，为了强调，他甚至不惜用最令人反感的方式来表达。他与冯·格拉赫兄弟交往密切，有时还公开在议院讲坛上发表与他们一致的观点。俾斯麦独特的表述方式带有浓郁的个性风格，批评力度大且富含讽刺意味，当时容克无出其右。这一时期，年纪轻轻的俾斯麦已能熟练运用这种技巧，任意解读对手的观点，令其自相矛盾，无法自圆其说。他的一系列主张和极具挑衅意味的表达总是能令公众感到愤怒。用当时一位自由党领导人的话来说就是"俾斯麦是中世纪精神的化身"。很快，普鲁士宫廷和容克贵族们便将俾斯麦视为捍卫他们的思想和利益的最强有力的

俾斯麦与德意志崛起

[①] 申豪森（Schönhausen），地名，位于今德国萨克森-安哈尔特州。俾斯麦出生于此。——译者注

人物。

联合省议会否决东普鲁士铁路的公债申请后，大会便提前结束了。联合省议会的否决意义深远，通过它，我们可以一窥这一时期普鲁士人民的典型心理。这条铁路的用处和意义非同小可，但大多数议员（包括和这条铁路利害攸关的东普鲁士议员）仍然否决举公债，理由是不合宪法。他们质疑联合省议会的合宪性，批评联合省议会不符合1820年的法律，而该法律从未被废除过，理应具有法律约束力。他们提出，普鲁士君主国是一个法治国家（Rechtsstaat），法律高于一切，国王也不例外。违反宪法的行为只会威胁国家的未来和前途，无论这条铁路再怎么不可或缺，为了维护宪法的无上尊严，他们宁愿推迟修建。值得注意的是，普鲁士议会绝非激进派，反对派的大多数成员也秉持着极为温和的自由主义；若是在英国，他们的主张甚至根本称不上是自由主义。

联合省议会闭幕后，俾斯麦于1847年7月与约翰娜·冯·普特卡默完婚。这段幸福婚姻一直维持了47年，直到1894年约翰娜离世。俾斯麦对这段婚姻十分满意，虽然约翰娜资质平庸，思想或头脑完全无法与俾斯麦相提并论，但她仍然是俾斯麦的理想型妻子，因为俾斯麦从没想过娶一个能做他助手，或能进行深层思想交流的妻子。约翰娜不理解甚至不关心俾斯麦的政治主张。全世界铺天盖地地讨论俾斯麦的主张时，她依旧一无所知，但俾斯麦并不认为这是妻子的缺点。在他看来，妻子只属于家庭领域，而约翰娜具有俾斯麦看中的所有必要的特质。约翰娜将妻子和母亲的角色扮演得很好，她富有爱心，细心体贴，倾力照顾俾斯麦的生活，毫无条件地崇拜、追随他。俾斯麦和他人起政治冲突时，她会用无比单纯而片面的视角理解这一切。她友好地对待俾斯麦的朋友和追随者，由衷地憎恶和俾斯麦起冲突或相对立的人。

度蜜月期间，俾斯麦在威尼斯见到了国王腓特烈四世，两人进行了漫长而私密的谈话，由此看来俾斯麦在联合省议会的演讲和表态已经得到了这位国王的认可和欣赏；也许，那时的俾斯麦已经开始期待得到国王的提拔了。不过也恰好在此时，有一件重大事件登上了历史的舞台。

三、1848 年革命

1848年2月，法兰西国王路易·菲力浦（Louis-Philippe）被罢黜，法国第二次成为共和国。几周后，旧秩序的领头人、全权的奥地利帝国首相梅特涅（Metternich）亲王被迫辞职。革命浪潮很快波及到德意志，并冲击了普鲁士。3月18日，柏林爆发了街头巷战。次日，国王从首都柏林撤兵，答应了民众的主要诉求：选举议会、制定宪法、言论和新闻自由等。

德意志革命有两个目标。第一，德意志各邦人民都希望结束专制政府的统治，并选举出代表人民利益的代表；这个目标在一定程度上实现了。除了梅克伦堡的两个地位不大重要的公爵领地，专制主义基本走到了尽头。普鲁士成为一个君主立宪制国家，尽管普鲁士议会离德意志自由派人士和人民奋力争取的理想仍相去甚远。奥地利的革命则是一度失败，并陷入了专制主义的压迫，但在1859年索尔费里诺战役奥军战败后，君主立宪制最终还是得以确立。

第二，德意志各邦人民都希望实现德意志邦联地区的统一。这无疑是对1815年维也纳会议的颠覆。拿破仑倒台后，各国政治家齐聚维也纳，并消除了意大利等民族的团结统一愿望。意大利的情况比德意志还要糟，一大部分领土要受制于外来统治者，米兰和威尼斯甚至成为奥地利的行省。梅特涅公开否定意大利民族的同质性，声称意大利只是一个"地理概念"。

1848年，德意志只有最北部的石勒苏益格－荷尔斯泰因还在丹麦人手上，其余部分则分裂为38个不同的邦国。这些邦国以普鲁士和奥地利两大强国为首，还有巴伐利亚、符腾堡、汉诺威和萨克森四大王国以及若干个几乎在地图上找不到的小邦国。38个邦国以德意志邦联的名义联合在一起，邦联势力松散，德意志人民对自己的事务根本没有任何发言权，更谈不上在保护德意志整体民族利益的基础上，推行令德意志统一的政策了。整个德意志邦联不过是不同邦国组成的联盟（Staaten-Bund），绝非德意志自由党人希望的一个联邦制国家（Bundes-Staat）。

德意志邦联仅有一个共同的代表机构，即位于美因河畔法兰克福的邦联议院（Bundestag），由各邦政府派遣代表组成议会，奥地利皇帝的代表则负责主持会议。而联邦制国家不仅要构建自己的政府、议会、立法机构、行政机构、组建公务员团队，还要组建自己的军队；普鲁士、巴伐利亚等国家将成为联邦下属成员国，不再享有独立制定外交政策的权力。美利坚合众国和瑞士已经有过这种联邦形式的先例，但德国仍需找到适合自身的联邦组成形式。

革命的压力，促使德意志邦联议院的代表自行解散了议院，此后德意志邦联表面上被废除了。全体德意志民众推选代表，组成了第一届德意志国民议会，开始探索德意志的组成形式，会议在古老的自由城市法兰克福的圣保罗大教堂举行。这届会议聚集了德意志的著名人物，德国最优秀的头脑们都将希望寄托在了这里。

但是，有一个人对形势的变化忧心忡忡。他就是身在柏林的普鲁士国王。国王感到，自己统治下的土地正摇摇欲坠。这位国王一向行事冲动，对德意志民族统一事业只是暂时表达了认可，并试图谋取统一事业领袖的地位。在从柏林撤兵几天后，国王骑着马，头顶飘扬着象征德意志的黑红金三色旗，领着一支庄严肃穆的队伍穿过柏林街道，发表了热情洋溢的讲话："我希望德意志获得自由、实现统一。"他还在一份公告中表示，"普鲁士今后将融入德意志"。

也就是在宣布公告这天，久居乡下的俾斯麦来到了柏林。他十分反对革命，根本不理解发动革命的必要性，认为这不过是一场街头起义，只需在农村人口中发动一次反革命就足以镇压。他想组织一场反革命运动，却遭到身边所有人的反对，人们表示他没有任何获胜的可能，也不会有人愿意加入他。

在这段时间还发生了一件大事：俾斯麦见到了威廉亲王的妻子奥古斯塔王妃。威廉亲王是普鲁士国王的弟弟，是王位推定继承人，拥有"普鲁士亲王"的头衔。他被认为是专制主义的狂热支持分子和新秩序的敌人。因此，革命胜利后，他被迫偷偷逃离柏林，去往伦敦，因为那里聚集了许多流亡权贵和政治家。在伦敦，亲王得到了维多利亚女王及其丈夫阿尔伯特亲王的热情款待。在几周的时间内，威廉亲王一直与关注着故乡现代化和自由主义发展的阿尔伯特亲王 ① 保持着接触，在多次谈话后，他了解了许多自己在担任普鲁士军队将军期间不曾发现的事情。

而奥古斯塔王妃则在帮助丈夫出逃后独自留在了波茨坦，并在这里同俾斯麦会面。对于这次会面的内容，俾斯麦在回忆录《思考与回忆》中描述的内容带有强烈的主观情感，以至于过度渲染和歪曲了事实。实际上，俾斯麦是以普鲁士国王的弟弟查尔斯亲王使者的身份来到波茨坦的。查尔斯亲王也是一位反动派，不仅强烈支持反革命，还因热衷阴谋而在王室中臭名昭著。查尔斯亲王计划将威廉亲王夫妇的儿子腓特烈·威廉王子（也就是后来的腓特烈三世皇帝）控制在自己手里；俾斯麦则向奥古斯塔王妃提出，普鲁士亲王应该让位给儿子，然后由查尔斯亲王借王子之名，扬起反革命的大旗。

然而，奥古斯塔王妃是支持自由主义的。她强烈反对查尔斯亲王的立场，因此断然回绝了俾斯麦的提议，导致俾斯麦的整个计划立刻崩溃。此后，奥古斯塔王妃一直记恨着俾斯麦，为他参与过这一肮脏阴谋耿耿于怀。1862 年，俾斯麦就任普鲁士首相时，已经成为王储的腓特烈·威廉王子在日记中如此写道：母亲视俾斯麦为“不共戴天的敌人”。实际上，俾斯麦也一直视王妃为自己的死敌，认为是她导致了计划的全盘失败。在每一部著作和谈话中，俾斯麦都会将自己对奥古斯塔王妃最愤慨无情的攻击充斥进去。

在与奥古斯塔王妃结束那场灾难性谈话的几周后，俾

---

① 阿尔伯特是德国萨克森－科堡－哥达公爵恩斯特一世的小儿子，生于德国巴伐利亚州。——译者注

斯麦作为联合省议会的议员再次赶往柏林，这次会议旨在为普鲁士向新宪政国家过渡做准备，并永久解散联合省议会。几乎所有议员，甚至几周前还热心支持专制统治的议员，都对新发展喜闻乐见——但俾斯麦例外。他在议院演讲时说道："王室作茧自缚，颠覆了旧时代的秩序，我比你们许多人都更加痛惜，因为仅凭人力是无法复活旧时代的。"俾斯麦认为失败原因该归咎于国王本人。几周后，国王接见他时，他更是毫不留情地责怪国王软弱无能。尽管王后试图从中调解并辩称国王在 3 月普鲁士危难之时都没怎么睡觉，但俾斯麦仍然回击道："国王不睡觉还怎么理政！"

　　此后，俾斯麦的议会生涯暂时告一段落，新的普鲁士国民议会由普选产生，没有哪个选区的选民希望由俾斯麦这样一个中世纪容克来代表他们的权益。但俾斯麦并未停止参与政治事务。他不遗余力地组建容克党，为反革命运动做准备。他与冯·格拉赫兄弟保持着密切联系，他们当时在宫廷和国王身边发挥举足轻重的作用。冯·格拉赫兄弟和一些宫廷侍卫组成了臭名昭著的奸党（Camarilla）和秘密顾问团（Ministere Occulte），秘密从事着破坏一切官方所做的工作。尽管在表面上，普鲁士国王转向立宪主义和德国统一，但内心深处十分难堪，一心期盼着能将 3 月那段昏暗糟糕的历史抹消掉，尽快回归昔日普鲁士神授君权的辉煌时代。因此，无论格拉赫兄弟和奸党在他耳边如何煽风点火，他都会热切聆听。普鲁士第一个符合宪法的政府部门成立的那天，格拉赫在日记中写道："秘密顾问团建成了！"

　　在容克党组建的过程中，有两件事意义重大。其一是容克党创办了一份日报，名为《十字军报》（*Kreuz-Zeitung*），旨在坚定捍卫个人利益，极富挑衅和好斗精神。俾斯麦是该报主要撰稿人，他的文章傲慢不逊、讽刺性强。其二是弗里德里希·朱利斯·施塔尔帮助反动派制定了一套政治学说，他就职于枢密院（Geheimer Rat），也是柏林大学的法学教授，在德国学术界享有盛誉。他出生于犹太家庭，在学生时代就皈依了新教，天赋异禀，擅长演讲和写作。有人曾说，上议院（Herrenhaus）开会时，施塔尔一站起来讲话，普鲁士的容克贵族就簇拥着他，仔细倾听，就像是圣灵要来亲自传播智慧，他们须得万分尊敬才行。俾斯麦也在给妻子的信中吹捧说：施塔尔能和迪斯雷利比肩而立，用来描述迪斯雷利的话也能用在施塔尔身上，"他教育了自己的政党"。

施塔尔太过聪明，以至于忽略了一个事实：专制统治的时代已经成为过去时，赋予人民代表权力势在必行。在施塔尔心中，即便注定要建立君主立宪国，他还是想为皇室保留尽可能多的权力。他发明了一套后来被称为"德意志宪政"的制度，与议会制政府不同。这一学说主张：凭借国王的信任，普鲁士政府才得以运行，因此国家政策不应被议会的想法左右。这与英国及其他实行议会制的国家不同：在英国，如果议会通过对政府的不信任案，内阁就要下台。

施塔尔竭尽全力维护这一学说，也确实取得了最大限度的成功。普鲁士君主立宪制执行期间，大臣只需要赢得国王的信任，无论议会如何反对，他也不可能被赶下台。不过我们也必须看到的是，只有俾斯麦才能够顶住民众激烈的反对压力，坚持贯彻这项原则，甚至在德意志帝国时期也能继续维持运行。

此后，1848年革命的势头逐渐疲软下来。1848年6月，在激烈的巴黎巷战中，卡芬雅克将军击溃了法国社会主义者和激进派的叛乱。1848年12月，拿破仑·路易·波拿巴以绝对优势当选法兰西共和国总统。10月，新任奥地利皇帝弗兰茨·约瑟夫的军队在克罗地亚将军耶拉契希的带领下，击垮了匈牙利革命，冯·温迪施格雷茨将军也成功地镇压了维也纳的革命。到1848年12月，国王大获全胜，柏林奸党也尝到了甜头：冯·弗兰格尔将军占领了柏林；霍亨索伦皇室的私生子勃兰登堡伯爵成为普鲁士首相，并解散了普鲁士的国民议会。12月5日，腓特烈·威廉四世国王在没有与议会协商的情况下，颁布了一部宪法并下令执行。这是专制统治者强行推行的，被称为"钦定宪法"（octroyierte Verfassung）。然而，它与国民议会委员会此前通过的宪法大同小异，那部宪法被容克贵族称为"瓦尔德克宪章"（Charte Waldeck），这个名字来源于普鲁士高等法院法官的激进派议员瓦尔德克，他是国民议会委员会的主席和重要推动人。这部钦定宪法甚至保留了普选权，为了组成议会，普鲁士需要选举新的议员，而俾斯麦也借着这次机会在勃兰登堡的一个选区以微弱优势成功获得了一个议员席位。此后，他便顺理成章地成为下议院极右派的领军人物之一。

普鲁士国王和大臣之所以没有让新宪法变得更加反动，一大原因是德意志统一的问题尚未解决。圣保罗教堂的法兰克福议会仍在商议普鲁士的宪法，其中一个重要问题是领导德意志的应该是奥地利还是普鲁士？"大德意志"派（Gross-deutsche）和"小德意志"（Klein-deutsche）派都在争夺最高权力。"大德意志"派主张哈布斯堡君主国的德属奥地利领土应当由新德意志帝国统治；"小德意志"派则主张必须将奥地利从德意志完全驱逐出去，一山不容二虎，只能有一个大国来领导统一后的德意志，而这个大国应当是普鲁士。经过漫长而激烈的斗争，"小德意志"派取得了胜利。议会决定，今后由"一位皇帝"（ein Kaiser）来统治新的德意志，皇帝由议会选举产生，采取世袭制来继承王位。

1849年3月28日，普鲁士国王被选为德意志皇帝，为新德意志制定宪法的伟大任务似乎已经完成。议会的一个代表团被派往柏林，为腓特烈·威廉四世国王加冕，该代表团的领导人和发言人是议会的优秀主席爱德华·希姆森，一位柯尼斯堡大学的教授，也是备受尊敬的犹太裔人士。

现在人们都指望着腓特烈·威廉四世国王能承担托起王冠的使命，为人们热切盼望的德意志民族的统一事业鞠躬尽瘁。可惜腓特烈·威廉四世并非这一历史时刻所需要的人。他不喜议会选举，厌恶接受人民代表赋予他的王位。建立新德意志是一场革命，这再次提醒他先前在革命中受到的屈辱，使得他进一步憎恶革命。因此，他拒绝接受皇帝的封号，声称只有得到德意志各邦君王的一致授命，他才同意就任。

1849年4月，普鲁士下议院召开会议，讨论了德意志革命的僵局。俾斯麦作为议员参加了这次辩论，并在发言中体现出他与民族感情之间的鸿沟。他尖锐批评甚至污名化法兰克福宪法，称其是"有组织的政府无序状态"，原因是这部宪法赋予了德意志人民普选权。当然，谁也没能想到，17年后的他会主动要求在人民拥有普选权的基础上组建德意志议会。在发言中，俾斯麦承认，每个人都希望德意志统一，但是这样一部宪法并不符合他的期待，他希望普鲁士维持原样。他的这番话，明确展现了普鲁士的特殊神宠论和顽固保守主义。

由于腓特烈·威廉四世国王拒绝了托起德意志皇帝的王冠，1848年的德意志革命实际上失败了，但它并非徒劳无功。无论结果如何，它都推动了社会的巨大进步，任何人都无法否定其结果。法兰克福议会首次明确了争议焦点：决定德意志未来的，应当是普鲁士还是奥地利，应当是"大德意志"派还是"小德意志"派。解决这一问题对德意志未来具有决定性意义。虽然德意志民族的首届议会失败了，但此后，组建德意志时，一定会有德意志议会的身影。在首届议会上，政治思想百花齐放，那些崇高的理想主义和卓越的演说都将被载入史册，永远铭记。这届议会有中产阶级代表，原因在于革命是由中产阶级推动的，此时德意志的中产阶级（Burgertum）还很年轻。从17世纪中叶的"三十年战争"，到18世纪中叶剧作家莱辛出现之间，除音乐界之外，德意志几乎没有出现一个名字响亮的中产阶级人物。数学家莱布尼茨可能是个例外，但他的影响力超越国籍，更应被看作国际人物。无论如何，在法兰克福和柏林的议会上，中产阶级出众的政治才能已经得到了尽数体现。

在法兰克福的圣保罗教堂，当时最著名的德国人之一、诗人路德维希·乌兰特曾说过一句富有预见性和诗意的话："德意志君主须得经过民主圣油的浸润，才能担得起这份领导国家的重任。"俾斯麦的成就是统一了德意志民族，可他却把德意志的未来交给了一位不曾经过哪怕是一丁点民主圣油滋养的首脑。

由于普鲁士国王拒绝担任德意志皇帝，整个普鲁士，甚至全德意志的反动情绪彻底爆发了。俾斯麦公开发表演讲反对德意志宪法。几天之后，国王下令解散了普鲁士议院。这次演讲使俾斯麦更加不得人心，要不是国王下令废除普选权，他根本没有机会当选议员。普选权废除后，取而代之的是三级选举权（Drei-Klassen-Wahlrecht），选民根据税款的缴纳数额被分为三个等级。第一等级属于最富有者（支付三分之一的税款），第二等级拥有中等财产（缴纳另外三分之一的税款），而其余绝大多数选民则属于第三等级。各等级通过间接投票，先选出复选人（Wahlmanner），再由复选人选举议员。在这一选举方式下，一、二等级的票数总是比第三等级多，导致第三等级实际上几乎没有任何代表权。毫无疑问，这正是以头号反动派奥托·冯·曼陀菲尔为首的普鲁士政府所希望的。民主人士认为这种选举方式违背宪法（事实也确实如此），他们威胁说，除非废除这一选举方式，否则他们就要放弃投票权。只可惜最终的事实没能如他们的愿。

　　在这一时代背景下，俾斯麦毫不费力地在新的下议院得到了一个议员席位，他仍然延续原来的反动风格，发表演说、鼓动投票。这里我们将介绍他的一次具有极强传奇性和深远历史意义的演讲。

　　法兰克福议会垮台后，受朋友冯·拉多维茨将军的影响，普鲁士国王进行了一次不太尽心地试图统一德意志部分地区的尝试。奥地利领导人、强硬傲慢的政治家施瓦岑贝格亲王则对德意志统一不感兴趣，腓特烈·威廉四世的妹夫俄国沙皇尼古拉一世也与奥地利持相同立场。两大国的态度令生性胆怯懦弱的普鲁士国王立刻做出妥协，在《奥尔米兹条约》（签署于 1850 年 11 月 28 日）中宣布不再抱有任何野心。《奥尔米兹条约》被看作继耶拿战役和《提尔西特和约》签订以来，普鲁士历史上最惨痛、最耻辱的事件。条约签署后，巨大的愤怒浪潮爆发开来。普鲁士的威廉亲王更是愤慨不已，他越来越不满反动派政府和他那懦弱的哥哥。在通常由政府主导的议院中，反对政府的势力也在不断滋生。

　　然而，有一位议员不仅赞成该和约，甚至还高度赞扬它：他就是俾斯麦，这个 15 年后打败奥地利，并将其赶出德意志的人物，现在对奥地利大唱赞歌，称其"非常走运，竟能统治外国势力的德意志政权"。尽管与几十年后显赫时期言行相矛盾，但他此时的一句话展示了他直到 1866 年和 1870 年始终如一的形象："一个伟大国家存在的唯一合理基础是利己主义，而非浪漫主义。不为自身利益而战的国家，不配成为强国。"

　　为政府政策的积极辩护让俾斯麦劳有所获，几个月后，俾斯麦被任命为法兰克福德意志邦联议院的普鲁士王国代表和全权大使。这要归功于冯·格拉赫将军——俾斯麦的宫廷密友——的举荐，在他的推动下，俾斯麦获得了当时普鲁士外交部门中最重要的职位。俾斯麦对这一任命振奋不已，但他的妻子并不这么觉得，这令他不得不花了一点时间去说服她。在正式宣布任命的第二天，他写信给约翰娜时提到："我今天去见格拉赫将军，他滔滔不绝地和我谈论条约、君主相关的话题，我的目光却不自觉流连于窗外的花园，栗树和丁香花随着微风轻柔起舞，夜莺的歌声萦绕在我耳边，我满脑子都想着，要是我能和你一起站在这镶板房间的窗台旁，共同欣赏这一幕美景，该有多好啊！

俾斯麦与德意志崛起

我完全没听清格拉赫将军对我说了些什么。"

这段话是否真实表达了俾斯麦的情感呢？他的政治生涯道路漫漫，在为无穷无尽的斗争而憔神悴力后，才获得了胜利的喜悦，而此时，他的雄心壮志才引领他到达仕途的第一个重要阶段，他是否出自真心，渴望过一种安宁、祥和、沉静自省的田园生活？诚然，这种对田园牧歌、宁静、悠闲自在的乡村生活的向往，始终伴随着这个富有雄心、强硬冷酷的人，贯穿他伟大的政治生涯。几乎40年后，他才终于退休，从繁忙的公务中解脱，迁居萨克森瓦尔德庄园，但退休后他感到悲伤沮丧，因为他被另一个人取代，而他不过是流放于此。

四、俾斯麦在法兰克福

1851年5月11日，俾斯麦赶往法兰克福，就任普鲁士驻邦联议会公使，他的人生开启了新篇章，也为德意志邦联历史开创了新纪元。此时，俾斯麦心中早已开始设想着解散议会，1848年革命后，议会曾被解散，但在反动派尤其是奥地利的推动下，议会又复活了。德意志邦联宪法规定，奥地利是该议会的永久主席国。奥地利不断斗争，以推动德意志邦联和议会复活为己任，最终以《奥尔米兹条约》的签订而告终。德意志邦联议会是邦联的管理机构，邦联的成员是主权国家，议员来自这些主权国家的公使代表。因此，议员只能根据政府的指示进行投票，无法根据自己的主观判断随心所欲。这样的机构，运作效率当然会很低。

议会的投票程序十分复杂，人为操作的空间很大。在某些问题上，所有的国家，无论大小，都拥有平等投票权，但在有的问题上，大国的投票权比小国多。两个德意志强国，奥地利和普鲁士，各自拥有四票投票权，其他四个王国——巴伐利亚、符腾堡、汉诺威和萨克森——也共拥有四票。如果两个大国站在同一条阵线上，它们就能操纵结果，得偿所愿，但如果它们意见不一，谁占多数取决于中间国家给哪一方投票。从德意志邦联成立到革命爆发，普鲁士通常与奥地利立场一致，一方面是因为奥地利作为强国，主持议会；另一方面，奥地利首相梅特涅亲王拥有杰出的政治才能，引领着历届软弱的普鲁士政府。因此，在这个时期，邦联议会和德意志邦联实际执行梅特涅的政策。

而 1850 年后，普奥两国的合作化为泡影，在议院解散又重新成立的短短几年间，法兰克福议会宣布普鲁士将是德意志未来的领袖。虽然普鲁士国王拒绝加冕德意志帝国皇帝，德意志大多数人民代表仍然希望由普鲁士来领导。普奥两国的对立对德意志未来产生了重要影响，不容轻视。

"奥尔米兹之辱"后，普鲁士国王和政府并不希望因德意志问题责难奥地利。俾斯麦还发表了一篇关于奥尔米兹的演说，他不仅主张奥地利和普鲁士互相谅解，还积极为奥地利辩护，于是他被派往了法兰克福。和那些受皇帝指示被派往法兰克福担任议会主席的奥地利政治家一样，俾斯麦十分反动、反革命。我们可能想当然地认为，俾斯麦会和奥地利议员度过一段愉快、和谐的时光，但实际情况恰恰相反：俾斯麦成了奥地利最麻烦顽固、危险可怕的对手，议会风波不断，激烈程度前所未有，奥地利帝国特使衷心祈祷着能摆脱这个"可怕的"俾斯麦。

有趣的是，抵达法兰克福两周后，俾斯麦写下了这么一句话："奥地利的政治家怀着粗鲁无礼的赌徒心态，永远不可能公平地制定政策。"这和他此前在奥尔米兹演讲上高度赞颂奥地利的形象，简直判若两人。虽然我们不知道是什么导致了俾斯麦巨大的转变，但有一点可以确定，这句话清晰地表明了俾斯麦的一项重要政治理念，对未来德意志的发展有着决定性影响。在法兰克福邦联议会工作期间，俾斯麦给领导，即普鲁士首相奥托·冯·曼陀菲尔的报告和信件中，他的政治思想清晰易辨。1882 年，在俾斯麦主办及冯·波申格尔先生整理下，这些报告和信件得以出版，收录在《普鲁士在邦联议院》一书中，这本书总共有四卷。《俾斯麦作品集》（*Gesammelte Werke*）的第一卷更加准确完整地呈现了这些文献。此外，在写给举荐他担任公使职位的利奥波德·冯·格拉赫将军的信中，我们也能了解到这一时期俾斯麦的政治活动和仕途发展。为了获得宫廷秘事的内幕消息，格拉赫将军写信给侍从武官和宫里的朋友，引导国王执行俾斯麦的政策。俾斯麦写给格拉赫将军的部分信件也是一开始就希望被国王看到的。那时的普鲁士皇宫充斥着各种阴谋、密谈，格拉赫与奸党经常和曼陀菲尔首相发生分歧，俾斯麦只好和双方阵营谨慎交往。

俾斯麦的所有信件和文献都值得细读，其中部分书信无疑是最高级别的政论文章，体现了真正政治家的优秀头脑，文采斐然，思想深刻，风格鲜明，语言也生动形象。而他的私人信件则充满幽默、才思和讽刺性，但这些信件的写作视角极其片面，里面充斥着对同僚，尤其是对奥地利人的误导性评价。其中一个被俾斯麦丑化的人就是冯·普罗克施·奥斯滕男爵，在俾斯麦的信中，奥斯滕男爵是个没有文化又固执己见的骗子，是个"鞑靼人""亚美尼亚人""老鼠夹贩子"。而实际上，普罗克施·奥斯滕男爵非常博学，文化底蕴深厚，曾担任将军、外交官，还是个诗人、学者、历史学家、探险家、考古学家和钱币学家。奥斯滕男爵也受到歌德的欣赏称赞，但在俾斯麦眼中，奥斯滕男爵一无是处。

克里米亚战争（1853—1856）爆发期间，俾斯麦与奥地利的斗争到达了高潮。出于地理位置的考量，哈布斯堡帝国非常关注近东问题。哈布斯堡帝国在近东的利益与西方大国（比如法国和英国）立场一致，都和俄国有利益冲突。但是在此前的1849年匈牙利革命中，沙皇尼古拉一世曾派兵镇压革命，帮助奥地利度过危机，现在，奥地利却忘恩负义地与西方列强结盟。

1852年4月5日，奥地利时任首相施瓦岑贝格亲王去世，而当政的奥地利政府软弱无能、摇摆不定，没有明确的政治路线。因此奥地利始终无法独立迈出决定性的最后一步。那时就连小国撒丁王国都能在首相加富尔——一位杰出的政治家——的领导下，与西欧强国站在同一条战线上对俄宣战，奥地利却做不到。

令人大跌眼镜的是，在外交的优柔寡断方面，普鲁士比奥地利还要"更胜一筹"。腓特烈·威廉四世在克里米亚战争期间的外交政策尤其难堪可悲。沙皇尼古拉一世极为生动地描述了这位普鲁士国王："我亲爱的舅舅每天睡前是个俄国人，早上醒来却成了一个英国人。"也许，此时国王已经患上了后来击垮他的精神疾病，那时的他已经完全无法掌控柏林宫廷中明争暗斗的各个党派了。容克们

俾斯麦与德意志崛起

认为沙皇是欧洲反动派的领袖，希望复兴"神圣同盟"，于是全力支持俄国。此时，一个由温和保守派组成的小而杰出的党派也在迅速兴起，他们支持西欧强国，以贝特曼·霍尔维格教授——后来帝国总理（Reichskanzler）特奥巴尔德的祖父——为首，称自己是"贝特曼·霍尔维格党"，但"周刊党"（Wochenblatt–Partei）一名更为人熟知。"周刊党"的领袖主编的《普鲁士周刊》（Das preussische Wochenblatt）和容克们主编的《十字军报》有许多激烈辩论。"周刊党"认为，沙皇尼古拉促成签订《奥尔米兹条约》是普鲁士的一大耻辱，也是普鲁士历史上的低谷。普鲁士亲王赞成他们的观点，也全力支持"周刊党"。该党派不乏年轻的外交家，比如后来的普鲁士驻巴黎大使戈尔茨伯爵，以及家境富裕、头脑聪明的普塔莱斯伯爵，后者出生于瑞士纽恩堡州，当时是普鲁士国王的属地。在克里米亚战争的危急关头，"周刊党"认为普鲁士应和西欧强国站在同一战线上，尤其应当支持英国。他们无疑希望通过与英国结盟，为普鲁士带来更加开放自由的未来，并帮助普鲁士完成统一德意志的重大使命。普鲁士驻伦敦公使约西亚斯·冯·本生男爵那时受到英国维多利亚女王和阿尔伯特亲王的器重，他也支持普鲁士加入西欧列强的行列。随着普塔莱斯伯爵在普鲁士外交部获得了一个重要职位后，"周刊党"似乎占了上风。

俾斯麦坚决反对普鲁士以任何形式加入同盟国参战。他的思考角度不同于格拉赫和容克们，他不太关心政党政治或是沙皇担任欧洲反动派领袖。他早就放弃复活"神圣同盟"的想法了，他清楚地认识到，奥地利的做法已经令普鲁士在俄国饱受非议，甚至遭受憎恨，未来普鲁士将不可避免地和奥地利算账，现在正是向沙皇争取帮助的绝佳机会。

在写给首相冯·曼陀菲尔的信中，俾斯麦说："倘若为了免受海上暴风的威胁，就把普鲁士整装待发、适宜航行的护卫舰绑在木朽蛀生、老式破旧的奥地利战舰上，我将万分痛心……即便形势不利，但只要我们善加利用，严峻危机就像恶劣天气一样能让普鲁士在曲折中成长，我们需要勇敢无畏，即便带着些许鲁莽也没关系。"这些话语悄然流露了俾斯麦核心的政治感情。在一封写给格拉赫将军的信中，我们也能对其政治情感一窥究竟："如果做出了高尚牺牲，却只换来一句'做得不错'的夸赞，那我们一定要保持警惕。在结盟问题上不能感情用事。"

俾斯麦和普塔莱斯对彼此都没有好印象，后者称俾斯麦为"犹大"，俾斯麦则称普塔莱斯为头脑空洞的笨蛋（Hohlkopf）。冯·格拉赫将军担心普塔莱斯会影响国王意志，让普鲁士与西欧强国结盟，便召俾斯麦来到了柏林。在俾斯麦和其他容克的有效干预下，几天之内，普塔莱斯发现内阁对他关上了大门，他被迫下台。此外，本生曾为欧洲构想出一个相当奇妙的"新秩序"，战争部长在议院委员会上说了被认为冲撞俄国的话，两人最后都惨遭撤职。国王的这种性情大变令普鲁士亲王愤慨不已，他离开王宫，隐居到莱茵河畔的科布伦茨。他愤然表示，俄国的卢布已腐化国王的前厅。

在此期间，俾斯麦曾经与亲王进行过一次会面，但亲王并不满意他的论据。在写给曼陀菲尔的信中，亲王称此时的政策为"一群中学生过家家搞出来的政策"（Politik eines Gymnasiasten）。而维多利亚女王也给普鲁士国王写了一封措辞强硬的信："在此之前，我一直视普鲁士为强国，遵守条约，守护文明，捍卫权利，是各民族间的仲裁员……尊敬的国王殿下，我亲爱的同胞，如果普鲁士放弃履行这些义务，就意味着放弃了在世界上的立足之地。要是有人敢效仿这一做法，他们将在欧洲文明中如风中残烛一般，从此以后，将无人拥护我们的权利，受压迫者之人也将无处哭诉。"这些话由阿尔贝特亲王起草，宣示了政治和公义间难舍难分的关系；但俾斯麦批评这是"感情用事"。

克里米亚战争期间，德意志强国间已经存在政策冲突，奥地利试图在德意志邦联一意孤行，执行自己的政策，这导致双方冲突进一步升级，最终在法兰克福议会上爆发。俾斯麦企图挫败奥地利的一切行动，即使在普鲁士政府与奥地利签订条约后，他仍然还试图阻止政府执行条约。他始终坚称，奥地利的一切诉求都会侵害整个德意志的利益。当时，奥地利坚持一大核心诉求：让俄国从所占领的多瑙河公国（即现在的罗马尼亚）撤军。奥地利曾提交给普鲁士政府一项议案，其中提出，整个德意志都对多瑙河下游的国家很感兴趣，德意志工商业将在这片沃土上蓬勃发展。《奥尔米兹条约》也规定：普鲁士政府应当全力支持奥地利。从当时的情况看，奥地利的提案有其道理，巴尔干半岛的民族主义仍在沉寂之中，或许有机会复兴那里的民族主义。但俾斯麦此时断然表示：多瑙河公国不会给德意志带来任何利益，他指责奥地利政府野心勃勃，是"玩弄手段哄骗他人的臭气熏天的瓦拉几亚人"。在俾斯麦的心里，普鲁士利益才是一切，德意志的整体利益不会干扰他的政策。他利用一切可能的手段为难奥地利及其特使普罗克施·奥斯滕，还对中等大小的国家为制定本国政策所做的努力嗤之以鼻。

然而，在这个时期，当中等大小国家试图摆脱奥地利领导时，俾斯麦却高度赞赏它们的努力。他甚至向俄国驻法兰克福的代表秘密展示一份反对奥地利的秘密备忘录，这是他写给上级，即普鲁士首相的。尽管普鲁士国王仍然受与奥地利皇帝结盟条约的约束，俾斯麦还是鲁莽轻率地向俄国外交官建议，普鲁士、俄国和法国应当结盟。当俄国人问及俾斯麦能否说服普鲁士国王改变原先的政策时，他回答道："如果让我去游说国王，我保证能取得成功。"他建议俄国政府迅速行动，以便在奥地利有时间集中兵力之前，结成联盟，迅速发动进攻。后来在他担任帝国首相和外交大臣时，他仍然坚守这一主张，并表示："大使们必须像士兵一样团结一心。"

还有一次，俾斯麦联络这位俄国外交官，请他注意德意志邦联宪法第 36 条。该条约规定，如果外国认为被邦联成员冒犯，它们就可以在议会对该成员国提出申诉。这是宪法中唯一一条侮辱了德意志民族感情的条款，但俾斯麦唯一关心的是，这是支持反奥政策的有力武器。

普罗克施·奥斯滕曾评价俾斯麦是："普鲁士政策最活力十足的代表，只可惜他的政策目标是摧毁奥地利不懈努力换来的胜利果实，践踏奥地利的财政权和威信，让普鲁士成为德意志实际（de Facto）的霸主，接着在法律上（de Jure）确立其霸主身份。"这句话完全正确。

克里米亚战争于 1856 年 3 月 30 日结束，随后签订了《巴黎和约》，此后不久，俾斯麦写了一份意义重大的备忘录，证实了普罗克施对其伟大对手的解读。在思想和文风上，

俾斯麦与德意志崛起

这份备忘录是那个时代最伟大的政府文件之一，俾斯麦提出的相关论点来源于他驻法兰克福普鲁士公使的工作经历。他认为德意志邦联必然崩溃，邦联宪法已腐朽不堪，奥地利和普鲁士两个大国决不愿在一个政治组织内和平共处。他写道："德意志邦联的舞台对我们两个大国来说太过于拥挤。无论是现在还是将来，奥地利都是唯一一个我们输了也不怕、赢了也能获得好处的国家。"他深信，解决两国对立的唯一方法只能是战争。"自查理五世统治以来，每个世纪都会爆发一场激烈内战，德意志二元论就是通过这种方式调节两国关系的，这个时代也一样，战争是唯一可以拨正时钟，让德意志走上正确的发展轨道的手段。"

这样的观点可谓无情而冷酷。和俾斯麦同时代的人想必也无法预料，德意志民族内部也会爆发战争，更没有人会堂而皇之地说，这是合法的政治目的。部分德国人称这是"现实政治"（Realpolitik）。

1857 年，俾斯麦给格拉赫将军写了一封信，内容与法国皇帝拿破仑三世相关，信中披露了俾斯麦"现实政治"思想的一个视角。俾斯麦十分重视这封信，在晚年编纂回忆录时，他将这封信收录于个人回忆录《思考与回忆》的第八章。两年前，他在访问巴黎时见到了这位法国皇帝，一位在欧洲政坛的地位和影响举足轻重的人物。当时，俾斯麦希望以后轮到自己在欧洲舞台上大展身手时，能有个榜样做参考，于是他决定研究一下这位法国皇帝。拿破仑三世被这位普鲁士外交官的性格深深吸引，赞赏他是法兰克福唯一的政治家。但俾斯麦对这位法国皇帝的评价则相当精准苛刻："他有智慧，人很和气，但不像人们想象的那样聪明。他表现得太热心肠，人们因此高估了他的智力。"

第一章 厚积薄发

33

俾斯麦认为与拿破仑三世合作来达到政治目的是可以接受的权宜之计。这话也传到了柏林宫中，结果遭到了格拉赫将军的反对。格拉赫将军曾参加过拿破仑战争，对拿破仑统治德意志的时代记忆犹新，他认为波拿巴主义是革命思想的"余孽"，和正统政府水火不容；与拿破仑的这位侄子合作将会威胁到德意志正统主义的原则。

　　此时的俾斯麦已不再忠于任何学说，只信奉权力政治。他向格拉赫将军披露了自己的政治新理念："我之所以服从法国正统主义，完全出于我对普鲁士的热爱。我不在乎现在的法国由谁统治，对我来说，法国只是政治棋局中的一枚棋子，可它却是不可或缺的一枚。这盘棋中，我始终忠于普鲁士国王和整个国家的利益，对外国列强和个人的同情或反感，不应凌驾于我在外交部门工作的责任感，事关国家利益，不容感情用事，否则会孕育出不忠于统治者或国家的萌芽……依我之见，即便位高权重如国王，也无权因喜爱或憎恶外国而威胁本国的利益。"

　　"我也反对革命，但在我看来，路易·拿破仑（拿破仑三世）不应被视为革命的唯一或主要代表，另外，在政治活动中，不应将某件事最不可能的后果凌驾于你的一切政策考量之上。"

　　这段话言辞强硬、令人信服。那么，我们是否能据此直接得出结论？此处俾斯麦认为，在确定本国外交政策时，他们无须考虑其他国家建立内部机制依据了何种原则；可俾斯麦在其他时候的言行又表现出了截然不同的态度。在不同的场合和目的下，俾斯麦的措辞又总是会有所不同，因此我们不该随便将其言论进行简单概括。至于拿破仑三世，其实俾斯麦并不反感这位法国皇帝的

俾斯麦与德意志崛起

国内政策，后者推翻了法国大革命，其制度中有许多内容也是俾斯麦渴望采用的。

俾斯麦还有一封写给格拉赫将军的信也值得详细审读："波拿巴主义无须宣传其政策方针的原理，这是他们与共和国的不同之处……过去几年里，利用革命威胁外国已经是英国的惯用手段了。"俾斯麦写下这段话时，显然也想到了帕麦斯顿，而他对英国的感情也很复杂："谈及外国，我平生都对英国及其民众抱有同情之心，甚至有时候，我无法摆脱这种感情，可是英国人的所作所为永远无法让我发自真心地喜欢上他们。"不过，他并没有讲明自己的真实动机：他害怕英国制度会改变普鲁士人民的思维。他知道，普鲁士人不太可能被拿破仑三世煽动，拿破仑三世在德意志简直臭名昭著；而英国制度却备受普鲁士人追捧，尤其受接受了良好教育的阶层的青睐。普鲁士的王位继承人——普鲁士亲王的儿子——与英国的维多利亚公主订婚时，他的态度十分鲜明。当格拉赫将军询问他对此次联姻的看法时，俾斯麦讽刺说，"这是德国米歇尔对英国贵族和绅士的愚蠢崇拜"和对"英国议会、报刊、运动员、地主和法庭主席的盲目狂热"。维多利亚公主到达普鲁士首都时，德高望重的诗人阿恩特——著名诗歌《祖国歌》的作者——为此欢呼雀跃："维多利亚在柏林！盼英国精神启示！"成千上万的柏林市民也是这么想的，因此他们涌上柏林街道迎接她的到来。但俾斯麦是个例外。他从婚礼庆典回来后，便表现得十分沮丧，他对英国精神在柏林得到进一步发展完全高兴不起来，他担心此后王权会遭到削弱，而议会权力增强。众所周知，这位年轻的英国公主，智慧超群，又对政治参与十分热心，可能会促使未来的普鲁士国王进一步接纳英国精神。俾斯麦——这位未来普鲁士，乃至德意志的真正领袖——的感受决定性地操纵了这位英国公主的人生与命运。

五、"新时代"：俾斯麦应召回国

1857年秋天，腓特烈·威廉四世的精神错乱问题更加严重。次年11月，他被迫放弃皇权，任命弟弟普鲁士亲王威廉成为摄政王。威廉亲王一上台，便解除了首相曼陀菲尔的职务，俾斯麦在法兰克福的活动也告一段落。

威廉亲王不如哥哥有政治天赋，他头脑简单、资质平庸，但他性格更坚韧，目标坚定，也能谦虚纳谏，一贯重用他认为可靠的大臣，而且正义感强。但是，他缺乏政治头脑，始终把自己的军人身份摆在首位，相比政治，他对军队管理更感兴趣，认为自己只属于军事这一领域，他最远大的理想仅仅是成为德意志邦联的永久总司令。如果能获得这一职位，他并不在意德意志的其他问题。对于国内政治，他是传统的保守派，痛恨《十字军报》一派和他们的阴谋诡计，认为他们的所作所为侮辱了自己的道德感。他始终记得，曼陀菲尔一手促成了"奥尔米兹之耻"这一普鲁士最深的耻辱。他和曼陀菲尔及其《十字军报》一派针锋相对，他的敌意更多地出自道德上的不满，而非政治对立。解雇曼陀菲尔后，他不得不组建新的普鲁士内阁，现实促使他选择温和的自由派。

威廉亲王任命霍亨索伦家族的查尔斯·安东亲王为普

鲁士首相。查尔斯·安东亲王曾是霍亨索伦-西格马林根公国的最高统治者，但为了加入普鲁士王室，他放弃了公国的主权地位。查尔斯·安东亲王的长子利奥波德是西班牙王位候选人，因觊觎王位而闻名，对于他的王位继承权的争论直接诱发了普法战争；次子查尔斯亲王则是未来的罗马尼亚亲王及第一任国王。查尔斯·安东亲王是摄政王的私人好友，他偏向自由主义阵营，他的大多数内阁成员都是温和自由派。以查尔斯·安东亲王为首的新内阁在普鲁士备受拥护，人们谈论着"摄政王"将开启普鲁士的"新纪元"。普选结束后，下议院的绝大多数成员都支持内阁以及那些温和的自由主义人士，而此前不久还势力庞大的保守党已大幅萎缩，成为微不足道的少数群体。在这一局势下，俾斯麦从法兰克福被召回普鲁士。摄政王虽然讨厌俾斯麦的政策，但他欣赏俾斯麦的能力，因此摄政王没有彻底解雇俾斯麦，而是将普鲁士外交部门的最高职位——驻圣彼得堡宫廷的普鲁士驻俄大使授予了俾斯麦。

摄政王极为看重这个职位，因为他的外甥沙皇亚历山大二世非常敬重自己的普鲁士舅舅。然而俾斯麦并没有因受此重用而欢欣雀跃，相反地，他为自己从法兰克福被召回愤怒不已，他认为德意志政策制定是自己的功劳，但被召回显然有损威望，也是对自己对德意志政策的贡献的否定。更令他愤怒的是，他的继任者是"周刊党"的冯·乌泽多姆。他看不起乌泽多姆，也厌恶乌泽多姆那古怪的苏格兰血统的老婆。俾斯麦原本和妻子在法兰克福过着惬意愉快的生活，此时却心情沉重，被迫离开。不过在1866年，法兰克福因为他的政策而遭殃时，他也不曾同情过法兰克福半分。

从法兰克福离职，前往圣彼得堡就职期间，俾斯麦在柏林逗留了几天，其间他的朋友冯·恩鲁——1849年普鲁士议会的前自由党议员——曾拜访过他。俾斯麦坦诚地向恩鲁表达了他对普鲁士政策的看法，他表示，强国间利益分歧太大，普鲁士将不可能从强国中找到可靠的盟友；如果普鲁士能正确行事，会发现普鲁士唯一能长久依靠的只有德意志人民。由于俾斯麦的转变巨大，恩鲁感到相当困惑，对此俾斯麦补充道："我和十年前初入议会时的那个容克并无不同，但我会观察、会思考，能看明白局势变幻，并知道要因时而变。"

六、圣彼得堡

1859年4月至1862年4月，俾斯麦在圣彼得堡任职。这三年对他来说非常关键，他对俄国及其统治者有了更深刻的了解，这个大国对他日后制定政策影响重大。俾斯麦结识了心地善良但不够强硬的沙皇亚历山大二世以及精明能干、精通欧洲政治的俄国首相戈尔恰科夫亲王。然而，戈尔恰科夫虽然能言善辩却极为自负虚荣，这正好触碰到了俾斯麦的敏感点。俾斯麦曾说过："虚荣心像一种抵押品，必须要扣除，否则会拉低一个人的档次。"这两人在打交道时都非常礼貌客气，可他们却打心底不喜欢对方。后来俾斯麦在全世界出了名，赢得了世人的敬重，还引来了戈尔恰科夫的嫉妒，但他用一句诙谐风趣的妙语，聪明地掩饰了这种情绪。戈尔恰科夫曾对德国大使说过这么一句话：

"俾斯麦亲王喜欢自称是我的学生，这和伟大画家拉斐尔称寂寂无名的画家佩鲁吉诺为老师是一样的道理。"

戈尔恰科夫的政策目标是报复奥地利，并与拿破仑三世达成友好共识，即便俄国在不久前还因为克里米亚战争与法国为敌。1859 年 3 月，就在俾斯麦抵达圣彼得堡的前几天，俄法两国缔结一项高度机密的条约。这项条约要求，在即将爆发的法奥战争中，俄国应保持善意中立。此前的 1858 年 7 月，拿破仑三世与撒丁王国首相加富尔在普隆比耶尔达成秘密协议，法国与撒丁王国结盟，对奥宣战。

法国和撒丁王国对奥地利宣战，给德意志尤其是给普鲁士带来了一个关键且麻烦的问题：应该援助奥地利，还是坐视拿破仑三世推翻奥地利皇帝的政权，夺走奥地利占领的两个意大利省？一方面，奥地利是领导德意志邦联的大国，拿破仑三世在意大利取得胜利拉开了法国入侵莱茵河地区的序幕。伟大的战略家毛奇曾在一份公务便条中告诉普鲁士摄政王："如果奥地利陷入困境，我们却袖手旁观，令其失去伦巴第，奥地利会遭受巨大创伤。然后，就像 1805 年的奥斯特里茨战役一样，第二年耶拿战役就爆发了。法国的下个进攻目标必然是普鲁士。"

然而，拿破仑三世和加富尔都支持德意志统一，他们也都反对《维也纳条约》。德意志民族统一是意大利人和德意志人的共同理想。报纸和大量政论宣传册上的激烈争论掀起了德意志的公众舆论。德意志社会民主党的创始人斐迪南·拉萨尔敦促普鲁士政府"宣布一场民族战争，在这场战争中，普鲁士的标准将决定德意志民主的形式"。

但普鲁士政府迟迟不能决定支持哪一方阵营。普鲁士愿意对奥地利施以援手，但有一定的前提：普鲁士亲王担任德意志邦联全部军队的总司令。俾斯麦的立场很清楚，对他来说，普鲁士只有一个敌人，那就是奥地利。他给摄政王的侍从武官写了一封信，他无疑希望这封信能被摄政王本人读到，以此"燃起普鲁士王室的野心"。信中有这样一句话极具个性："当前形势下，只要我们允许奥地利对法国开战，狠狠消耗法国的实力，我们的彩票池将被注入大奖。普鲁士军队可以全副武装向南迈进，让士兵背着界碑去往康斯坦茨湖或新教信仰不再盛行的地方，将界碑狠狠地扎进土里。"

这段话很精彩，鼓舞人心，也形象印证了俾斯麦从前的名言：普鲁士勇敢无畏，甚至带着些许鲁莽地将大型危机转化为机遇。他表现得缺乏道德感，也无视自身的法律义务。普鲁士仍是德意志邦联的成员，而德意志邦联禁止成员国做出不利于其他成员国的外交决策。德意志邦联宪法的第一条明确规定，德意志各邦国的君主应当"维护德意志内部和外部的安全，捍卫各邦国的独立性和完整性"。俾斯麦对摄政王提出的这项建议无疑在怂恿普鲁士破坏其对德意志邦联做出的庄严承诺。

俾斯麦对他的上级，普鲁士外长冯·施莱尼茨说："我认为，当前的邦联制度束缚了普鲁士的行动，在危难时刻，普鲁士可能因此招致国家灭亡。普鲁士在德意志邦联的会员国身份是一种顽疾，迟早要用'铁与火'（Ferro Ignique）的手段将其连根拔除。"三年后，俾斯麦自创了令世界瞠目结舌的"铁与血"一词，想必便起源于此时的"铁与火"。

这封信还有一句话也生动传达了俾斯麦钟爱使用的手段："我们要抓住德意志邦联赋予我们的每个合法机会，

扮演好受害人的角色。"其实，若把"合法"一词从这段
话中省去，俾斯麦的真实意图会更加清晰直白。在进行重
要决策的时刻，俾斯麦总能熟练运用"扮演受害人一角"
的手段，达到他的目的。

但摄政王和施莱尼茨都不是能轻易接纳俾斯麦建议的
性格。他们打算等待时机，可惜错过了最佳时机。奥皇弗
兰茨·约瑟夫一世接连在马真塔战役和索尔费里诺战役中
战败，随后毫无征兆地宣布和拿破仑三世签署《维拉弗兰
卡停战协定》，宣布放弃伦巴第的统治权以换取和平。普
鲁士虽然也动员组织了军队，但因为不知道要向谁宣战，
最后并未出兵。这种尴尬境地就像一个人已经拔剑，但是
不知道要与谁为敌，只好把剑收回鞘中一样。

随后，奥地利皇帝更是公开宣告：奥地利遭到背叛，
在奥地利处于水深火热时，天生的盟友却袖手旁观。这番
话让普鲁士对奥地利更加不满。普鲁士指责奥地利皇帝宁
可和拿破仑三世签署丧权辱国条约，却不愿对自己的盟友
做出丝毫让步。其实弗兰茨·约瑟夫一世心里清楚，自己
的指责有失公正，普鲁士人绝不愿援助奥地利，并为他们
重新夺回伦巴第；拿破仑三世同意现在恢复奥地利的和平，
至少和普鲁士援助奥地利，并与法国展开长期战争后再达
成的和平条件相比，目前的结果还不错。

七、《维拉弗兰卡停战协定》的后果以及普鲁士军队重组

　　《维拉弗兰卡停战协定》震动了整个德意志地区。这项协定清楚表明，对于影响欧洲未来的决策，德意志没有任何发言权，就算这项决策事关欧洲的重要成员国也是如此。人们普遍认为，德意志邦联的组成方式阻碍他们参与制定欧洲决策，令他们不能迅速地做出反应。

　　该怎么做才能改变当前的邦联构成形式呢？又应该如何改变呢？此时公众舆论形成巨大分歧，与1848年和1849年的情况非常相似。先前的口号再次发挥作用，划分出两大派别："大德意志"派和"小德意志"派。德意志霸主应当是奥地利还是普鲁士？随着普鲁士"新时代"的到来，这种反动情绪催生的停摆期终于结束了，各种朝气蓬勃的组织纷纷涌现，德意志公民得以自由表达观点、宣传思想。其中最为重要的一个组织便是德意志民族联盟，这个组织由普鲁士国内外的自由派人士组成，他们希望在普鲁士的领导下，通过国民代表权重组德意志。换言之，他们希望延续德意志革命期间法兰克福国民议会制定的政策。德意志民族联盟的主席是鲁道夫·冯·本尼格森，汉诺威王国议院自由主义反对派的领袖，1866年，他成为德意志民族自由党的领袖。本尼格森代表温和派自由主义，受过良好教育的上层中产阶级非常信任他。本尼格森拥有

两个人的重要支持，他们分别是赫曼·舒尔茨和约翰内斯·米克尔，前者来自德利奇县，是普鲁士民主党领袖以及德意志手工业者合作社的创始人；后者在俾斯麦下台后，于1890年成为普鲁士半个世纪以来最能干的财政大臣。

如果进入"新时代"的普鲁士政府积极推进计划，彻底改革德意志，他们就能获得德意志民族联盟的重要支持。部分自由派大臣可能也倾向于改革，但他们受限于政府的软弱，而摄政王坚持的正统主义原则又设下了重重阻碍，以至于改革政策无法推进。1858年11月，摄政王正式宣布："普鲁士必须用符合道德的原则征服德意志。"可是，如果普鲁士要进行道德征服，就需要克服德意志各邦国君主的反对，并取得德意志人民的帮助。显然，各邦国的君主不愿意牺牲宝贵的主权地位，哪怕只是一小部分；而依靠人民来迫使各邦国君主屈服，又违背了摄政王立下的正统主义原则。

其他问题的分歧也使得摄政王和自由派大臣再也无法和谐共处，摄政王的保守主义，甚至是专制主义的倾向被暴露出来，这和《维拉弗兰卡停战协定》不无关系，影响也极为深远。

意大利和奥地利对战期间，普鲁士军队调动时暴露了其军队组织的部分缺陷。摄政王原先是军人，他年轻时接受的教育是服务于军事管理，而非政府治理，军队事务是他唯一对个人判断有信心的领域。他想要彻底重组普鲁士军队，为了顺利推进这一工作，他委派冯·罗恩将军为陆军部长，这个人称不上天才，还是个不择手段的阴谋家，但也毫无疑问是个杰出的管理者和一流的军事专家。对政府部门的官员来说，他们的首要职责似乎是和同僚和谐共处；罗恩则反其道而行之，他是个顽固强硬的保守主义者，认为自己的职责是击垮他的自由主义同僚。尽管罗恩有着虔诚的宗教信仰，但作为军人，他清楚地知道战友对彼此的义务，他竭尽全力地削弱腓特烈·威廉四世国王对其他大臣的信任，当大臣建议国王支持自由主义政策时，他写信给威廉："作为一名普鲁士军人，看到普鲁士国王和我的领袖竟要屈于他人之下，我无法容忍。"他告诫国王警惕不断增强的议会势力，"强有力的神圣王权"正遭受威胁。

他计划将自由派同僚逐出议会，让自己的朋友俾斯麦加入进来。他的计划之一就是利用新国王的加冕典礼。1861年1月，已经疯癫多年的普鲁士国王腓特烈·威廉四世去世，摄政王终于执掌王权，被尊为威廉一世。为了庄重神圣地就任普鲁士国王，威廉一世希望举行宪法诞生前，也就是他父亲所处时代的君主专制国家的加冕仪式，风风光光地就任普鲁士国王。他还希望国家会议制度可以效忠于他——尽管普鲁士已成为君主立宪制国家，这项制度已经不复存在了。大臣们认为他们有义务制止国王异想天开，而此时的罗恩却写信给俾斯麦："宣誓效忠的争论已经愈演愈烈，引爆这一问题的时机即将降临。除非危及地位和宝贵王权，国王不愿做出丝毫让步，而大多数大臣也不愿意屈服，他们认为，屈服等同于剖开他们的肚子，将无耻邪恶塞入其中，是一场政治自杀。他们只能违背王命，甚至持续反抗下去……如果你和我观点一致，认为这些大臣是教条主义的伪善姿态……你就可以进入议会，不会有任何人反对。"但俾斯麦对于站出来捍卫国王的中世纪式幻想不感兴趣，他回信表示，效忠问题对双方根本没有这么重要，何苦如此僵持不下。国王在加冕仪式上的表现仍然

俾斯麦与德意志崛起

44

引发了普遍而激烈的反对，但最后，双方都做出了让步，问题得到了解决。人民意识到，国王仍然狂热追求那一套过时的君权神授理念，但当时的普鲁士人民非常忠诚，他们热切希望能和国王达成一致，哪怕只有极为有限的自由和进步，他们都心满意足。可是，威廉一世决意阻碍任何进步与自由的措施，奉行旧时代的专制主义教条，毫不顾惜人民的善意。另一方面，国王对自由派大臣十分恼火，因为他们总是不断地强迫国王做出让步。

但真正导致自由派垮台和"新时代"终结的是军队重组的问题。罗恩借此成功离间国王和大臣，也让大臣和下议院议员之间产生了嫌隙。

毫无疑问，部分军队重组决策有其道理。自德意志解放战争以来，普鲁士法律设定了全员征兵的原则，所有健康年轻男性都必须服兵役，但后来这项原则没能得到完全落实。各年龄段的人群中，只有部分人被征召入伍。为提高军事实力和维护政治稳定，增加征兵比例是最合理可行的措施之一。尽管反对改革的势力不大，国王本可以轻易推行这项计划，但这项工程规模浩大，并存在两个关键问题：首先，士兵应当服多久兵役？原先法律规定是三年，但实际上，士兵服完两年兵役就被遣散了。国王现在希望士兵能服满三年的兵役。他有政治和军事两方面的考量，他认为仅仅服三年兵役不足以训练出合格的士兵，更不足以摧毁他们的公民心态。

其次，在政治、军事背景相互交织的复杂局势下，后备军（Landwehr-Mann）制度也对于兵役的时间长短问题产生了重大影响。普鲁士后备军是德意志解放战争的产物，他们当时光荣地为国而战，是人民的骄傲，人民认为和常备军相比，后备军更像是他们自己的军队。后备军是武装的公民，虽然和常备军一样，他们也有自己的军官，但大多数后备军的军官并非容克。极端保守派冯·格拉赫将军甚至称"后备军是普鲁士唯一自由的组织"。然而，国王对后备军持怀疑态度，认为他们与公民生活联系过于密切。1849年，德意志南部爆发起义，捍卫法兰克福议会的德意志宪法，普鲁士军队被派往镇压起义，而部分后备军表现出了明显的不满。国王希望避免历史重演，将类似的政治独立的迹象扼杀在摇篮中；此次计划重组军队，也有削弱后备军实力的考量。

重组军队不仅加重了财政负担，还拉长了后备军的服役时间，削弱了后备军的实力，这引发了大规模的民众抗议。即使是支持政府的下议院，也表现出了不满情绪。由于反抗太过激烈，政府撤销了军队重组的议案，只是申请了900万塔勒，用作下一年的军费开支。在申请时，大臣们强调这笔开支只是暂时用于军队，而下议院大多数的议员都急切地想对自由派大臣表示支持，于是同意其以临时用途为由，批准这笔军费。然而，军费支出被批准后，国王立刻用这笔钱着手组建了新的兵团——毫无疑问，是常备军，而这无疑是在过河拆桥。

国王的这一做法来源于军事顾问的提议。他的顾问团成员包括埃德温·冯·曼陀菲尔，国王军事内阁的首席大臣，普鲁士前首相奥托·冯·曼陀菲尔的堂弟，他是除冯·罗恩之外在军事内阁最有权势的人。"军事内阁"是普鲁士特有的一种比较怪异的机构，它的存在并不符合宪法。宪法规定国王下令的一切政府行为（Regierungsakte）需要得到可靠、尽职大臣的联合署名，才会生效；而军事内阁之

俾斯麦与德意志崛起

所以成立，恰恰是为了确保国王在裁决军事事务时，无须得到大臣的联合署名也能生效，也不用对下议院负责。一份题为《我们的唯一救赎》（*Was uns noch retten kann*）的匿名宣传册中反复强调了这一点，其作者是柏林的年轻法官卡尔·特文斯滕，他是热心的爱国人士，有着不俗政治见解，也是自由主义者。他敢作敢为，指名道姓地批评埃德温·曼陀菲尔，称他是"灾难情境中的灾难角色"。他还毫不避讳地承认，这本册子出自他手，而曼陀菲尔则宣称要与他决斗。为了不被称为懦夫，特文斯滕只好迎战，最后被曼陀菲尔将军打伤。他深知曼陀菲尔的"决斗"实际是堵住所有试图批评军队事务之人的嘴。凡是能读懂这些时代标志性事件的人都清楚，军国主义势力不断壮大，已经在普鲁士占据上风；为了赢得特权，军国主义可以不惜一切代价。最终，议会批准了1861年的军费开支，而国王却没有兑现此前的承诺，去制定法案永久性解决此前的争议问题。

此时的人们日益感受到，普鲁士大臣太过于顺从和附和内阁了。下议院部分年轻议员选择脱离议院，成立了一个新党派，立刻赢得了广泛支持。这个党派名为德意志进步党（Deutsche Fortschrittspartei），"德意志"和"进步"两个词都有着重要的意义。该党派的纲领是呼吁"在普鲁士的领导下，形成一个有中央政权的团结统一的德意志，成立共有的德意志议会"。同时，保守派也宣示："普鲁士不能被共和国的思想玷污乃至淹没，我们憎恶一切抢夺王权、谎称民族性的恶劣行径。"如果普鲁士政府足够勇敢，能够坚定贯彻德意志政策的话，显而易见哪一方会提供支持。然而，威廉一世并不在意这个新生的进步党，只关心国内政策，也就是发展宪法、整治后备军、将后备军实际服役时间延长到三年。1861年11月的议会大选上，进步党取得巨大成功，被首次提名为内阁候选人，这令威廉一世勃然大怒。进步党在下议院获得了许多席位，成为影响议院走向的重要党派，另一边的自由派大臣却损失惨重，保守党也溃不成军，就连罗恩也失去了下议院的席位。

此时俾斯麦远居圣彼得堡，他公开表示自己渴望在内阁谋得一官半职，于是密切关注着国内变化和党派政治。他的好友罗恩竭尽全力说服国王将他召回国。为争取候选人身份，俾斯麦也亲赴柏林，但国王并不愿意让这个任性妄为的人来内阁工作。若干年以前，威廉一世曾称俾斯麦的政策是"一群中学生过家家搞出来的政策"，而现在，他对俾斯麦政策的猜疑也不曾减少半分。

此时俾斯麦已经形成了个人政策观，保守党的政策纲领再不能影响他半分。读到保守派宣言中"谎称民族性"的那段话时，俾斯麦用最严厉的口吻大肆批评并嘲笑那些"不合历史规矩、对上帝不敬、不遵守法律、谎称自己有主权的德意志邦国君主"。此外，他还提出赋予德意志联合议会的议员们以代表权，这更是令保守派惊慌不已。当然，有一点可以确定，俾斯麦并不希望国家代表通过普选产生，而认为应该由各邦国来任命。

俾斯麦深知自己与威廉一世有很深的分歧，在此前写给罗恩的信中，他坦率地提到"国王出于自身意志，将正统主义强加给我们的外交政策"，还尖刻地补充了这么一句话："我相信，唯有改变外交态度，我们才能影响国王对国内事务的立场……我们和法国人一样都爱慕虚荣；如果我们能说服自己'普鲁士受到了外国尊重'，我们就准

俾斯麦与德意志崛起

备好，接受国内事务的挑战了。"俾斯麦的信中还有一段十分具有个性的话："我对普鲁士君主的忠诚程度不输旺代人（Bis in die Vendèe，法国最忠诚的保皇党），但对其他任何人，我不负有哪怕一丁点义务，我甚至不愿为他们动一动手指。我担心，我那最仁慈的君主恐怕无法接纳我的这种思维方式，他绝不会认为我是皇家顾问的合适人选。"

国王怀疑俾斯麦的主要原因是他的外交政策目标，而不是他对原则问题的态度。他认为俾斯麦企图支持普鲁士与法国结盟。而且，不信任这位驻圣彼得堡大使的不是只有他一个人，有的报刊指出，俾斯麦支持将莱茵河畔左岸割让给拿破仑三世，从而换取法国帮助普鲁士吞并汉诺威、萨克森和黑森－卡塞尔选侯国。这样的谣言是毫无根据的，炮制这些谣言的，正是与普鲁士外交部有交集的人。当然，俾斯麦并非不愿意将德意志部分领土割让给法国，但他的目的是用这个承诺诱导拿破仑三世，获得他的帮助，然后设法不去兑现承诺。

俾斯麦认为在原则上回避与拿破仑三世交往是个滔天大错。在写给冯·格拉赫将军的信中，俾斯麦使用了一个了不起的类比："国际象棋中有六十四格，如果你从一开始就锁住十六格不让我走，我当然不会和你下这盘棋。"俾斯麦想下一盘可以自如行走、不受束缚的棋，他不愿因任何原则或传统而被缚住手脚。

几年之前，在俾斯麦还在法兰克福，法国与撒丁的联盟即将与奥地利开战的时候，俾斯麦曾与一位奥地利外交官共进晚餐。当时，俾斯麦说了这样一番话："有些安排是上帝做出的，有些安排是魔鬼做出的。如果有人想避开这些安排，魔鬼就会出手干涉。"（Il y en a des arrangements avec Dieu, et il y en a avec le diable, et si on n'en fait pas, le diable s'en mêle.）可以看出，俾斯麦并不在乎拿破仑三世是不是魔鬼；但无论如何，他都不打算回避拿破仑三世这一关，以免威胁自身地位。

八、普鲁士驻巴黎大使

1862 年 3 月，威廉一世将俾斯麦从圣彼得堡召回，但没有给他委派新职位。于是俾斯麦亲赴柏林，希望能进入内阁。此时国内形势再次变得严峻起来，国王找借口解散了议会，遣散了自由派大臣。罗恩和部分保守派大臣保住了职位，其中包括外交大臣伯恩斯托夫伯爵和财政大臣冯·德·海特。然而，议会选举中内阁全面溃败，进步党大获全胜。此时，国王仍然不愿意信任俾斯麦，更不愿让他进入内阁，因而迟迟无法做出最后的决定。另一边的俾斯麦则相当有耐心，他静待时机，等到形势继续恶化，等到国王无路可走之时，自然只能将内阁职位委任于他。很多年后，在谈到这件事时，俾斯麦毫不避讳地承认，他当时只想当上内阁大臣。出于时局考量，国王唯一的选择就是和俾斯麦合作，于是俾斯麦成了普鲁士驻巴黎大使。

在前往巴黎的途中，俾斯麦在法兰克福遇到了前同事，驻德意志联合议会的英国公使亚历山大·马利特爵士。俾斯麦和马利特坦诚地谈论了自己的计划。在马利特后来写给英国政府的述职报告中，他也提到了这一计划："俾斯麦首先是个普鲁士人，其次仍然是个彻头彻尾的普鲁士人，最后他才是德意志的普鲁士人……俾斯麦的人生目标和政治野心不外乎是扩张普鲁士领土，一旦这些野心受到威胁，难以实现，他就会不惜一切代价扫除障碍。"

俾斯麦驻巴黎大使的任期不过数月，并且大部分时间他都不在巴黎度过。为观看工业展览会，他前往伦敦。在此期间，他遇到了迪斯雷利，并且给对方留下了深刻印象。迪斯雷利说："留心这个人，他不会信口开河。他说到就一定会做到。"

在任期内，俾斯麦也曾与法皇拿破仑三世有过一段重要对话。皇帝的言论和态度让他感受到，今后他执掌普鲁士的外交政策时，拿破仑三世会与他合作。然而，如果俾斯麦计划利用这位皇帝来达到自己的目的，那么拿破仑三世也不是甘愿受人摆布的人。这位皇帝试图主导两国的政策，这一点在俾斯麦写给自己的上级伯恩斯托夫伯爵的信中有所体现，在信中俾斯麦说拿破仑三世"几乎给出了最没道德感的结盟提议"，但俾斯麦依旧要像约瑟对波提乏的妻子①那样对待这位皇帝陛下。威廉一世则非常厌恶拿破仑三世，并将其视为德意志和普鲁士的民族公敌。这使得俾斯麦无法施展身手。

8月，俾斯麦前往比亚里茨，一座大西洋沿岸的法国著名海滨浴场。在这里，他遇见了年轻的俄国公主凯瑟琳·奥尔洛夫，她是俄国驻布鲁塞尔公使的妻子。在凯瑟琳的陪伴下，俾斯麦在这里度过了一生中最快乐的几周。他从比亚里茨写给妻子和妹妹的信件，是他所有书信中最文采非凡又充满诗意的。信中优美迷人的自然景观跃然纸上，而

---

① 出自《圣经·旧约·创世纪》：约瑟做法老卫队队长波提乏的管家，波提乏的妻子诱惑约瑟，遭拒绝后便陷害约瑟导致他入狱。——译者注

凯瑟琳又是个机智、风趣、精通乐理的年轻女性，这些优点无限放大了她的个人魅力。这封信将让读者不由想起戏剧《仲夏夜之梦》中，仙王奥伯龙那令人沉醉的魔幻森林。只知道俾斯麦"铁血宰相"身份的人恐怕难以想象他还可以写出如此富有诗意、令人着迷的文字。

这段时间里，俾斯麦一直处于提心吊胆的状态。他期待着罗恩给他发来电报，召他去柏林任职，但任职令并未如期而至。虽然他收到了罗恩和伯恩斯托夫的来信，但结果令他失望：国王仍然犹豫不决。返回巴黎后，9月18日罗恩终于发来电报："迟则生变，速来！"（Periculum in mora，Dépêhez-vous！）这是两人事先约定的暗号。第二天，俾斯麦就火急火燎地赶往柏林了。

九、就任首相

此时，柏林爆发了严重危机。普鲁士政府发现，除非它们能做出巨大让步，满足人们的要求，否则下议院将不可能通过它们的军事提案。下议院部分激进派议员想要推翻整个改革，而进步党大部分议员更倾向于做出让步。特维斯滕当时已成为柏林的议员，他在下议院发表了精彩演讲，提出采取折中方案来谋求共识，但后备军只需服两年兵役的提议必须被保留。如果政府愿意做出妥协，那么国王军事重组计划中的大部分措施都将得到实施，整个国家和宪法也将躲过这次危机。

君主立宪体制下，议会手握财政大权，可以借此影响内阁政策的走向。普鲁士保守派理论家施塔尔始终认为，区区普鲁士议会竟能凭借财政大权，压制君主统治，使君主处于弱势地位，实在是个危险的存在。为此，他引入了宪法第 109 条，宣称现在规定的赋税应该继续征收，除非有新的法律改变它们。通过这次解读宪法，即使政府不通过预算案，公民也应上缴赋税。但宪法第 99 条规定，每年国家应当预先评定税收和收支额度，囊括在政府预算案中，每年的政府预算也应由法律确定，只有经议院和国王双方同意，预算法案才能通过。在这次解读后，任何客观的律师都能轻易得出一个结论：在未取得议院同意的情况下，政府哪怕只花一分钱，都违反了宪法。也就是说，虽然宪法第 109 条规定税收将会继续流入国库，但只要议会不通过预算案，政府就不能乱花钱。

宪法的规定可谓相当明晰，但自希腊诡辩学派问世以来，总是不缺那些擅长颠倒黑白的人。现在，普鲁士的诡辩家们提出："合乎法律的政府预算案需要征得以下各方的同意：（1）第二议院，即下议院；（2）上议院；（3）国王。一旦有一方否决，预算案就是无效的。"在任何正常人的认知中，这都意味着：政府一分钱都花不了。但诡辩家们否定了此看法，宣称宪法存在"缺口"（eine Lücke），国家需要生存下去，只要符合国家利益的正常需求，政府就可以自行支配资金，这就是臭名昭著的"宪法缺口理论"（Lückentheorie）。由于最反动的容克占据了绝大多数的上议院议员席位，一旦下议院通过令政府不悦的议案，这种缺口就会出现。

通过报刊大肆宣扬这一理论的大臣其实十分清楚，这种诡辩论站不住脚。在普鲁士危难关头，他们呈交给国王的备忘录也清晰揭示了这一点。他们坦诚表示，下议院否决政府议案，无疑剥夺了宪法赋予内阁的管理权；如果内阁违背下议院的投票结果，试图花费财政收入，就违背了宪法。内阁的所有成员，包括罗恩，都在这份备忘录上签了字。

这份备忘录令国王大发雷霆，他试图与大臣们争辩，但大臣们始终坚持己见，毫不退让。

在下议院首次分组投票进行表决时，内阁的立场变得越来越游移不定。9月17日早上，罗恩毫无征兆地走上议院讲台，以整个内阁的名义公告，内阁不希望出现冲突，愿以特韦斯滕的提议为基础，双方都退让一步达成折中的方案，前提是下议院愿意给内阁一些"补偿"。

内阁虽未做出重大让步，但已足以改变议院僵局下的焦躁情绪。议院立刻同意了内阁的建议，马上宣布休会，让内阁有机会在预算委员会的秘密会议上与下议院达成共识。国王原本以为进步党是革命派，为了对付他们，军事顾问甚至还秘密商定了暴力措施，可没想到进步党竟然急切地做出妥协。

随后，国王立刻出手，浇灭了人们的所有希望。他否决了大臣希望他让步，允许后备军只服两年兵役的建议，仅接受了军事顾问的建议。即使观点最温和的人，也评价这些军事顾问是"如同雄鹿要饮水一般迫不及待引发冲突"。

9月17日上午，国王召开会议，罗恩宣布内阁愿意做出妥协。外交部长伯恩斯托夫和财政部长冯·德·海特建议国王顺从内阁的备忘录。然而，罗恩突然转变立场，向国王报告说他准备在不通过预算案的情况下就运行内阁。这令大臣们勃然大怒，对他们来说，罗恩的声明完全出乎

俾斯麦与德意志崛起

意料，必将导致国王与议会之间爆发冲突。罗恩这么做无疑打破了他效忠宪法的承诺，但他不会因此感到困扰。他清楚，有一个人能在此时胜任统领普鲁士的艰难任务，那个人绝不会因为什么宪法原则而自缚手脚。于是在会议结束后，罗恩立刻给俾斯麦发了一封电报，敦促他"立即赶回，化解这场危机"。

随后，罗恩堂而皇之地告诉下议院议员们，内阁不会做出任何妥协，也不会有任何让步。愤怒的议员们立刻否决了军事预算案，双方的冲突公开爆发了。

在俾斯麦抵达柏林之前，普鲁士王储做出了最后一次努力，希望国王能与议院达成妥协。王储和那时的年轻人一样信仰自由主义，他急切地想捍卫这个未来将由他掌权的王国，保卫稚嫩年轻的宪法，避免难以预测的大动乱的爆发。国王无法驳斥他的论点，于是直接拿出一份让位给他的诏书，让他签字；而王储坚决地拒绝了国王的这份诏书，即使父子分歧如此明显，他还是深深敬爱着自己的父亲，绝不会像莎士比亚笔下的哈尔王子那样，在父王尚在人世时就迫不及待地夺走王位。

那么，现在该俾斯麦大展身手了吗？王储可能不这么想。国王曾告诉他，无论在何种情况下，他都不会召回俾斯麦。毫无疑问，国王受到了王后的影响，王后视俾斯麦为死敌。但三天后，王后的阻挠没能起到效果，俾斯麦成功当选普鲁士首相。

在个人回忆录《思考与回忆》的第 11 章，俾斯麦以自己特有的方式讲述了 1862 年 9 月 22 日与国王会面的细节，这个故事的描述虽然偏颇，但值得一读。国王当时已经无路可走，唯有将内阁的未来交托给俾斯麦，因为只有他愿意、也有能力抵抗住议院的压力；也只有俾斯麦毫不在乎自己的所作所为是否会违背宪法。俾斯麦勇敢无畏、充满干劲、富有活力，无条件地为国王效劳，就像忠贞的臣子永远不会背叛封建领主。这些特点给国王留下了深刻印象。国王接见完俾斯麦后，俾斯麦就任首相和外交大臣一事便既成事实，而且，自此以后俾斯麦将自由做出决策，不受任何纲领或计划的阻碍——包括国王最开始期望的那些计划。

俾斯麦真诚希望成为国王最忠诚的奴仆，这一点无须质疑，但他太了解国王了，对国王的一切不足和弱点都了如指掌。有一点可以肯定，俾斯麦会指导国王做出决策，而不是受国王的意志摆布。俾斯麦心里清楚，他将宿命般地带领国王，走向就连他自己也不曾设想过的未来。尽管俾斯麦承诺会追随国王，但他也知道，国王将被迫与他休戚与共，因为这就是他加入内阁的条件。

我们把时间回溯到 24 年前，也就是 1838 年 9 月。那时，俾斯麦不过是个 23 岁的年轻人，当时他写下了这样一句话："我只想演奏我自己喜爱的乐曲，否则我宁愿不去演奏。"1862 年 9 月，俾斯麦终于成为普鲁士这个"交响乐团"的领袖，可以开始演奏他喜爱的乐曲了。这首乐曲将演奏长达 28 年的时间，久久回荡在普鲁士、德意志，乃至整个欧洲的土地上。

第二章

与议会和奥地利对峙

A. 订立《加施泰因协定》

一、首相的第一步

　　任命俾斯麦为普鲁士首相的决定引发了政界的轰动，不过反对情绪偏多。英国杂志《旁观者》称俾斯麦这位德国容克是有史以来最直言不讳的普鲁士首相，称他行事强硬但见识短浅。德意志人尤其是普鲁士自由党预言，普鲁士政坛将出现严重对立。一位进步党领导人写道："俾斯麦被任命为首相后，内阁将在没有预算案的情况下运行，普鲁士将用刀剑处理国事，通过发动战争来处理外交事务。我认为他是对普鲁士自由和幸福最具威胁性的首相。"这段话相当准确地描述了人们对俾斯麦的态度。在当时的戏院里，每次对于国王的恶意影射都会赢得满堂喝彩。

　　俾斯麦的第一步行动便是组建内阁。然而外交部长伯恩斯托夫伯爵和财政大臣冯·德·海特再次提出反对意见，认为没有预算案的内阁是违背宪法的，于是辞职离开内阁。起初俾斯麦试图笼络温和派自由党人，比如他曾拜访过提出折中修订案的特文斯滕。在后备军服役时间问题上，俾斯麦并不是很强硬，也不介意两年或三年的问题，但国王不同意，他对此也无能为力，而这直接导致他与特文斯滕的会面没有产生任何成果。不过值得注意的是：俾斯麦才刚刚就任首相，就主动与反对党成员以一种令人震惊的轻率方式谈论任命他的国王，着实很不寻常。在会面中，俾斯麦将国王比作一匹马，不愿意接受任何新生事物，一旦受人强迫，就会变得桀骜难驯；只能慢慢驯服才行。

俾斯麦从未认真考虑过把自由党人招揽进内阁。事实上，他的内阁主要是反动派官员，这些人没什么才干，思想保守，唯一值得一提的就是出身还算高贵。俾斯麦晚年谈及他们时，口吻往往极为轻蔑，充满鄙夷。他称财政大臣冯·博德尔施文格是"一个骗子"，而把农业部长冯·塞尔肖叫作蠢驴（Rindvieh）。只有宫务大臣奥伊伦堡侯爵还算得上有点才华，可他却懒惰而轻佻。无论这些容克多么没用，他们至少满足了俾斯麦对大臣的要求：他们都准备好了为俾斯麦打击对手提供援助，从而让俾斯麦按照自己的想法，畅通无阻地推行外交政策。

俾斯麦在议会的第一步行动便是撤销次年的预算法案。在全院委员会上，当他被问及下一步计划时，他发表了一番将会永载史册的演讲。他从笔记本里抽出来一根橄榄枝——这是凯瑟琳·奥尔洛夫在阿维尼翁与他分别时赠予他的——展示给在场的议会委员，表示自己之前想将这根橄榄枝送给委员会，作为和平的象征，但他现在不愿意了，认为此时送出去为时过早。他还谈到了普鲁士的当前形势和未来任务，表示德意志不指望自由主义精神降临普鲁士，只关心普鲁士对德意志能发挥什么作用。只可惜此时普鲁士的边境形势阻碍其繁荣健康发展。俾斯麦还认为，当代的重大问题不是通过演说和多数派决议所能解决的，1848年和1849年人们就犯了同样的错误。"铁和血"是当前唯一有效的手段。

这段令人震惊的言论引起了巨大反响——大多是反对他的声音。连罗恩都对俾斯麦的"不恰当的离题发言"气愤不已，认为这些言论没有任何用处。历史学家海因里希·冯·特雷奇克——后来成为俾斯麦行动最坦率直白的预言家——称俾斯麦是个肤浅无知的容克，其大肆宣扬用"铁和血"征服德意志的言论简直是荒唐粗鲁，令他十分气愤。国王也很不满，当时他和王后以及女儿女婿巴登大公夫妻一行人在巴登。通过他们的反应，俾斯麦明白这些大臣中没有一个能与自己为友。他担心大臣们借题发挥针对自己，为了重新夺回国王的支持，俾斯麦在柏林的前一站——特博格——的火车上和国王会面。俾斯麦在《思考与回忆》的第12章中对这段小插曲的描述十分精彩而生动。

国王如何看待这次发言我们暂且不论，但无论国王持何种观点，他都清楚，要对付议会就少不了俾斯麦。此时，议会辩论十分激烈，温和派和激进派议员站在了同一战线，纷纷谴责俾斯麦的发言违背了宪法。其中一位温和派发言人是著名律师格奈斯特教授，他重新强调了相关原则，告诫俾斯麦尊重德意志人民的一项基本品质：德意志人民坚定不移地相信道德感和法律秩序是维系国家历史的最恒久的决定性因素。格奈斯特说得没错，这一品质也是普鲁士人民感情中最重要的一个组成部分；但当前的问题是，这种对道德和法律的坚信，在涉及部分重要事件时，是否仍然合理？

起初，事情的发展完全出乎意料。封建领主组成的上议院（Herrenhaus）否决了下议院的政府预算案，导致普鲁士内阁在没有预算案的情况下维持政府运行。内阁继续征收税赋，蛮横专断地将资金用于军事领域。这段时期普鲁士经济蓬勃发展，税收也不断上涨，内阁可以随心所欲地花钱。下议院感到十分无力，他们既不能通过法律阻止内阁收税，也无法弹劾内阁。在大臣宣布就任时，需要对宪法宣誓并对内阁负责，但如果大臣自己违反了宪法，议会是没有弹劾大臣的途径的。因此，普鲁士下议院十分软弱无能。外国评论家没能看清普鲁士的局势，比如英国报刊常常将责任归咎于意志力薄弱的反对党，没有认清宪法力量薄弱才是根本原因。

1863年1月的下议院辩论表明，俾斯麦的做法严重冒犯了德意志人民的正义感。当时，议会委员会的官方发言人是著名的历史学家亨利希·冯·济贝尔，俾斯麦还曾赞助他写下《威廉一世统治下德意志王权的诞生》这本书。济贝尔虽然不是激进派，但他由衷热爱和尊崇普鲁士及其历史。济贝尔曾说过："大臣们和这里的多数议员观点和立场相差巨大，由于思维逻辑和道德准则的差异，他们的思想和行为截然不同。"而在俾斯麦做出了一番直言不讳的发言后，这场辩论迎来了高潮："如果无法达成妥协，冲突就会爆发，并往权力之争的方向演化。掌权的一方会按照自己的思维行事。"什未林伯爵是威廉一世统治的"新时代"时期的温和派前内阁大臣，当时他回应道："所谓'你大可以畅所欲言，我们有能力，也可以强制推行自己的政策'，不就是'强权先于公理'？你的言论根本不能支持普鲁士王国的长期存续。普鲁士的伟大之处，这个国家的立足之本，以及在过去和未来享有的各种尊崇，所依赖的原则都是与俾斯麦所说的完全相反的一句话：'公理先于强权。'"什未林伯爵的话引发了巨大反响，此后，他被尊为普鲁士悠久而优秀传统的坚定捍卫者。

俾斯麦对下议院的公开蔑视，正如小威廉·皮特曾在1783 年公然蔑视查尔斯·福克斯和绝大多数的下议院议员一样，他们都有国王做靠山，但两人也有重大不同。皮特清楚，选民以及那些指导选民投票的人和他同属一个阵营，为了得到多数支持，他只需要等待时机，解散议会。俾斯麦清楚，普鲁士百姓对他的反对意见甚至要胜过议会，即便他找到时机，解散了议会，选民还是会选出对他不利的大多数议员；即使内阁反应激烈，利用法律手段向选民施加压力，也没能迫使选民给内阁候选人投票。

不过，纵观德意志立宪制历史，唯独 1862 年至 1866 年的普鲁士反对党得到了选民的有效支持。此后的 1878 年、1887 年、1893 年和 1907 年，很多选民舍弃了反对派议员，因此只需要解散一次内阁，就可以在内阁中占据大多数。只有在普鲁士宪政冲突爆发期间，选民才如此坚持己见。当然，那时的选民都根据三级选举制度来投票，前两个等级的选民决定了选举结果，而第三等级的大多数工人也完全理解他们的选择。

二、王储的抗议

内阁对宪法的侵犯还没有停止。由于形势和内阁自身行动的影响，内阁一次又一次违反法律，还开始攻击宪法保障的新闻出版自由。当时，普鲁士大部分的报纸都由自由党创办，并热烈支持反对派。1863 年，俾斯麦试图让国王颁布诏令不让这些报刊发声，授权警察打击这些反对派报刊；在解散下议院后，俾斯麦也竭力让这些报刊在大选期间保持沉默。但是，由于反对派大获全胜，俾斯麦的这道命令在执行了五个月后终于被迫取消。

命令所产生的影响则远远超过了人们的预期，甚至朝着预期相反的方向发展。王储公开发布声明，反对这道命令。声明中说，王储及其妻子维多利亚完全无法赞同俾斯麦的做法，他们对俾斯麦侵犯宪法的行为表示坚决反对，担心普鲁士人民和国家之间会产生无法逾越的鸿沟。王储还告诫国王，不要违反宪法。虽然王储本应出席那次枢密院会议，但就在王储缺席会议的间隙，国王颁布了这道命令。那时，王储正在普鲁士东部各省视察军队，当在报纸上读到这条命令时，王储大为震惊，随即向身边的维多利亚公主和但泽的自由派市长文特尔征询意见。后来在文特尔市长发表演讲时，王储也公开表示："我先前完全不知道这道命令，当时我不在场，这也不是我的提议。"

王储的表态不可避免地在普鲁士民众中引起了巨大轰动。国王则勃然大怒，随即给王储写了一封信，信中充满着国王的愤怒。维多利亚公主曾在写给母亲的信中形容这封信把王储"当成一个无知的小孩"。后来，这封信被弗雷德里克·庞森比爵士收录在《腓特烈皇后书信集》中并出版，《维多利亚女王书信集》的第二辑也有收录。信件表明，王储和妻子维多利亚公主当时的处境极为艰难，但泽的小插曲成为他们人生的决定性事件。俾斯麦此后一直记恨这件事，而这直接导致二人遭受孤立，人生也蒙上了一层阴影。在写给国王的信中，俾斯麦也表明了自己的观点，记录在他的个人回忆录《思考与回忆》一书的第 16 章中。他还在王储的备忘录中用旁注巧妙陈述了自己的看法：

王储是没有任何官方"地位"允许他去和父亲持相反政治立场的。

那么，如果俾斯麦面对的是厌恶自己政策的君主和全心全意支持自己的王储，他的立场会有所不同吗？换句话说，如果腓特烈三世成功登基，身体健康，也没有被可怕、致命的疾病打倒，能长期统治普鲁士，而非现实中短短的99天，局势会有何变化？幸运的是，命运站在了俾斯麦这边，他无须面临这种考验。凡是了解1888年腓特烈三世做了悲剧性的99天德意志皇帝的故事的人，都会忍不住怀疑俾斯麦是否会忠于1863年的教条来行动。

三、普奥冲突

虽然宪法之争愈演愈烈，但俾斯麦的重点还是外交政策，尤其是德意志问题。在这段时期里，普鲁士的劲敌奥地利在外交舞台上十分活跃。

奥地利与意大利作战失败后，曾试图回归立宪主义。1861年2月，奥地利颁布新宪法，设立中央议会，其中德意志自由派占据优势地位。该宪法是大臣安东·冯·施默林努力的成果，1848年，施默林是法兰克福议会上奥地利派的领袖，同时也是一位帝国大臣。他将奥地利回归君主立宪制度作为保住德意志地区霸权的手段；只可惜德意志事务不归他的部门管，而由外交部长冯·雷希贝格伯爵负责。施默林被视作自由派人士；雷希贝格则自称保守派政治家，是梅特涅的学生。这样的两个人自然不太可能和睦相处。

雷希贝格曾担任联合省议会的主席，当时和俾斯麦是同事关系，两人私交甚密。雷希贝格对俾斯麦的能力、热情活力和无情残酷的性格印象很深。他很害怕俾斯麦，俾斯麦成为普鲁士首相之前，每当提到俾斯麦时，他就战栗不已。如今，这位"可怕的"俾斯麦成了普鲁士首相，雷希贝格该怎么做才能避免和他对峙呢？

事实上，普奥之间的冲突对立已难以避免了。自签署《维拉弗兰卡停战协定》以来，德意志民众认为对德意志邦联进行改革势在必行。萨克森王国的大臣博伊斯特伯爵是首个提出改革计划的政治家，他十分聪明，但骄傲自负。当时普鲁士政府软弱无能，近乎陷入瘫痪状态，于是他便向维也纳宫廷建议，要尽可能快速改革德意志邦联。博伊斯特拟订了详细的改革提案，但他的改革最终没能得到落实。几个月后，就在俾斯麦掌权不久，奥地利也提出了一项计划，还得到了许多中等大小邦国的支持。在计划中，为了响应群众的呼声，奥地利将提出对法律进行调整，比如在整个德意志地区统一民事案件的诉讼程序，还重点指出应当召集各邦国的下议院代表共同商定这些法律。虽然过程会比较繁复，但这本可能是德意志人民在邦联地区拥有代表权的良好开端。而现在，俾斯麦成为普鲁士首相，虽然很多年前他就曾建议摄政王制定同样形式的代表权，可如今的他早已改变想法。他担心，改革会延长德意志邦联的存在时间，扩大奥地利的影响力。俾斯麦本就致力于推翻德意志邦联，不想再有任何节外生枝。因此，他决心不惜利用一切可支配的手段破坏这场改革。

在商定对付奥地利的计划的过程中，俾斯麦与奥地利人进行过两次会面。这两次会面旨在传达一个信息：这位普鲁士的新首相将为奥地利带来什么？虽然守旧的外交官们通常强调不可轻易暴露内心想法，但俾斯麦打破了这项原则的束缚。在柏林与奥地利公使卡罗伊伯爵谈话时，俾斯麦毫不隐瞒自己的真实意图。含糊其辞、有所保留地发表言论对他来说不是难事，只要这么做能达到目的。但俾斯麦很清楚，在某些特定情况下，直言不讳才是最佳手段，于是他直截了当地告诉奥地利公使，如果不尽快设法改善普奥两国的关系，两国未来必有一战；若想要避免冲突，奥地利就应将目光转向东边的匈牙利，而这意味着奥地利需要放弃在德意志尤其是德意志北部地区的特权——普鲁士认为这块区域属于其天然势力范围。俾斯麦表示，如果哈布斯堡皇室愿意听从他的建议，普鲁士将成为奥地利的忠实盟友，否则，两国间的灾难将无法避免。

恐怕我们很难再找到比俾斯麦还要公开直白的威胁了。如果执掌奥地利外交政策的是一位理性的政治家，那么奥地利此时要么是听从俾斯麦的建议，要么立刻开始为宣战做准备。但奥地利外交部长雷希贝格选择了第三条路。

俾斯麦还会见了奥地利驻俄国大使图恩伯爵。他曾和俾斯麦在法兰克福议会共事，此次他专程来到柏林，和这位前同事谈判，试图让两国彼此让步，达成妥协。可俾斯麦再次直言不讳地告诉这位奥地利外交官，他对国际条约的不可侵犯性有着不同的想法。俾斯麦说，"有约必守"（Pacta sunt servanda）的确是国际法的基石，但他也认为"奥地利和普鲁士两国的势力都过于庞大，不会愿意受到条约文本的约束"。因此，两国行动都应完全基于利益和行事方便，倘若任何条约对两国的利益和方便造成阻碍，就必须被废除。也许，后来被总结为"丢弃一纸空文"的理论

俾斯麦与德意志崛起

也就起源于此？

雷希贝格师从梅特涅，自他开始接受教育以来，他就一直被告知：要严格遵守国际条约。但在他从图恩的报告中了解到俾斯麦这种马基雅维利式作风时，他也只是在报告的页边空白处标记了两个大大的感叹号——但也仅此而已，没有对俾斯麦做出任何公开的指责。

由于法兰克福议会以微弱多数投票通过了奥地利的提案，两大德意志强国成功避免了走向决裂。进行投票表决时，普鲁士公使宣读了一份俾斯麦做出的措辞强硬的声明，其中有一句话简直令人"叹为观止"："为了赋予普鲁士人民在德意志共同事务上应有的发言权，必须由全体人民直接选举议会代表。"这份提案革命性意义十足。俾斯麦采用了 1848 年革命的根本理念，也就是法兰克福议会和德意志民族协会的纲领中所传达的思想。如果这句话是从除俾斯麦之外的任何一个政治家口中说出的，想必都会赢得人们的欢呼和称赞。可没有人相信俾斯麦这句话出自真心，这位一向独裁的普鲁士容克剥夺了普鲁士议会的立宪权，又怎么会捍卫一个具有普选制的德意志议会呢？

现在，又有一场与奥地利的争端需要俾斯麦处理了。这场争端与经济影响力有关，它的发生令国际条约的不可侵犯性再度受到威胁。

1860 年，在拿破仑三世、科布登[1]和英国财政大臣格莱斯顿的共同努力下，英法两国缔结自由贸易协定，自此欧洲商业政策进入了新阶段，为自由贸易政策的实施铺平了道路。1862 年，在同样的想法的指导下，法国又与东边

---

① 理查德·科布登（Richard Cobden），英国政治家，被称为"自由贸易之使徒"，坚决主张自由市场和自由贸易（后人称为"科布登主义"）。——译者注

的邻居普鲁士订立了类似的条约。但是，此时的普鲁士在关税和贸易协定方面并非完全独立的实体国家。作为德意志关税同盟（German Zollverein）的成员和领导国，普鲁士有责任指导成员国实行统一的关税政策。只有得到关税同盟的同意，两国之间的贸易协定才会生效，但大多数成员都持反对意见。

奥地利并没有加入这个关税同盟。在19世纪30年代普鲁士创建这个组织时，组织的宗旨与奥地利的意愿和利益是相悖的。但在1848年革命之后的若干年里，目光长远的奥地利商务部长布鲁克一直致力于宣传中欧关税同盟的伟大思想。在他的计划中，从北海到亚得里亚海、从汉堡到的里雅斯特的所有国家都会加入这个同盟。由于普鲁士从中作梗，该同盟最终夭折；但作为给奥地利的补偿，普鲁士在1853年《奥地利—普鲁士商业协定》同意了这样的条款：在1865年，也就是普鲁士和德意志关税同盟中其他成员国的协定期满之前，普鲁士会与奥地利进行商业同盟的谈判。

如今，普鲁士与法国签订了协议，那么就不可能再履行之前与奥地利的承诺了。因此，也就不难理解奥地利对普鲁士"违约"的指责了。有趣的是，连鲁道夫·德尔布吕克——普鲁士商业政策的领袖，后来担任宰相府邸的主管，成为俾斯麦最重要的阁僚——内心都认为奥地利确实有权做这样的指责。他曾在一项秘密备忘录中承认，与法国订立条约后，普鲁士将无法再和奥地利联盟，这违反了两国先前协定中的承诺。但他对此事的解释十分有趣：要求国家为了多年前迫于压力做出的承诺，而牺牲自身的关键利益，实在是太荒唐了。

俾斯麦与德意志崛起

他的这种观点与俾斯麦批判"国际条约神圣不可侵犯"的观点很像。从小接受旧式优良普鲁士官员教育的他，不大认可国家理性观念（Staats-Raison，raison d'etat）凌驾于一切承诺的新学说。而俾斯麦更是完全不在乎这些，他坚定地用一切可支配手段，推行与法国订立的条约，强迫关税同盟的其他成员国接受并遵守这项条约。出于经济和国家理性两方面的考量，下议院大部分议员都支持他的政策；普鲁士自由派人士都支持自由贸易，认为关税同盟很关键，可以扩大普鲁士在德意志的影响力。

四、1863 年波兰起义

俾斯麦之所以决定维护同法国的商业协定，部分是为了维持普法关系。但在 1863 年春，波兰爆发起义反对沙皇统治，导致两国在针对波兰问题上出现分歧和尖锐对立。

18 世纪时，波兰被普鲁士、奥地利、俄罗斯这三大强国瓜分。在西欧国家看来，波兰被瓜分是现代历史中的糟糕污点；然而在这三国看来，瓜分波兰是合理的，波兰人不能独立建成一个强大、有秩序的政府。虽然连德意志人民都对波兰人的不幸深表同情，但俾斯麦并没有产生任何共情之感——他只会从是否对普鲁士有利的角度考虑波兰问题。毫无疑问，若放弃波兰领土，普鲁士就会被削弱。不过，俾斯麦还有另一层考量：他认为波兰人是普鲁士的敌人，只要对国家有利，普鲁士可以采取任何手段来镇压波兰。

1861 年，俾斯麦从圣彼得堡给妹妹写了一封信，其中他断言："我们要严厉打击波兰人，让他们对生活失去希望，我同情他们的处境，但如果普鲁士想要继续生存下去，我们就得不惜一切灭绝波兰。上帝创造了狼的野性，它们无须对任何暴力行为负责，但只要我们有能力，我们就可以杀死它们。"

同年，驻任华沙的普鲁士领事批评哥萨克骑兵对波兰人残暴无度，却遭到了俾斯麦的驳斥。俾斯麦在一封信中这么说道："在波兰问题上，所谓残忍和专制只能称得上是'比较'严厉。如果这种打击没能产生预期效果，我会感到万分遗憾。波兰民族运动的成功就意味着普鲁士的失败。在这一问题上，我们不能依靠什么民事司法原则，而是应该依靠战争原则。"

这几行字，无疑是在对波兰人民宣战。那时，波兰尚未公开反抗普鲁士政府，1863年波兰起义也只发生在俄国控制的领域，诱因则是沙皇政权引发人们的不满。然而，在起义尚未触及普鲁士下辖领域时，俾斯麦就立刻着手动员普鲁士东部各省的兵团，还派遣国王的侍从武官冯·阿尔文斯勒本将军，一位《十字军报》派的顽固反动分子，前往圣彼得堡表明两国是牢固的盟友，拥有共同的敌人。

接到指示后，阿尔文斯勒本在圣彼得堡签订了一项条约，条约中双方政府向彼此承诺，会提供援助，镇压起义，允许双方的军队穿越两国的共同边界，追击逃亡的波兰叛乱分子。当时，普鲁士国内根本没受到起义的任何影响，完全没有让军队穿过俄国边界的必要，因此这项条约将只对俄国有意义：俄国军队有权直接越过俄普边界，自由追击反抗沙皇的波兰叛乱分子。

俾斯麦还公开地与但泽的一位普鲁士代表谈论这项密

约，甚至将约定的范围进行夸大，暗示普鲁士有权直接攻击华沙。这样轻率的言论自然很快就蔓延开来。本来西欧国家就十分同情波兰的遭遇，俾斯麦的言论一出，各国立刻做出了反应。英国驻柏林大使安德鲁·布坎南爵士告诉俾斯麦，欧洲不会容许普鲁士占领波兰。俾斯麦则以他的标志性个人风格回应道："哦，谁是欧洲呢？"布坎南则回答道："几个强国。"《旁观者》杂志也对这种"亵渎神明的联盟"予以激烈批评，将俾斯麦比作给詹姆斯二世邪恶行径煽风点火的蒂尔康奈伯爵，在其形容下，连斯特拉福德似乎都没有俾斯麦那样邪恶。法国更是群情激愤，拿破仑三世直接告诉普鲁士大使，他后悔和普鲁士签订协议了。外交上如此广泛的反对情绪也令威廉一世感到困惑，他写道："拿破仑三世的后悔（Il la regrette）着实令人不快。"

下议院也爆发了公开而强烈的反对情绪，并公开质询俾斯麦，要求他将密约的内容解释清楚。而本就想让事态恶化的俾斯麦则直接拒绝回应。年迈的瓦尔德克是反对党的领袖之一，他大声疾呼道："有一项条约可能让我们的子孙后代落入战争的旋涡，可我们的首相却说'我不会给你们透露任何信息。'"反对派当然不会乐意放弃普鲁士手中的波兰领土，也认为普鲁士政府不应袒护波兰的叛乱分子。但普鲁士政府对俄国的偏袒引起了公众的不满，他们批评普鲁士不应轻易放弃中立的立场。公众相信，哪怕对于国际事务，人道主义原则也要被重视起来。在公众尤其是德意志自由主义者心中，人道主义早已深深扎根，这促使他们坚决反对俾斯麦的强权政治学说。

而俾斯麦 20 年后的做法也清晰证明：他毫不在意什么人道主义。1885 年，俾斯麦下令将 3 万波兰居民从普鲁士的领土上驱逐出去。他们在普鲁士生活多年，大多数人都一向遵纪守法，爱好和平，只是因为受到俄国和奥地利的管辖就要面临这种不幸的遭遇。这种残酷做法简直闻所未闻，但还是得到了普鲁士下议院的压倒性多数通过——民族自由党派也包括在内。那时，只有激进的进步党还在维护普鲁士古老的自由主义传统了。

得益于《阿尔文斯勒本协定》，自1871年至1886年，普鲁士一直得到俄国的援助，很长一段时间，人们对俾斯麦的政策赞誉有加，俾斯麦也不遗余力地在各种演讲和文章中进一步宣传自己的观念。可是在多年之后，人们在档案中发现了真相。美国史学家劳德教授总结道，这项协定让俾斯麦卷入了许多不必要的麻烦；除了西欧列强，俄国首相戈尔恰科夫亲王也十分厌恶这项协定。

1863年的波兰起义促使欧洲强国进行了势力重组，这为俾斯麦推行自己的计划提供了巨大便利。英法奥三国发表联合声明，要求俄国政府对波兰人民做出让步，还邀请普鲁士也加入它们的阵营——但俾斯麦谢绝了。他对这种事毫无兴趣，只会从对普鲁士有利的角度考虑问题；当其他国家联合反对俄国时，只有让沙皇明白普鲁士是俄国唯一的朋友，才能让普鲁士获利。结果，三国的外交努力宣告失败，波兰起义遭到了俄国的无情镇压。

在这次外交事件中，有两件尤为重要的事情。拿破仑三世一直希望有一个稳固的盟友；德意志两大强国中，普鲁士显然比奥地利更符合拿破仑三世的心意。拿破仑三世坚定捍卫民族性原则，因此他也讨厌奥地利，认为奥地利的存在本就是违背民族性原则的。但在普鲁士公开站在俄国一边后，不愿在波兰问题上与俄国达成谅解的拿破仑三

俾斯麦与德意志崛起

世就只剩下奥地利这个唯一选择了。于是，他向奥地利发出结盟邀约，并写信给奥皇弗兰茨·约瑟夫一世，表示两国如果结盟便可以消除当前形势的不确定性和潜在的未来危险。

然而，奥地利拒绝了法国的邀请。雷希贝格表示，这类联盟的益处尚且存疑，但风险一定存在。那么奥地利是否有其他政策选择来降低风险呢？雷希贝格对此也不清楚。此前，俾斯麦也曾直白而严厉地向雷希贝格发出警告，但他还是坚持想与普鲁士达成共识。他天真地以为，俾斯麦和他一样是个保守派，因此便给俾斯麦写信说："欧洲所有的保守派都必须联合在一起，打击革命，维护欧洲的正统架构。"可想而知，当俾斯麦读到这位法兰克福前同僚写下的天真文字时，会露出多么冷酷嘲讽的笑容！雷希贝格口中"欧洲的正统架构"正是 1815 年《维也纳条约》所开创的体系，而这也正是俾斯麦一生都致力于摧毁的目标。

1863 年 6 月，沙皇亚历山大二世向普鲁士提出了另一项结盟的提议。直到 25 年后，俾斯麦在普鲁士议院为自己的波兰政策辩护时，才首次披露了这项提议——但他的说法极具误导性。在个人回忆录《思考与回忆》中，他强调，沙皇曾想向普鲁士提供援助，帮助他们对抗奥地利，从而在德意志地区建立一个新的政权，但被他和威廉一世拒绝了。俾斯麦称，他们心中怀有德意志的民族热情，厌恶外国势力企图干预德意志内部事务的做法。在后来的若干年里，当俾斯麦总结陈述自己的政治生涯时，他总是会从德意志民族的角度出发，上面的这一说法就是很好的一个例子。

但是，公开发表的文件对这一提议有着不同的解读。文件说，沙皇向普鲁士发出结盟邀请，并非为了对抗奥地利，而是希望建立俄国、普鲁士和奥地利三国结盟，来共同对抗拿破仑三世。换言之，沙皇希望恢复古老的"神圣联盟"。俾斯麦拒绝沙皇的提议显然是正确的，而他通过披上"假意反对提议"的外衣，掩饰自己对结盟的反对，实在是十分讨巧又聪明。不过，他所谓"维护德意志民族利益"的动机根本就不存在。俾斯麦只会从强权政治的角度来思考问题，并精明老练地衡量对普鲁士的利弊。无论外国势力如何试图干预德意志内部事务，只要能在他的指导和控制下进行，他就不会在意。

这些提议以及对提议的态度都体现出，作为政治家的雷希贝格和俾斯麦在行事风格上有着巨大的差异。雷希贝格没有任何明确的目标，也没能采取任何行动，只是基于偏见和优柔寡断便拒绝了法国伸出的橄榄枝；俾斯麦则目标清晰，会巧妙地避开所有可能限制其行动自由的不必要的纠葛。

五、法兰克福议会上的德意志君主

无论奥地利的政治家们再怎么目光短浅，也不可能不知道德意志邦联宪法的作用十分有限，而德意志问题又急需一个解决方案。要想满足德意志人民对于更强大、高效率的政权的需求，找到事务处理的大致方向，必须采取行动。如果法兰克福议会的主席国奥地利不主动出击，主导权就会落入普鲁士政府和德意志人民的手中，这绝非维也纳宫廷所乐意见到。因此，奥地利皇帝及其顾问施默林和雷希贝格决心掌握主动权。

这几个月里，在许多政治家的帮助下，奥地利政府的德意志事务部做了大量工作，以求解决最主要的麻烦。政治家们大多是罗马天主教徒，担心信奉新教的普鲁士会占据上风。他们并非土生土长的奥地利人，而是来自西南部中等大小国家。比如，维也纳的德意志事务部领袖冯·比格里本男爵就出生于黑森－达姆施塔特。他是奥地利政府中处理德意志事务的专家，在这一问题上享有最高话语权。他起草了大多数从霍夫堡皇宫寄往柏林的急件，其中大部分都写得文采斐然。他十分担忧普鲁士的野心，希望让奥地利和其他中等大小的国家建立合作关系，来挫败普鲁士。

这些政治家都赞同对德意志邦联进行保守改革，因为这样可以回避民众关于普选制和德意志民族统一的呼声。他们希望为每个德意志邦国保留尽可能多的主权地位，他们的目标不是建立统一的德意志帝国，而是对德意志邦联进行改革。

可惜这项保守改革失败了，史学家们也都忽视了这次改革。德意志民族最终实现了统一，方法则是激烈的变革。与后来的方法相比，这项中途而废的对德意志邦联的改革看起来软弱无力，早夭短命。然而，改革的成败并非唯一的评价标准。他们所计划的保守改革虽然没能成功，但他们的一片赤诚爱国之心不容置疑。理论家康斯坦丁·弗兰茨始终坚信：德意志生来应当以联邦的形式组成在一起，统一德意志民族缺乏必要。弗兰茨的一生就像在旷野中哭泣，他去世多年后，俾斯麦穷尽一生建立的德意志帝国也溃败了，人们才开始注意到这个孤独寂寥、被遗弃忘却的作家，发现他其实思想深刻，只不过有些古怪奇特。

奥地利计划提出两项主要改革，即建立行政部门认可的指挥部和代表全体德意志人民的代表大会。指挥部由6名成员组成，包括奥地利皇帝、普鲁士国王和巴伐利亚国王。代表大会应当代表全体德意志人民，各个邦国的议院间接选举大会代表，例如，奥地利帝国议会（Reichsrat）和普鲁士议会各自选出75名代表。为了将这个计划付诸实践，奥地利的办法是联合德意志各邦国所有君主（Deutscher Furstentag），在美因河畔法兰克福召开大会。奥地利皇帝亲自向所有邦国的君主发出邀约，他来主持大会。毫无疑问，大多数邦国的君主都会乐意接受奥地利皇帝的邀请，然而，普鲁士国王是否参加仍是最关键问题之一。此时，威廉一世正在奥地利的加施泰因（Gastein）泡温泉。在大臣的建议之下，弗兰茨·约瑟夫一世决定亲自拜访普鲁士国王，当面呈递邀约书。他认为，这一方式最为礼貌，也最有可能取得成功。

然而，俾斯麦此时恰好就在威廉一世身边。为了防止普鲁士会在外界影响下向着违背政策的方向运行，他决定一直跟随着国王。毫无疑问，如果威廉一世只身一人，能够在自主思考的情况下做出决定，他可能就已经接受了奥地利的邀请了。在两国君主会面结束后，奥皇给维也纳发了这样一封电报："国王还在犹豫，但似乎会同意。我认为他会去法兰克福的。"那时的威廉一世并不喜欢俾斯麦的"铁与血"，也不反对以和平手段进行改革；但俾斯麦在会面结束后便立刻觐见国王，并表达了自己的坚定立场：国王一定不能去法兰克福。俾斯麦担心，若威廉一世去了法兰克福，他就会在其他邦国各位君主的围堵之下，做出妥协。

事实上，"君主代表大会"的成功不仅会增强奥地利的威望，还会为邦联注入新的生机与活力。德意志人民或许会愿意接受改革，至少乐见逐步推进的渐进式改革，随着改革进一步发展，主动权会落入邦联的新机构，尤其是奥地利倡议的代表大会手中。无论这一改革的结果如何，普鲁士所一直致力于的从邦联中驱逐奥地利、让普鲁士居于德意志主导地位的计划恐怕都会落空。

唯一能够避免这个糟糕后果的办法就是先发制人，将奥地利的计划扼杀在摇篮中，通过让普鲁士国王拒绝出席大会的方式，来破坏君主代表大会。俾斯麦确信，只要威廉一世不出席，这个代表大会就会倏然崩溃。但是，俾斯麦不能将自己的真实意图告诉国王，否则国王将愤怒地予以回绝。于是俾斯麦转而使用自己最喜欢的办法：扮演受害者角色。他试图说服国王，奥地利皇帝毫无诚意，在大会召开日期确定的前几天才对国王发出邀请，简直就是对国王的侮辱。

这个办法说起来简单，做起来却并不容易，俾斯麦需要竭尽全力才能说服国王，并且他也担心国王在返回巴登后可能又会在王后的唆使下改变主意。于是，俾斯麦又随同国王一起返回巴登。事实证明俾斯麦的防范措施是必要的。君主代表会在法兰克福召开后不久，一位邦国君主就被派到巴登，以邦国所有君主的名义再次向国王发出邀请。这位君主便是德高望重的萨克森王国的约翰国王，他因曾将但丁的《神曲》翻译成德语而享有盛誉。

威廉一世称约翰国王是自己的朋友，他不忍心拒绝30位国王的联名邀请，况且这位信使，或者说是邮差（Postillion），还是一位备受尊敬的国王。俾斯麦则再次用尽浑身解数，阻挠国王接受邀约。这场斗争困难重重，激动人心；禁不住俾斯麦的纠缠和哭诉，威廉国王最终屈服了。国王终于明确拒绝邀请后，俾斯麦回到自己的房间，由于神经过度紧绷，他抓起一个大碗，猛地砸到了地上，忍不住为这场艰难的胜利哭了出来。

俾斯麦赢了。普鲁士国王的缺席让君主代表会像一个前景暗淡的笑话。尽管弗兰茨·约瑟夫一世在主持大会时表现出了令人惊叹的才干，各邦国君主也竭尽全力，订立了一项对大多数德意志人民都有好处的协定，但普鲁士没有参与表决，这意味着任何改革都无法推行。雷希贝格既没有能力，也没有意愿越过普鲁士而直接推行君主代表大会的政策。尽管博伊斯特和比格里本不遗余力地试图说服雷希贝格至少采取一定的积极行动，可雷希贝格不喜欢奥地利此时的处境，不乐意和一群中小邦国共同对抗强国普鲁士。因此，他们什么也没做，君主代表大会结束后，形势似乎没出现任何变化。

为了给自己破坏代表大会的做法辩护，俾斯麦宣布了一项政策。9月15日，俾斯麦向国王呈递普鲁士政府报告，其中的一项内容引起了轩然大波。它的内容是：赋予人民真正的国家代表权，全体德意志人民可以直接选举国民代表。

此前，奥地利已经提出一大构想：各邦国议会可以间接选举德意志议会的代表。为了盖过奥地利的风头，俾斯麦只得提出一个更加民主化的制度。这使得对德意志的民主诉求和普鲁士国内的独裁统治做法形成了鲜明对比。而几周后的议会选举表明，虽然俾斯麦表面上改变了立场，但是普鲁士选民并未被引入歧途。许多观察者，包括俾斯麦最强大的对手，都意识到，这位冯·俾斯麦先生为了达到目的，有多么不择手段、无所顾忌。他不受任何教条或学说的约束。就连始终激烈反对俾斯麦的《法兰克福日报》（*The Frankfurter Zeitung*）都忍不住对俾斯麦表示敬意，称他拥有过人的才华，可以熟练利用时代最主流的观点达成目标。

俾斯麦告诉奥地利大使，德意志邦联改革已经一只脚踏进了坟墓，这不是在夸大其词。事实也如他所说，几年后，连德意志邦联都在实质上被送进了坟墓。

君主代表会几周后，人们开始谈论和协商另一个大会。1863年11月5日，法国皇帝拿破仑三世邀请欧洲主权国家前往巴黎参加欧洲大会。这场大会甚至比法兰克福大会还要倒霉——大会根本没有召开。最主要原因是英国外交大臣拉塞尔伯爵完全不相信拿破仑三世。俾斯麦也不喜欢大会的理念，但他很聪明，没有做出任何表态，而是任凭其他人来阻止大会召开。

失败难免会招致批评，拿破仑三世的构想自然也受到了后世史学家的嘲讽，人们常常把俾斯麦的现实主义和拿破仑三世的天真构想做对比，嘲笑拿破仑三世幻想着用大会就解决只能通过战争才能解决的问题。

在1851年12月2日拿破仑三世发动政变后，法国人便倾向于将他的漂亮话看作纯粹的伪善。但新的事件让人们开始思索他话语中的深意，比如在法国议会（Corps legislatif）上被问及波兰起义导致的麻烦事时，他回答道："我们还有别的选择么？我们必须要在沉默和战争两者之间做出选择吗？"在向欧洲主权国家发出邀约时，他说："我们不要再坐以待毙，否则会发生不可抗拒的事件，扰乱我们的判断，迫使我们违背意愿，走错方向……上帝和法兰西人民选择了我，让我坐上王位，一路走来充满艰难险阻，对于统治者的权力和国民的合法期盼，我比任何人都更加关心。一般而言，一个人在经历了人生的大起大落后，必会采取中庸之道，秉持正义，而这正是我想传递给大会的精神。我提这项倡议不是出于什么虚荣自负，作为一位君主，我有着雄心勃勃的计划，我发自真心渴望向诸位证明，我的唯一目标就是，避免出现任何灾难，让和平降临欧洲大陆。"

"不可抗拒的事件"的确正在欧洲上演，三大战争和"铁与血"的时代即将降临。除 1863 年这代人之外，他们的子孙后代都要为这个时代承担代价，倘若有人能事先清楚代价，会发现拿破仑三世的怪异宣言无疑表明一个早已逝去的旧时代正给人们下一道死刑令。

拿破仑三世发表宣言仅过了一周，丹麦国王弗雷德里克七世驾崩，悄然间，俾斯麦迎来了绝佳的机会。

六、石勒苏益格 - 荷尔斯泰因问题

石勒苏益格 - 荷尔斯泰因十多年来一直是欧洲外交官的噩梦。1863 年 11 月 15 日，丹麦国王弗雷德里克七世去世，该地区的问题进入最紧张、最关键的时刻，而且正不断恶化，亟待解决。针对这个极为复杂的问题，帕麦斯顿勋爵说过一句广为人知的玩笑话："有史以来，只有三个人理解了该地区问题的根源。一个是阿尔贝特亲王，他已经离世。一个是一位德意志教授，可他已经疯了。最后一个是我，可一直以来，我完全把这件事抛诸脑后。"

简单来说，该地区问题的诱因可以这么概括。1815 年

《维也纳条约》签订后，丹麦的领土面积比现在大许多，一直延伸到汉堡的外围地区；现在近乎成为汉堡郊区的阿尔托那①，在当时却是一个丹麦城市。丹麦国王统治着三大地区，分别是：（1）丹麦本国的国土，波罗的海的岛屿，日德兰半岛的最北端，当地居民全是丹麦人；（2）日德兰半岛的最南端，从易北河到艾德河，由荷尔斯泰因公国管辖，居民基本是德意志人，波罗的海中位置至关重要的基尔港也处在这个区域；（3）丹麦本土和荷尔斯泰因公国之间的是石勒苏益格公国，当地居民属于不同的民族，南部主要是德意志人，北部则主要是丹麦裔。荷尔斯泰因公国和石勒苏益格曾经被称为易北河公国（Elbe-Duchies）。这三大地区以共主邦联的形式联合为一体，丹麦本土的人口数量大约是易北河公国人口总和的两倍。

两个公国中，荷尔斯泰因公国属于德意志邦联。丹麦国王兼任荷尔斯泰因公爵，还是荷尔斯泰因在法兰克福议会上的全权代表。而石勒苏益格不属于德意志邦联，邦联无权干涉其国内事务。但即使存在这一关键差异，两个公国仍然视彼此为不可分割的整体，15世纪的丹麦国王曾发表宣言称，两个公国永远紧密联系，不容分割。"永不分离"（Up ewig ungedeelt）是两个公国中全体德意志民众的口头禅。

由于丹麦王国和两个易北河公国的王位继承法不同，该地区的问题进一步复杂化。两个公国中，"萨利克"继承法具有法律效力，不允许女性继承王位。1837年，维多利亚成为英国女王，这部法律把汉诺威和英国王位分开。然而，丹麦法律规定，女性也有资格继承王位。丹麦国王

---

① 今天，阿尔托那已经成为汉堡的一个区。——译者注

弗雷德里克七世没有子女，那么丹麦的王位应当由谁来继承？谁又有资格继承两个公国的王位？多年来，继承权问题存在激烈讨论。两个公国的德意志人民希望继承权问题可以将公国和丹麦王国分离开来，于是支持奥古斯滕伯格公爵继承公国王位，许多学识渊博之士也都着手证明，奥古斯滕伯格公爵继承王位具有正当性。

多年来，丹麦人和德意志人相安无事。18世纪，丹麦地位显赫的大臣都是德意志人，比如伯恩斯托夫伯爵和著名的施特林泽医生，后者曾是阿尔托那的一位内科医生。一般而言，丹麦王国对于德意志臣民非常仁慈善良。了不起的德意志史学家、举世闻名的《罗马史》的作者特奥多尔·蒙森，就出生于荷尔斯泰因公国，多亏了丹麦国王提供的奖金，他才得以纵横学术之路。然而，不断高涨的民族主义热情摧毁了和平的环境。德意志民族主义在1848年的革命中爆发，演变为公开暴力事件。荷尔斯泰因和石勒苏益格的德意志人民爆发起义，反抗"外族势力丹麦的枷锁"，许多德意志人自发地向他们伸出援手，甚至连普鲁士国王也提供了短暂援助。奥古斯滕伯格公爵成为临时政府的首脑，但在他陷入困境之时，普鲁士国王却视而不见。起义失败后，奥古斯滕伯格公爵也被迫走上逃亡之路。

此时一些大国开始插手干预，出于不同的原因，它们对于维护丹麦的领土完整性兴致勃勃。英国是最积极的国家，因为丹麦控制着对于英国贸易和航海至关重要的波罗的海。于是，英国在伦敦召集了一场国际会议，并于1852年5月签订了《伦敦议定书》，规定了丹麦王国的完整性，宣告两个公国不能从丹麦分离出去；解决了继承权的问题，宣布格吕克斯堡的克里斯蒂安王子是丹麦以及两个公国的王位继承人。

签署的国家还包括德意志两大强国：奥地利和普鲁士。但是，德意志邦联并没有署名。那时，俾斯麦正在德意志议会当普鲁士全权代表，和俾斯麦协商后，奥古斯滕伯格公爵被诱导和丹麦国王签署了一项条约，其中规定，奥古斯滕伯格公爵以个人高贵荣誉为担保，他本人及其家族都不会做任何"可能破坏或威胁丹麦国王统治的领土的和平，反对继承权和宪法问题"的事情。不过，奥古斯滕伯格公爵并未在条约中明确表示放弃王位的假定继承权，这是因为丹麦政府宣示，他从来都没有继承王位的资格，因此也没有放弃继承这一说。在这点上，丹麦政府犯了严重错误，因此必然将付出代价。此外，公爵放弃了他在两个公国的分布广泛的地产权，交给了丹麦国王，换得100万塔勒的报酬，价值相当于40万英镑。

这项条约引起了无休止的争论。奥地利和普鲁士政府在《伦敦议定书》上联合署名后，争端接连爆发。一方面，包括普鲁士和奥地利在内的强国一致认为，奥地利和两个公国应该制定共同的宪法，形成"一个秩序井然的整体"。另一方面，奥地利和普鲁士要求两个公国应该保留独有的代表权，或者说等级会议（Stande），石勒苏泰因公国不应由丹麦管辖，而且不能采取任何措施以实现合并目标。

对丹麦政府来说，此时几乎无法解决这个难题。要找到一部既能被丹麦议会（Rigsraad），也能被两个公国的等级会议接受的宪法几乎是天方夜谭。德意志民族和丹麦人的人口比例的不同，也使得宪法问题难以逾越。德意志人不到总人口的三分之一，如果按照相同的人口比例来决定选举的代表人数，德意志人会始终在共同议会中占少数。

只有让德意志代表的选举比例翻倍，才可能避免这种不公平现象，然而丹麦不愿意做出让步。俾斯麦称，这就如同要将圆桩插进方孔一样，是不可能实现的。

俾斯麦成为普鲁士首相之前，曾对石勒苏益格－荷尔施泰因问题有所了解。该问题极为怪异和特殊，不能从德意志的角度来理解，而俾斯麦也不在乎石勒苏益格的德意志人是否会被他们的丹麦统治者虐待。和英国外交官谈话时，他甚至对德意志的狂热分子发出嘲笑说，仅仅是一位丹麦官员粗暴对待了醉酒的德意志人，就能激发起德意志民众满腔的爱国热情。他只会从如何扩大普鲁士势力的角度来看待所有问题。无论是法律还是历史层面，普鲁士都无权干涉两个公国的国内事务；然而从一开始，俾斯麦就致力于将两个公国并入普鲁士，无论两个公国的国内形势如何，俾斯麦都只有一个评判标准：该事件是会推动还是阻碍自己目标的实现。1857 年，他从法兰克福写信给曼陀菲尔："如果冲突得到快速解决，并且冲突双方都很满意最后的结果，我们普鲁士就没机会获得任何好处了。我们要有效控制自己的行动，以防他人认为我们在逃避维护德意志、反对外邦的清晰使命。然而，只要在公爵的领导下，荷尔斯泰因人安居乐业，他们就不会将目光投向普鲁士，来寻求帮助。他们对普鲁士感兴趣时，普鲁士才会从中获益，即便时候未到，在未来的某个紧急关头也或许会发挥作用。"

在俾斯麦看来，荷尔斯泰因公国的德裔人民的福祉会威胁普鲁士的利益。大多数普鲁士爱国人士衷心期盼，在世袭君主的领导下，两个公国可以实现独立，而这是俾斯麦无法接受的，他仍然期望普鲁士可以吞并两个公国。实际上普鲁士没有资格吞并两个公国，但俾斯麦对名分问题

俾斯麦与德意志崛起

毫不在意。他认为，有一种办法可以罔顾法律和历史的约束，那就是征服，而征服必将以发动战争为手段。俾斯麦对此了然于胸，但他并不害怕发动战争。在统管普鲁士事务的几个月后，俾斯麦写道："我毫不怀疑，只有通过战争，我们才能以对普鲁士有利的方式解决丹麦问题。只要时机合适，这场战争可以随时爆发。"

丹麦国王的突然离世便是绝佳时机。当时形势高度紧张，丹麦议会几天前才通过了一部新宪法。宪法本身合理或不合理我们暂且不讨论，但在德意志看来，这部宪法产生了将石勒苏益格并入丹麦王国的可能，这违背了丹麦国王此前于1852年对奥地利和普鲁士许下的承诺。弗雷德里克七世离世时，尚未在宪法上签字。根据《伦敦议定书》，他的继承人，也就是格吕克斯堡的克里斯蒂安亲王，登基成为丹麦国王，同时也成为荷尔斯泰因和石勒苏益格的公爵。在丹麦政府和首都哥本哈根人民的重压之下，克里斯蒂安只好在这部宪法上签字。

也就在此时，奥古斯滕伯格公爵的长子弗雷德里克也发表了一份声明，宣布他已经掌管了两个公国的政府。奥古斯滕伯格公爵曾经为了他放弃王位继承权。此时，《伦敦议定书》希望避免的情形终究出现了。

奥古斯滕伯格公爵所采取的非常规做法的合法性引起了激烈争论。有人公正地指出，公爵所谓为了儿子放弃继承权和他"不会做出任何可能扰乱或威胁丹麦国王统治区域的和平"的庄严承诺相违背。另外，德意志人也指出，他其实从未放弃继承权，他将地产还给丹麦国王，所获得的报酬实则和该地产的价值差不多；而且这项条约对公爵的儿子没有任何约束，当时公爵的儿子已经成年，却没在条约上签字。此外，最重要的是，石勒苏益格－荷尔斯泰因的全体公民据理力争，在民众没有同意的情况下，公爵不可随意放弃对公国的王位继承权，他们的代表机构即等级会议从未这么做。对他们而言，无论协议是否签署，奥古斯滕伯格始终是他们的公爵。

从严格的法律视角来看，他们的论据也足以说服德意志民众，他们不断抗争，支持奥古斯滕伯格亲王，为两个公国赢得独立，这全都符合正义。德意志民族联盟和数百个民间组织都支持奥古斯滕伯格亲王，就连威廉一世也倾向于支持他和两个公国争取独立的事业。此时，威廉一世并不期望吞并石勒苏益格和荷尔斯泰因，俾斯麦也深知，无论如何，他都不能对国王透露自己的真实计划的一丝一毫。

此时，俾斯麦面临许多难题，其中一项就是，他必须隐瞒计划，不让任何人知道，其中包括国王、王储（他也是奥古斯滕伯格亲王的朋友）、大臣、议院，当然还包括外国。俾斯麦几乎完美隐瞒了个人计划。唯一一位有疑心的外交官是英国大使安德鲁·布坎南，一个精明老练的苏格兰人，他于 1863 年 12 月 12 日写道："我希望战争不会带上这样的色彩，那就是普鲁士作为主要交战国，试图将征服的领土归为己有……我相信，俾斯麦不会放弃为普鲁士争取更多实际利益的机会……即便帮奥古斯滕伯格家族的亲王赢得石勒苏益格－荷尔斯泰因的公爵头衔会带来许多荣誉，对俾斯麦来说也是远远不够的。"布坎南可谓看透了俾斯麦的想法。

丹麦国王的去世的确给俾斯麦带来了诸多困境，但俾斯麦最终还是克服重重困难，取得了胜利，这不能不说是个奇迹。俾斯麦精湛的外交能力、狡猾诡诈的性格、充沛的活力与勇气、不屈不挠的意志力，以及足智多谋、灵活善变、不择手段、自我肯定的特点，令人望尘莫及。但我们不要忘记，俾斯麦的强权政治和内阁政策，没有掺杂一丝一毫的民族或道德情感。俾斯麦也在《思考与回忆》中反复强调个人政策的这种特点，他忠于纯粹的强权政治，也从未避讳过此事。他写道："我提醒国王，国家的每一寸土地都是包括他哥哥在内的每一位前任国王奋力赢来的……我鼓励国王，让他效仿前人的做法，为普鲁士创造更光明的未来。"对于内阁政策，此处可以引用俾斯麦在写给雷希贝格的信中向这位奥地利同僚提出的一个建议："我们应当坚持立场，从实用角度制定内阁政策，不让任何从德意志民族情感的角度来思考的政治家扰乱现状。"

诚然，俾斯麦丝毫不受"民族情感"的影响，他不会凭着一腔德意志民族感情来做决定。在煽动外国反对德意志时，俾斯麦没有丝毫犹豫。1863年12月末，德意志人民正焦急等待两个公国的同胞赢得解放，俾斯麦此时却在和英国大使布坎南面谈。当时英国外交部发布了一份外交文书，抗议德意志邦联的政策。面谈结束后，布坎南不得不向拉塞尔首相报告俾斯麦的言论："首相您提出要促进交流，对此俾斯麦只提出了唯一一条建议，'英国政府所倡导的不足以实现目标。如今，德意志地区普遍存在一种看法，说英国将不会蓄意阻碍邦联将石勒苏益格和荷尔施泰因两个公国从丹麦王国分离出去；这种说法在自由主义报刊的宣传下已经愈演愈烈。女王陛下治理的政府应该在符合外交规范的前提下，拿出最强硬的态度……为了达到目的，英国舰队甚至可以封锁其海岸线。'"

这种说法实在令人难以置信！当德意志人民普遍认为

俾斯麦是德意志民族精神最伟大的捍卫者时，他却在引诱英国的舰队来封锁德意志的海岸线。

此时，俾斯麦拥有复杂混乱的政治和法律形势，以及德意志强国之间存在分歧这两大优势。他清楚知道，如何有效利用这两大优势。当时的实际情况是，唯一认真遵守《伦敦议定书》的大国正是英国。英国首相帕麦斯顿认为丹麦领土的完整是一项值得为之奋斗的伟大事业；然而，他已经年过八十，早已过了鼎盛时期，无法和俾斯麦相匹敌。英国女王也给自己设置了一个障碍：女王在处理任何事务时都会想到已故的伴侣，认为她的"天使"也在审视她的所有决策。在内心深处，帕麦斯顿不支持普鲁士或德意志任何一方，也不喜欢《伦敦议定书》，他把所有希望寄托在奥古斯滕伯格亲王身上。在没有咨询内阁的情况下，帕麦斯顿就急匆匆地在下议院宣布："我们——至少我自己——确信，倘若任何人企图用暴力手段侵犯丹麦的权益，干扰两个公国的独立，到时候站出来与其对抗的将不只是丹麦。"

但这样的威胁吓不倒俾斯麦。英国连一支常备军都没有，能掀起多大的浪呢？法国确实有向英国提供军队的可能，帕麦斯顿或许也会在发表宣言时希望法国能提供援助，两国之间也有类似的先例，英法联手完全有能力挫败任何企图用武力解决石勒苏益格－荷尔斯泰因的行为。但1863年的外交事件中，英国外交大臣拉塞尔的处理方式让英法合作面临重重阻碍。拿破仑三世认为，波兰起义对抗俄国时，拉塞尔的做法令法国陷入不利境地，英国却袖手旁观；欧洲代表大会未能顺利推行更是加深了拿破仑三世的不满。此外还有一个因素影响两国无法达成共识：拿破仑三世制定政策所依据的意识形态基础是民族性原则,《伦敦议定书》迫使德意志民族屈服于丹麦统治,这显然和民族性原则相悖逆。拿破仑三世的理想是根据民族不同,将公国划分开来,石勒苏益格北部的丹麦人应该归丹麦统治,而剩下的应该划分到德意志地区来管辖。俾斯麦也知会拿破仑三世,他愿意把石勒苏益格的北部地区划分给丹麦。

弗雷德里克国王驾崩之前,德意志联合议会忙着发布"邦联裁决令",阻止丹麦国王担任荷尔斯泰因的公爵。毫无疑问,荷尔斯泰因是德意志邦联的成员,没能履行邦联义务的成员国都要受到邦联的"裁决"。邦联宪法编写了详细全面、一丝不苟的"裁决"规章制度,编写过程十分缓慢冗长。负责编写的邦联代表来自中等国家,比如萨克森王国的博伊斯特伯爵和巴伐利亚的全权大使冯·德尔·普佛尔滕。他们是德意志民族运动的卫士,他们强烈反对《伦敦议定书》,邦联及其成员国都没有在该条约上签字。

1863 年 4 月,特文斯滕质询俾斯麦时,普鲁士议会也与特文斯滕持相同立场。特文斯滕要求普鲁士政府宣布,丹麦破坏了《伦敦议定书》,它是一纸空文。然而,俾斯麦拒绝谈论《伦敦议定书》的有效性。俾斯麦还用最尖锐锋利的态度冒犯议会,他宣布:"如果我们认为有必要发动战争,那么无须任何人的同意,我们可以也应该这么做。"此时《伦敦议定书》已成为德意志人民的噩梦,连普鲁士国王也深受其困扰。

弗雷德里克国王去世后,邦联认为执行"裁决"已不太合适。"裁决"只针对邦联成员,既然丹麦国王已不再是荷尔斯泰因公爵,丹麦也就不再是邦联成员了。邦联政府和德意志人民普遍认为，丹麦国王不能兼任荷尔斯泰因公爵。因此，德意志邦联代表合法主人的利益，应该派军队"占领"公国，而不必"裁决"，谁是公国的主人应当由德意志议会决定。

俾斯麦绝不容许这种事发生。如果议会决定，奥古斯滕伯格亲王是合法公爵，普鲁士就没有任何希望吞并公国了。于是俾斯麦用尽各种手段，阻挠议会对公国继承权的问题做出决定，继续迫使议会使用"裁决"命令。在议会中获得绝大多数支持的唯一办法就是诱导奥地利政府和普鲁士政府合作。

此时，未来走向掌握在弗兰茨·约瑟夫和雷希贝格手中。如果他们拒绝了俾斯麦的请求，和中等国家站在同一个战线上，俾斯麦的计划无疑会失败。到那时，普鲁士将在议会中只占少数，无力影响任何决策，而奥地利将成为德意志民族事业的领袖，会在德意志被拥为多数。只可惜，奥地利皇帝和他的大臣没能意识到这个时刻的重要性。诚然，奥地利签署了《伦敦议定书》，根据雷希贝格提出的法律论点，即便奥地利和丹麦的诉讼程序存在差异，这项条约仍然具有约束性。不过这些法律问题并不是雷希贝格选择这么做的根本原因。他是个保守派，不喜欢民众运动，在他眼中，能和议会激烈对抗的普鲁士内阁才是抵御革命的坚实壁垒，中等邦国做不到这一点。

雷希贝格还向奥皇及大臣们提出了一套说辞：坚持《伦敦议定书》是为了更好地维护奥地利的利益。如果奥古斯滕伯格亲王成为荷尔斯泰因公爵，无疑他会选择追随普鲁士，在议会投票表决时和普鲁士站在同一个阵营。有趣的是，俾斯麦与他的说辞完全一样，但得出的结论截然相反：

俾斯麦与德意志崛起

俾斯麦告诉威廉国王，奥古斯滕伯格亲王会在议会投票中反对普鲁士。因此，对于这个倒霉的奥古斯滕伯格亲王的未来态度，两个德意志强国做出了相反的臆断，却一致决定拒绝提供援助。

出于以上原因，雷希贝格诱导奥地利皇帝接受俾斯麦两国合作的提议。在奥地利和普鲁士的共同逼迫之下，议会即便有诸多不情愿，还是决定在 1864 年，对公国执行"裁决"。这项决议在德意志地区引起了强烈的不满情绪，人们认为，这是德意志做出的让两个公国向丹麦臣服的第一步举措。德意志邦联议院的 500 名议员聚集在法兰克福表示抗议，还建立了 36 名代表组成的委员会，捍卫公国以及奥古斯滕伯格亲王的合法权利。特文斯滕、西贝尔、代利奇的舒尔茨等普鲁士议员都是这个委员会的成员。

俾斯麦的政策遭到了议员和各大报刊的联合谴责。几乎所有的普鲁士官员，甚至连俾斯麦部下的外交代表都反对俾斯麦。俾斯麦写给普鲁士驻巴黎大使冯·德·戈尔茨侯爵的信中也清晰表明了这一点，这封信也被收录在他的回忆录中。不过，要是读一读戈尔茨的回信，我们会发现事情的另一面。俾斯麦信中有这样一段话："你不信任奥地利，我也是。不过我认为，现在和奥地利合作是对的选择。至于何时与奥地利分道扬镳，哪一方主动决裂，以后会知道的……我不畏惧战争，甚至恰恰相反……或许你也会很快相信，战争在我的计划之中。"戈尔茨回信道："你虽然是首相，却没有多数派的支持，能够担任首相，纯粹是凭借国王单方面的信任，而国王必须'完全知情'（en Pleine Connaissance de Cause），才会始终信任你。"他指责俾斯麦，用"恐怖主义手段"阻挠大使向国王报告自己的看法，导致国王无法全面获悉各方看法。他写道："普鲁士现在显然不是代议制政府，也不是君主制政府，这是首相对外交事务的独裁。"后来也有不止一位德意志大使做出了相同的评价。

不过这难不倒俾斯麦。他坚定地推进自己的政策，谨慎而又无所畏惧，不顾及任何后果。他明白最关键的是拿破仑三世的态度，便用尽各种手段来拉拢他。12月末，受拿破仑三世委派前往哥本哈根的法国将军弗勒里首先前往柏林和俾斯麦会面。在会面中，俾斯麦提到了夭折的欧洲代表大会。他告诉弗勒里将军，由于涉及波兰问题，他不接受成立全体代表大会，这对普鲁士来说是无法忍受的。他继续说道："相比于讨论我们对波兰领地的所属权，我宁愿割让莱茵省，否则我宁愿为此抗争至死。"

为何他会在此时提到莱茵地区？弗勒里将军根本没有提到此事，但俾斯麦清楚法国一直梦想能得到莱茵河左岸，于是他做出了这样的暗示。他的意思很清楚：只要这位皇帝向他伸出援手，就有希望让梦想成为现实。这的确是个非常诱人的交易。

七、普丹战争以及伦敦会议

德意志邦联部队行军至荷尔斯泰因后，丹麦人一枪未发便撤出了。俾斯麦的计划是，让普鲁士军队一路深入至石勒苏益格，然后和丹麦开战。由于只有和奥地利协作才能发动战争，两国需要结盟，而俾斯麦不仅成功缔结了盟约，还从盟约中删去了所有可能限制他行动自由的条款。就连雷希贝格都清楚，两国未来必定存在利益分歧。两个公国和奥地利间的距离有整个德意志地区那么宽，可它们却紧邻着普鲁士；奥地利既然根本不可能吞并两个公国，那么其动机就必然受到怀疑。

因此，为了防止出现对本国不利的情况，奥地利应采取一项必要的保护措施，提出在盟约中加入一项附加条件：除非双方一致同意，否则奥地利和普鲁士都不能侵犯丹麦王国的领土完整，或剥夺克里斯蒂安七世的继承权。如果盟约中真的有这一条款的话，奥地利就将成为"一条看管饲料槽的狗"，防止普鲁士获得一丝一毫奥地利无法独自享用的肥肉。可惜的是，在俾斯麦精明的外交手段引诱下，奥地利人还是放弃了这一条款，转而默许了俾斯麦的另一种方案。事实证明，奥地利上当了。

奥地利驻柏林大使卡罗伊伯爵此时已经相信俾斯麦是奥地利真正的盟友。但如果他能稍微听到一点俾斯麦和意大利驻柏林大使罗讷侯爵的对话，他就会立刻明白自己上当了。那时，俾斯麦在一场舞会上指着罗讷的剑，微笑着说："这是意大利的剑。"罗讷答道："您选择了另一位盟友，似乎不需要意大利的剑了。"俾斯麦回应道："噢，您说另一个盟友吗？那是我们雇佣的。"罗讷说："无偿吗？"俾斯麦回答："对，他为普鲁士国王效力（Il travaille pour le roi de Prusse）。"接着，他把头转向旁边的法国大使，津津有味地讲述刚才拿盟友开的机智玩笑，而第二天，奥地利和普鲁士军队联合入侵了石勒苏益格。

各方都对雷希贝格提出警告，但他一概不管，盲目地投入战争。奥地利议会讨论了整整四天，许多自由派议员都对雷希贝格提出了尖锐批评，他们所做演讲的政治见解和理性判断甚至比奥地利政府还要更胜一筹。一位自由派领袖尖刻地指出，奥地利每犯一次错误，都会让奥地利在德意志更加不得人心；而普鲁士政治家无论犯了多么严重的罪孽，都无法摧毁德意志民众对普鲁士寄予的厚望。有人预言，这场战争结束后，普鲁士国力将进一步壮大，原因在于，这场战争让德意志统一的领导权落入了一个精力充沛、顽固任性又大胆无畏的人手中。还有人发出了这样的尖锐拷问："普鲁士不久前才从弗雷德里克二世手中盗取并拿下了西里西亚，现在又将魔爪伸向两个公国。我们的军队敲锣打鼓、吹着小号引导普鲁士人进军两个公国，可我们应当换个什么曲调来引导他们离开呢？"此后若干年里，奥地利的爱国者们不断重复着这个问题。

1864 年 2 月 1 日，普鲁士和奥地利军队穿过石勒苏益格的边境。此时丹麦决定出兵一战，并谋求英国的支援。俾斯麦则竭尽全力让丹麦人相信援军会来，因为只有打败丹麦，他们的征服才能坐实，和平占领是无法实现他的目标的。但是，拉塞尔首相没有出兵，只是要求普鲁士和奥地利发表一份有约束力的声明，宣布不会侵犯丹麦王国的领土完整。

在俾斯麦的引诱之下，国王纵使有诸多不情愿，还是发表了一份不清不楚的声明。当然，俾斯麦也无意遵守这项声明。他的格言是："在口头上，我们总是慈悲为怀（In verbis simus faciles）。"俾斯麦清楚，拥有就是真理，一旦公国被普鲁士军队占领，他就可以换另一种话术。他在会上告诉国王，自己当前做的承诺不会限制他未来的行动自由，维护丹麦领土完整自由的承诺永远无法制约普鲁士。

入侵石勒苏益格后，在 2 月 3 日的会议上，威廉一世同意了声明。同时俾斯麦也首次透露了自己的真实行动目的：吞并两个公国。俾斯麦在《思考与回忆》一书中对于自己透露目标的描述是不可信的，不过根据国王在条约草案页面空白处做的批注，有一点是可以确定的：国王非常吃惊，不同意俾斯麦的做法，但俾斯麦对此不以为意，只要威廉一世给予他充分的自由，他就可以随心所欲增添删改秘密文件。俾斯麦毫不怀疑，威廉一世最终会忠于霍亨索伦王室的神圣传统，拿走属于他的东西。

丹麦人太过弱小，无法长时间抵御奥地利和普鲁士军队的进攻。4 月 18 日，普鲁士军队攻下丹麦的最后一个要塞杜普尔，成功占领了整个石勒苏益格公国。英国此时才下场干预，召集签署了《伦敦议定书》的国家来到伦敦商谈；俾斯麦虽然必须派遣普鲁士代表去参加该会议，但他对于如何处理该情况已经得心应手，该会议结束后，俾斯麦的目标仍在顺利推进。俾斯麦本人则没有前往伦敦，他相信自己可以在柏林远程操控这一切。德意志邦联也收到了与会邀请，与会代表是博伊斯特伯爵，但俾斯麦对此毫无意见。他知道博伊斯特伯爵和奥地利人意见不一，对他来说，让博伊斯特参会，可以轻松保证会议达不成任何协定或约束性条款。会议上丹麦不情愿地做出了让步，但为时已晚，俾斯麦不断提出新的要求，双方僵持不下，无法达成和解协定。

雷希贝格衷心期盼能早日结束这场奥地利无法获得任何好处的战争，但他无能为力。英国外交全权大使克拉伦登伯爵愤怒表示："俾斯麦没有信仰，不守法律，雷希贝格和他的黑人奴隶别无二致（Bismarck est un homme sans foi et loi et Rechberg est son negre)。"当其他强国要求奥地利和普鲁士清楚明白地说明他们的战争目的时,这场会议达到了高潮。5月28日,奥地利代表在大会上以奥地利和普鲁士的名义宣读声明:"(奥古斯滕伯格)的继承地位完全正当合理,议会认可,绝大多数公国的百姓也对此没有异议。"这份声明要求石勒苏益格和荷尔斯泰因公国完全脱离丹麦管辖,统一成一个国家,由奥古斯滕伯格亲王掌握最高统治权。丹麦无法接受这项提议,谈判破裂,战争继续。

全体德意志人民都在欢呼庆祝。奥古斯滕伯格亲王最终登上了王座,人们认为普鲁士和奥地利的庄重宣言唯有一种解读方式。

但是,俾斯麦并不这么认为。他从没想过被这项宣言缚住手脚。奥古斯滕伯格亲王成为荷尔斯泰因和石勒苏益格公爵的愿望仅仅过了三天就完全破灭了。伦敦会议做出庄重宣言后三天,6月1日晚,奥古斯滕伯格亲王和俾斯麦会谈,谈话结束后,他的厄运随之到来:他余生都将没有属于自己的领土。

俾斯麦知道如何让普鲁士提出过分要求,吓退并激怒奥古斯滕伯格亲王。在向国王汇报时,俾斯麦将奥古斯滕伯格描述成一个不知感恩的叛徒。倘若俾斯麦希望找到争端解决的办法,事情会好办很多。可惜,俾斯麦没想过解决冲突,而是要让冲突愈演愈烈,他拿着所有的王牌,剩下奥古斯滕伯格孤身一人,无可奈何。

以上对于俾斯麦态度所做出的解释并不是诽谤。俾斯麦本人的讲述方式甚至更直白犀利。1865年秋,俾斯麦在加施泰因遇见了老对手博伊斯特,两人谈话友好坦诚,此时俾斯麦的政策已经大获全胜，他毫不犹豫地嘲弄奥古斯滕伯格亲王，表示："在伦敦会议上，我把亲王当作一头牛，给他套上犁，让他为我耕地。犁一动我就可以放手了。"博伊斯特写道："这就是俾斯麦的原话（Verba ipsissima）。"凡是了解俾斯麦的人，都会知道这就是经典的俾斯麦比喻，真实性不必质疑。

丹麦终究被打败了，英国不得不开始考虑是否要武力干预。此时，拿破仑三世想置身事外，帕麦斯顿和拉塞尔则支持干预，但遭到维多利亚女王反对。内阁中，格莱斯顿领导的多数派打败了帕麦斯顿，格莱斯顿断言，英国现在没有准备好参与作战。毫无疑问，他说得有道理：英国没有常备军，无法独自对抗两个超级军事强国。此时此刻，帕麦斯顿感到十分痛苦，他迎来了成功的政治生涯中最昏暗的时刻。罗伯特·塞西尔爵士——后来的索尔兹伯里（Salisbury）侯爵和英国首相——在 1864 年 4 月的《每季评论》中表达了对于部分英国公众评论的苦涩情绪："危机最终来临，英国的让步要求徒劳无功，英国曾宣称独立具有至高无上的地位，现在却对危害独立的行为视若无睹。英国的朋友现在正面临亡国风险，这是有史以来最肆无忌惮、厚颜无耻的做法。有必要开展有效援助时，英国却袖手旁观……英国的誓言和威慑随着去年的雪一起融化，而秉持犬儒主义的心态置身事外，任凭那些仍对英国的誓言抱有期待的人自生自灭，而那些善变之人践踏英国的威慑言语，取得了胜利。"

丹麦被《伦敦议定书》的所有签署国背弃，不得不进行和平谈判。1864 年 8 月，交战国在维也纳商定和平条款，丹麦国王必须放弃两个公国，并将所有权利割让给奥地利皇帝和普鲁士国王。俾斯麦也亲自前往维也纳参与谈判。在邻近维也纳的森布伦宫（Schonbrunn），弗兰茨·约瑟夫一世和威廉一世讨论获胜国怎么处理战利品，而雷希贝格和俾斯麦也都在场。奥地利准备将所有的战利品也就是两个公国都交给普鲁士，条件是普鲁士要捍卫奥地利在意大利的行省威尼斯；此外，在特定情况下，普鲁士应当援助奥地利夺回米兰和伦巴第。据俾斯麦的描述，威廉一世拒绝了弗兰茨·约瑟夫一世的提议，因为普鲁士没有资格拥有两个公国。实际上，这不是真正原因。俾斯麦从没有想过，要帮助奥地利在意大利对付拿破仑三世和维多利奥·埃马纽埃尔（Vittorio Emanuele）。至于吞并两个公国一事，俾斯麦并不着急。他确信早晚可以将两个公国收入囊中，况且他还有未完成的目标。

　　为庆祝和平，雷希贝格向他声名远扬的普鲁士同僚发出邀请，来自己的乡间别墅凯特腾霍夫（Kettenhof）和其他国家的外交官共赴一场晚宴。俾斯麦借此和法国外交部长格拉蒙（Gramont）公爵进行了交谈。谈话中，俾斯麦还是一如既往地鲁莽轻率，表示唯有普鲁士能让拿破仑三世获得莱茵河左岸，英国则永远无法办到。俾斯麦还说："普鲁士与法国强强联手，将成就一番伟大事业，当其他国家只能做出轻飘飘的口头承诺时，唯有普鲁士能让法国获得实际利益。我们不希望欧洲遭殃，但如果灾难真的来临，我们也不会遭受损失。因此，我们直面艰难险阻，毫不畏惧。"多年前俾斯麦写给奥托·冯·曼陀菲尔的信里也表露过同样的想法："即便大危机降临，只要我们无所畏惧，把握时机，环境越恶劣，普鲁士越强大，虽然这么做有些轻率鲁莽，但也没关系，不是吗？"

所有的欧洲政治家此刻都无比确信，俾斯麦这个人不仅无所畏惧，还毫无顾忌。凡是听到了他和格拉蒙的轻率谈话的人，可能都会认为奥地利不日就将和普鲁士为敌，俾斯麦也将勇敢、肆意地发动攻击。

八、丹麦战争的恶果

按照《维也纳和约》，丹麦国王已经将属于两个公国的权利全部割让给了奥地利皇帝和普鲁士国王。不过，具体包括哪些权利呢？大多数德意志人不承认任何权利的割让。他们指出，根据 1864 年 5 月 28 日伦敦会议上的宣言，奥地利和普鲁士都强调奥古斯滕贝格亲王拥有最正当合法的爵位继承权。为了提高该宣言的效力，博伊斯特试图在德意志联合议会上通过一条对奥古斯滕贝格亲王有利的决议。然而，俾斯麦强硬威胁议会，避免通过任何决议。他不惜一切代价，给公爵的地位设置重重阻碍，举例来说，俾斯麦创造了一个觊觎爵位的人物，名叫奥尔登堡（Oldenburg）大公，他和沙皇有交集，因此应该可以争取沙皇的帮助来扶持这位大公上位。俾斯麦之所以反对奥古斯滕贝格亲王，不仅是因为他有碍普鲁士实现野心，还因为他十分信奉自由主义，与普鲁士王储有私交。

另外，奥地利和普鲁士对于公国的一项重大问题没能达成一致。因此，两国同意暂时共同占领公国进行管理，设置了所谓"共同统治（Condominium）"制度。奥地利和普鲁士的行政管理机构需要联合参与公国治理。实际上，这意味着普鲁士正在逐步朝着目标迈进，而奥地利除了表示同意，没有别的选择。

德意志邦联部队仍然在荷尔斯泰因驻守，这表明当时的状态是"共同统治"。当时奥地利还是邦联的主席国，在尚未和盟国奥地利协商的情况下，俾斯麦就暴力驱逐了邦联部队。尽管此举引起了奥地利政府的不满，但出于对盟友关系破裂的担忧，奥地利选择缓和局势，并只要求普鲁士做出形式上的让步，就可大事化小，小事化了。

此时，雷希贝格已经不再是奥地利首相。所有的奥地利百姓及其他大臣，都认为他的政策失败透顶。当时在议会仍有举足轻重地位的施默林要求奥地利皇帝在他和雷希贝格之间做出选择。弗兰茨·约瑟夫罢免了雷希贝格，但接替雷希贝格的仍是一位保守派议员，施默林自然也很难和这位新首相意见相同。不过，弗兰茨·约瑟夫本就不希望大臣之间观点一致，一派和谐，大臣间彼此抗争可以巩固他的权力。雷希贝格的继任蒙斯多夫伯爵是一名将军，他出身高贵，非常富有，但是资质平庸。他恰好和维多利亚女王以及欧洲其他国家的君主有交往。蒙斯多夫伯爵政治领导力不足，这导致当时主管奥地利外交部中德意志事务部门的比格里本男爵势力日渐庞大。比格里本逐渐倾向于批判雷希贝格的政策。雷希贝格在首相任期的最后时间里才开始怀疑俾斯麦的真实态度，当时他将俾斯麦的一封信呈给皇帝，并评论道："这封信的政论可以和加富尔比肩。"在维也纳宫廷中，加富尔等同于邪恶的化身。但此时一切都为时已晚，雷希贝格终于看清了俾斯麦和其政策的真实意图，他应当为奥地利的损失承担悲剧性责任。

俾斯麦认为驱逐邦联军队是一场实力较量，他也知道自己是胜者。俾斯麦还毫不顾忌地告诉英国大使纳皮尔爵士，德意志农民习惯在初春把牛群赶到牧场，任凭公牛为了食物一争高下："最强壮的公牛会取得胜利，接下来的一整个夏天，牛群可以和谐共处。我的政策也是这个目的，我获胜了，希望接下来一切顺利。"

普鲁士粗暴处理德意志邦联问题时，奥地利表示默许。敏锐的萨克森大臣博伊斯特很清楚当前局势：德意志邦联此时已经不堪一击。博伊斯特告诉奥地利公使，此后德意志议会将不可避免由人民直接选举组成，奥地利最好不要将这张王牌留给俾斯麦，否则普鲁士吞并两个公国后，将进一步征服整个德意志。由于单靠暴力无法实施这项政策，胆识过人的俾斯麦试图继续争取德意志议会的批准。博伊斯特表示，俾斯麦代表了普鲁士精神，是个难以对付的可怕角色。他警告奥地利人，不要指望威廉一世会凭借正直的内心，保护他们免于陷入最糟糕的境遇，还说："国王哪怕是不择手段，都比他正直、有道德要好。无论在何种情况下，普鲁士政策都极为危险，唯一区别就是当国王不择手段时所有人会保持警惕，然而当国王开始有良心、遵守道德原则时，虽然他会赢得人们的信任，但是他的行为未必是正当合理的。"

博伊斯特的预判完全正确！可惜奥地利政治家还在指望能够和俾斯麦达成共识，认为博伊斯特的提议过于激进。他们怎么也弄不明白，如果临时的"共同统治"制度一味延长，只会对奥地利不利。他们试图征求俾斯麦的同意，并找到一个明确的解决方案。奥地利无意吞并两个公国，他们支持奥古斯滕贝格亲王担任公爵，在伦敦会议上发表的宣言也承认了其爵位继承权，认为这么做就能防止普鲁士吞并公国。比格里本为此不遗余力，写了许多清晰而有力的急件，诱导普鲁士同意这种解决方案。这些信件明确表示，出于普鲁士所做的牺牲和地理位置的考量，普鲁士能够获得公国的部分特权。起初俾斯麦并未做出回应，直到1865年2月，俾斯麦已经无法再回避这个问题了。然而，对于维也纳和公国的爵位觊觎者而言，俾斯麦的回应甚至比他们最糟糕的预期还要差。俾斯麦提出，奥古斯滕贝格亲王可以担任公爵，但是要遵守俾斯麦列出的一系列全面的条件。普鲁士政府应当介入公国的每一项重要职能，公爵的地位有名无实。俾斯麦也毫不掩饰地告诉普鲁士王储，他拟定这些条件就是为了让维也纳和亲王感到无法接受。比格里本读到回信后惊呼："倘若要接受这么复杂严苛的条件才能当公爵，我还不如当个普通的农民种种土豆。"

奥地利和普鲁士的谈判几近破裂。俾斯麦将荷尔斯泰因的重要港口基尔改造为普鲁士的海军基地，导致形势更加紧张。罗恩在下议院公开声明：普鲁士无论如何都会守住这个港口。与此同时，俾斯麦要求奥地利同意将奥古斯滕贝格亲王从公国驱逐出去，但奥地利拒绝了。于是俾斯麦发出正式谴责，指责奥地利人动摇了双方结盟的基础。

实际上，此时普鲁士已经在顺利推进吞并两个公国的计划了。那时威廉一世尚未同意吞并，因此吞并两国也算不上普鲁士的官方政策。吞并计划缺乏正当理由，且奥古斯滕贝格亲王有合法爵位继承权，这让国王仍然心存顾忌。俾斯麦很清楚有两股矛盾力量在国王心中博弈：一方面，国王不愿意夺取属于另一位君主的合法权益；另一方面，国王渴望占领两个公国，如同亚哈王贪图拿伯的葡萄园一样。此时，国王只想在不会感到良心不安的情况下，不受

俾斯麦与德意志崛起

约束地占领两个公国。为此，俾斯麦必须先让国王能够心安，而他当然清楚该怎么做。

俾斯麦要求王位评定理事对公国的爵位继承权给出法律意见。他确信，王位评定理事会给出对普鲁士王室有利的意见。"王位评定理事"是腓特烈·威廉四世最反动保守的统治时期的产物。腓特烈·威廉四世组建了上议院，这一机构旨在维护国王的专制独裁统治以及容克贵族的利益；同时，上议院还赋予国王"凭借国王的特殊信任"指派律师担任上议院议员和王位评定理事成员的权利。"新纪元"时期的短短几年中，只有最反动保守的律师才能获得这项指派，并在最高法院担任重要职位、成为国家律师（Attorneyship）或担任王位评定理事。这些人代表最反动、极端、永不妥协的普鲁士精神，主席是极度反动的司法大臣冯·利珀侯爵。大部分理事都给出了令公众难以相信的意见：丹麦国王克里斯蒂安从最开始就是石勒苏益格和荷尔斯泰因的唯一合法公爵。因此，根据《维也纳和约》，他已经把所有权利割让给了普鲁士和奥地利，两国的君主自然拥有对公国的所有合法权，证明完毕（Q.E.D）。

这样的意见当然不会令独立司法专家信服，他们大肆批评，而德意志人民以及两个公国的人民也不承认这一评定意见。荷尔斯泰因人仍然坚称，奥古斯滕贝格亲王具有法定继承权。大多数德意志人则同意加格恩男爵的看法，他是 1848 年在圣保罗教堂召开的法兰克福国民议会的著名主席，他表示："将来人们谈起普鲁士国王的正义感和普鲁士法官的责任感时，想必只会充满讽刺与嘲弄。"但俾斯麦对此不以为意，对俾斯麦来说，他已完成了最重要的目标：帮助威廉一世摆脱良心上的不安，今后国王就可以说服自己，为获取自己期望的东西找到一个正当的理由。而且，俾斯麦还知道如何激起国王对倒霉的奥古斯滕贝格亲王的反感，因此，他无须对其履行任何义务了。

九、1865 年 5 月 29 日的国王政务会

在司法大臣总结了大多数王位评定理事的法律意见后，国王邀请大臣和部分重要将军（其中包括总参谋长毛奇将军）召开政务会，郑重商议普鲁士提出要求的限度这一重大问题：普鲁士政府是应当要求吞并公国，还是坚持 2 月提出的条件，哪怕会引发战争也在所不惜？此次政务会于1865 年 5 月 29 日展开，是这一时期最重要，也最耐人寻味的一场会议。冯·毛奇将军拟定的官方条约和照会现在也可查阅，而后世历史学家对俾斯麦在政务会上提出的政策则是看法各异。

在老练地分析可采用的策略后，俾斯麦指出，即使对 2月提出的较为激进的条件进行调整，删去最具冒犯性的部分（比如要求公国军队的士兵和海员宣誓永远臣服于普鲁士国王），普鲁士还是能从中获得很多好处，而且仍然可以达成协议。万一发动战争，俾斯麦也主张国际形势对普鲁士有利。俾斯麦还提议："话虽如此，可以先尝试对 2月的条件进行温和调整以求达成协议，倘若失败了，我们还可以锁定更高远的目标。"俾斯麦接着说了一句最关键的话："如果国王对这些条件不满意，想要完全吞并两个公国，那么事态将如何发展完全取决于国王的个人自由。"

所有发言人，尤其是诸位将军都支持发动战争，其中包括曼陀菲尔和毛奇，只不过这二人对于战争的态度更为谨慎。只有王储支持奥古斯滕贝格亲王的权利，提议公正地达成和解。王储警告，倘若对奥地利以及德意志南部各邦国开战，这会是一场"德意志内战"。对此俾斯麦强烈抗议，表示这不是内战，还补充道："倘若连和法国结盟，对奥地利开战都不被容许的话，还怎么执行普鲁士政策？可是，如果对奥地利发动战争，我们不仅可以吞并两个公国，还可以进一步拉近普鲁士和德意志中小邦国的关系。"这是俾斯麦第一次向国王祖露自己的理念，即必须通过"铁与血"的手段来重组德意志。

　　俾斯麦的这些言论有不同的解读方式，而且解读起来并不简单。但无论如何，俾斯麦从没想过屈服，或者让普鲁士做出妥协以避免对奥地利发动战争。俾斯麦只是希望拖延战争爆发的时间，毕竟他还不确定法国和意大利对此有何态度。他渴望吞并两个公国，但他认为采取迂回策略或许可以为普鲁士赢得更多的利益，如果表现得愿意妥协、做出让步，普鲁士的所作所为便不太容易被责难——"扮演受害人的角色"会让事情变得更简单。但他也清楚，吞并不足以成为对当前的盟国宣战的借口，必须找到一个发动战争的由头，一个让当代人和子孙后代都认为合理的借口。他最终的目标就是实现德意志统一。为了实现这个伟大目标，俾斯麦必须让优柔寡断的国王做好准备，于是俾斯麦让国王包揽全部责任，希望推迟战争的爆发。与此同时，他不遗余力地为普鲁士在财政、外交和军事上为战争做好全面准备，并进一步恶化石勒苏益格－荷尔斯泰因的冲突。

十、持续不断的宪政冲突

俾斯麦并未尝试与议会和解。其实在这个时刻，试图和解没有这么难，毕竟想要反对一个刚刚在战争中获胜的政府永远不是一件简单的事。对于普鲁士的自由派来说尤为如此，因为战前他们倡导的政策在战后就已经被逐渐淘汰了。和其他德意志自由人士一样，普鲁士自由派也支持在奥古斯滕贝格亲王的领导下，让石勒苏益格－荷尔斯泰因成为独立的德意志邦国。然而，此刻吞并两个邦国的言论在普鲁士人中甚嚣尘上。例如特莱奇克就极力宣扬吞并公国，并得到了《霍氏日报》（*Vossische Zeitung*）等最受普鲁士受过良好教育的中产阶级进步派欢迎的报纸的支持。老瓦尔德克——1848 年的英雄，进步党中最激进派别的领袖——反对将公国建成一个中等大小的新国家，而支持将公国并入普鲁士。出生于荷尔斯泰因的蒙森写了一本小册子，试图说服同胞，被并入普鲁士对他们来说有好处。其他议员则至少赞同公国和普鲁士订立条约，从而赋予德意志领袖国永远的特权地位。

1865 年 6 月，特文斯滕在议院发表了一篇演讲，提出了一个解决策略。特文斯滕高度赞赏了俾斯麦的外交政策，认可他的许多政治野心。然而，特文斯滕也明确表示，自由派和俾斯麦的强权政治之间存在巨大差异。他表示："我们不是正统主义者，我们也知道任何既得利益都必须屈服于民族永恒的根本利益，哪怕是高贵的正统主义也没有例外。然而此类关乎君主或百姓的权利，即便形成阻碍，也不应被视为一文不值的废纸，或遭到嘲弄。"

议员之间的观点分歧过大，以至于他们无法在任何确切方针上达成一致。俾斯麦的势力日渐庞大，他也越发不愿意与议会达成妥协；但在某些关乎宪法的重大问题（比如让政府在没有预算案的情况下运行）方面，下议院也不可能做出让步。但国王此时也不可能做出丝毫让步，在军队获胜时，国王一直表现得像一个专制主义者，认为胜利是他的个人功劳，议会没有资格插手。在国王看来，议会的唯一职责就是在需要维护军队时投赞成票，为他提供所需资金。在这样的巨大分歧下，双方更加不可能做出妥协了——何况俾斯麦还在变本加厉地挑衅议会。比如，俾斯麦曾毫无节制、尖酸刻薄地攻击议院委员会对海军问题的报告。这份报告的作者是著名的病理学家菲尔绍教授，19世纪最了不起的医学大家之一。对于俾斯麦的质疑，菲尔绍用了同样的挑衅语气回敬了俾斯麦，并公开质疑俾斯麦不够诚实。菲尔绍非常看重诚实，尽管他也曾私下嘲笑过那些在政治活动中不懂得撒谎的政治家。

双方冲突一如既往地尖锐。俾斯麦不仅没有试图缓解冲突，还准备进一步采取更激进、更有挑衅意味的做法。他告诉国王，治理国家不能事事依从宪法，而普鲁士有必要在这个或下个冬天，推动影响深远的改变，给议员以"重创"。所谓"重创"，不外乎是发动政变。

十一、国际形势

与此同时，普鲁士和奥地利对于公国治理问题的争执日渐频繁激烈。奥地利人一直采取守势，仿佛普鲁士人一直在蓄意攻击一样，这使得普鲁士的立场站不住脚。俾斯麦送往奥地利的急件中的言辞也变得更加尖锐，更具有挑衅性。

俾斯麦从不会低估敌人。他清楚地知道，即便奥地利陷入重重困境，它仍然是一个伟大的军事强国。因此，在形势变得难以挽救之前，他必须仔细审视国际形势。俄国对奥地利也没什么好印象，因此无须担心；而拿破仑三世和意大利的态度就变得尤为重要了。

法国在意大利有着十分庞大的势力。在意大利与奥地利作战时，法国曾提供援助，因此意大利政府和人民十分感激拿破仑三世。然而，此时两国间仍有一个问题尚未解决，即罗马问题。1848年，拿破仑三世作为法兰西第二共和国的总统，曾派遣法国部队进入罗马协助教皇庇护九世对抗加里波第和罗马共和国，屈威廉对这场光荣的战役有精彩纷呈的描述。战役结束后，加里波第战败，教皇回到罗马。然而，拿破仑三世没有撤军。意大利王国建立后，他就更不会撤军了。意大利爱国人士一致认为罗马是正当合法的首都。几乎可以肯定，一旦法国守备部队撤军，意大利人就会进军直逼罗马，终结教皇的长期统治。而教皇的权威一直都是拿破仑三世在法国的统治基础，他依靠着神职人员和民众对教会的崇拜统治法国，如果教皇失势，拿破仑三世的统治基础将遭到动摇。他绝不会允许这种情况发生。但另一方面，他又想迅速撤军。在 1864 年 9 月，拿破仑三世和意大利签订了一项条约。意大利承诺，永远不会入侵教皇国的领地，帮助教皇国抵御外来侵略；拿破仑三世承诺，意大利从都灵迁都至佛罗伦萨两年后，他就会撤军。几个月后，意大利按时迁都，但意大利人渴求罗马城的情绪并未消减。教皇则颁布通谕《何等焦虑》(*Quanta cura*) 和《邪说提要》(*Syllabus errorum*)，于 1864 年 12 月宣布，他不愿对当前形势做出任何让步。

维也纳宫廷对事态发展充满怀疑。即便能阻止意大利进军罗马，威尼斯又能否守住呢？如果奥地利能获得普鲁士的支援，共同抵抗意大利的新一轮进攻，那么奥地利愿意在公国问题上做出重大让步。对于这一援助要求，俾斯麦毫不犹豫地拒绝了，因此维也纳只好将目光转向法国，试图与拿破仑三世建立友好关系，强调双方在维护教皇的世俗权力上拥有共同利益。

俾斯麦并不喜欢这些谈判，他只接受法国只为他一人打开大门。他并不信任普鲁士驻法大使戈尔茨，因此格外致力于和法国驻普鲁士大使贝内德蒂伯爵建立友好关系。当时和威廉一世在埃姆斯面谈的也是这位贝内德蒂伯爵，两人的这次谈话被视为 1870 年战争的诱因。不过这几年里，俾斯麦和贝内德蒂伯爵关系很好，贝内德蒂卧病在床时，俾斯麦还曾亲自前往探望。和贝内德蒂说话时，俾斯麦会毫不保留地表达自己的观点，并且连提到国王和王储时也没有任何顾虑，足见两人关系有多么亲密。贝内德蒂伯爵也支持法国和普鲁士达成共识，还不遗余力地向拿破仑三世皇帝推荐俾斯麦，夸赞他的观点。

当时，拿破仑三世的政策正在法国议会上遭到尖锐批评，特别是在谈及法国失败的墨西哥远征时。1865 年，拿破仑三世的政策彻头彻尾地失败了。阿道夫·梯也尔——路易·菲力浦统治时期的首相，未来的法兰西第三共和国的首任总统——批评得最狠也最不留情面。梯也尔抨击拿破仑三世的政策核心民族性理论，还试图证明援助奥地利和德意志并帮它们实现德意志统一违背了法国自己的利益。梯也尔高呼，法国会成为 4000 万德意志人和 2600 万意大利人结盟的祭品。

然而梯也尔的抨击并未使拿破仑三世改变外交政策。相反，就在梯也尔发表演讲后不久，拿破仑三世授权贝内德蒂伯爵询问俾斯麦：俾斯麦希望拿破仑三世皇帝提供给他什么？他又愿意付出什么作为回报？其实这已经是在暗示俾斯麦，拿破仑三世愿意同普鲁士结盟了，但俾斯麦并未正面回答。贝内德蒂伯爵的理解是，俾斯麦认为得到法国援助需要做出一些牺牲，而这会遭到威廉一世的阻挠。当然，贝内德蒂伯爵所设想的普鲁士做出的让步是将莱茵河左岸地区交给法国管理，该区域由普鲁士、巴伐利亚和其他德意志邦国瓜分并共同统治。

为了拉拢意大利，俾斯麦借助普鲁士在德意志关税同盟的影响力，引诱中等大小的国家和意大利签订商业条约。奥地利对这种做法十分不满，毕竟意大利仍然是自己的敌人，哈布斯堡王室在意大利的统治尚未被正式认可，而且奥地利正为外交和国内事务焦头烂额。施默林制定的宪法只在部分地区执行良好，匈牙利人拒绝加入帝国议会使奥地利陷入了最大的困境。因此，奥地利皇帝对施默林失去了信心，解雇了他。接替他职位的贝尔克雷迪伯爵是一个保守派老贵族，他被人们视为立宪制度之敌，是个不愿意看到德意志思想在奥地利占上风的人。这些是非常客观合理的评价。贝尔克雷迪掌权，无疑对奥地利在德意志的地位是一记重击。

1865 年夏，俾斯麦开始对奥地利展开尖锐的外交攻势，动摇奥地利在两个公国的地位。他要求奥地利同意将奥古斯滕贝格亲王从公国驱逐出去，并知会奥地利，俾斯麦会毫不犹豫地逮捕亲王，把他囚禁在某个普鲁士的军事堡垒。为了向奥地利证明他真的可能这么做，在没有和奥地利政府达成共识的情况下，俾斯麦逮捕了一位荷尔斯泰因报刊的编辑，此人碰巧受普鲁士管辖，由普鲁士军队押送进监狱。为此德意志人民爆发了抗议，声讨这种粗鲁处理报刊自由问题的做法。但俾斯麦置若罔闻，无论奥地利当局或其他诸公国爆发任何抗议都无法影响他的决定。

1865 年 7 月，这场外交运动达到了高潮。俾斯麦当时在波西米亚的卡尔斯巴德泡温泉，他给维也纳寄了四封急件，满是怨言和牢骚。俾斯麦宣称如果奥地利拒绝他的提议，他会单方面采取必要措施，不管会造成何种风险，他都义无反顾。见事态已经十分紧急，奥伊伦堡侯爵认为他有责任告知王储：普鲁士与奥地利随时可能决裂。当时正在北海的海滨浴场度假的王储立即敦促威廉一世，和奥地利皇帝以及奥古斯滕贝格亲王双方达成共识。威廉一世随即在雷根斯堡召开内阁会议，但王储没能出席；而从巴黎应召回国的戈尔茨伯爵则在会上转述，俾斯麦曾在罗恩不在场时，宣称与奥地利开战只是时间问题，而此时就是最有利的时机。会议结束后，奥地利收到了一封简略而极具挑衅意味的急件，称倘若奥地利不接受普鲁士的要求，双方将不再进行任何谈判，战争爆发只是时间问题。

在奥地利收到这封急件之前，奥地利外交大臣蒙斯多夫伯爵通过普鲁士驻维也纳大使询问俾斯麦，国王是否愿意私下接见奥地利秘密使节，为双方达成协议做最后一次努力。俾斯麦同意了他的请求。随后，伯爵收到了雷根斯堡发来的急件，这令他不禁怀疑自己是否错过了和国王面谈的机会；而俾斯麦则告诉他，自己仍然乐于接见奥地利使节。这就是俾斯麦的风格：他并不介意与奥地利完全决裂，但只要还有其他解决方案，他不会"砰"一声关上谈判的大门。俾斯麦总是会尽可能敞开每一扇沟通的大门。

十二、《加施泰因协定》

此时，奥地利的布洛梅伯爵受命作为秘密使节前往加施泰因，去与俾斯麦和威廉一世面谈。布洛梅伯爵是在慕尼黑工作的奥地利大臣，也可能是最不适合当这个秘密使节的人：他是强硬保守派，十分乐见施默林的垮台；他皈依了罗马天主教，认为各国政府最崇高的职责是投入全部资源，将1864年教皇通谕的理念变成现实。布洛梅对德意志民族运动或奥古斯滕贝格的境遇毫无怜悯之心，他认为俾斯麦是一位保守派政治家，或者说，是保守派反革命斗争的卫士。在和俾斯麦打过交道的人中，布洛梅是最容易落入俾斯麦口号的陷阱的人。俾斯麦智慧超群，在任何个人谈判中总是能占上风，应付布洛梅更是不费吹灰之力。

谈判结束后，两国于 1865 年 8 月 14 日签订《加施泰因协定》，将两个公国分割开来，结束了奥地利和普鲁士的共管状态。南部公国荷尔斯泰因的行政管理权移交给奥地利，而北部公国石勒苏益格的管理权交给了普鲁士。普鲁士国王从奥地利皇帝手中买下了小公国劳恩堡。此后，奥地利所获得领地的两侧，要么属于普鲁士，要么被普鲁士管理的领土包围了起来。

《加施泰因协定》在普奥两国中引起了强烈抗议和不满。从德意志人民角度来说，早在石勒苏益格－荷尔斯泰因问题最初出现时，普奥两国就曾宣称这两个公国"永不分离"。拉塞尔伯爵在一份急件中毫不留情地斥责这份条约："《加施泰因协定》无情践踏了所有的新老权利，它唯一在乎和承认的力量就是强权。"法国外交大臣德律安·德·吕的批评也相当直率："我们遗憾地发现，《加施泰因协定》以武力为基石，以所谓双方互惠互利为依据；这种程序模式早已经不适用于如今的欧洲，甚至只会出现在最昏暗的历史中。"维多利亚女王更是满腔怒火。后来任英国外交大臣的克拉伦登伯爵称，普鲁士所谓不可避免地吞并两个公国，是其瓜分波兰以来最无耻的行径。他补充道，在茫茫 4000 万德意志人中，唯独俾斯麦希望实施这个条约。

哪怕是普鲁士的驻外使节都为《加施泰因协定》的基本原则恐惧不已。普鲁士驻巴黎大使戈尔茨伯爵给普鲁士驻伦敦大使伯恩斯托夫伯爵的信中写道："《加施泰因协定》使普鲁士走上了一条充满欺骗、武力和违法的不归路。"

签署《加施泰因协定》的两国都应当被谴责。不过从政治角度看，毫无疑问，普鲁士是赢家，奥地利是输家。

奥地利为何愿意签署这种条约令很多人都感到费解。巴伐利亚的首相惊呼："下次谈判需要签订条约时，要是俾斯麦能为我代理谈判的话，真该是天大的喜事。"普鲁士公然表示不会放弃强权政治的手段，也毫不顾忌违反原则或条约。可奥地利不能这么肆无忌惮，奥地利的存在本身就基于条约，奥地利的政策制定更是以维护法律的保守主义原则为基本。普鲁士可以公然违抗德意志邦联，但奥地利作为邦联主席国，其在德意志的地位取决于德意志各邦政府对奥地利的善意——可是《加施泰因协定》却让各个邦国不知所措。要是奥地利能使石勒苏益格－荷尔斯泰因的问题得到妥善解决，奥地利也能占领荷尔斯泰因就万事大吉了！然而，胆小怯懦的奥地利不敢过度违反条约；他们还犯下了一个不可原谅的错误，即提议两个公国只是暂时被分割。这就给了俾斯麦许多可以重提此问题的珍贵机会，从而阻碍奥地利治理荷尔斯泰因。不过，弗兰茨·约瑟夫一世还有什么值得别人期待的呢？堂堂奥地利皇帝竟向俾斯麦询问，这项条约是否对奥地利有利。神所欲毁之人，必先失其理智 (Quem Deus perdere vult, prius dementat)。

B. 订立《布拉格和约》

一、1865 年，比亚里茨

俾斯麦快马加鞭地推行计划。他一边在加施泰因谈判，一边推动普鲁士和意大利结盟，从而共同对抗奥地利，并引诱拿破仑三世支持两国结盟。可惜，谈判最终破裂，结盟也失败了。对于俾斯麦，拿破仑三世和意大利总理拉马尔莫拉将军两人采取相同的战略，他们都保持观望，期待另一方先迈出第一步，而且无法回头之时自己再行动。意大利人本希望在自己表露立场前，俾斯麦与奥地利无法达成共识，这样就能保证自己的利益不受侵犯。因此，对于俾斯麦前脚刚向意大利保证不会和奥地利达成共识，后脚就和奥地利订立了《加施泰因协定》一事，拉马尔莫拉将军勃然大怒。

为此，俾斯麦决定以拿破仑三世为中介，和意大利间接交涉。他对此前德律安·德·吕的尖锐批评愤怒不已，但很快他就了解到，这是拿破仑三世挑起的。但拿破仑三世不希望导致任何不良后果，他是担心奥地利和普鲁士会联手攻击法国。因此，1865 年 10 月 4 日至 11 日《加施泰因协定》签订几周后，俾斯麦现身比亚里茨，拿破仑三世也表现得十分热情。

为了顺理成章地和拿破仑三世对话，俾斯麦给贝内德蒂伯爵在柏林的代理人，法国临时代办勒费弗尔·德·贝埃纳（后来担任法兰西第三共和国在罗马教廷的大使）发出了暗示：《加施泰因协定》不包含任何反抗法国的秘密条款。俾斯麦没有撒谎，但他也强调，这只是暂时条约，内容模棱两可，可以随时对奥地利挑起新争端。他的暗示对法国而言的确十分诱人。他告诉勒费弗尔，如果法国以语言和种族的相似性为借口，试图扩张领土和势力范围，他不会予以反对（此处暗指拿破仑三世曾公开表露过占领比利时的意愿）。此外，俾斯麦甚至还表示，普鲁士对奥地利和德意志南部各邦的战争结束后，拿破仑三世甚至有希望占领部分德意志领土——这令勒费弗尔大吃一惊，他怎么也想不到，俾斯麦的暗示会如此露骨直白。最后，俾斯麦征询说，能否把自己的这些想法汇报给巴黎——他毫不掩饰自己的态度和立场，还希望自己的意图能传到拿破仑三世耳中。

就在俾斯麦离开比亚里茨前夕，勒费弗尔回复了他。此时俾斯麦更加直白地表达了自己的意图：俾斯麦向勒费弗尔展示了石勒苏益格 – 荷尔斯泰因地区，表达了普鲁士在这两个公国的统治立场。俾斯麦把丹麦人聚居的石勒苏益格北部留给丹麦，这和拿破仑三世的愿景——民族主义原则不谋而合。不过俾斯麦补充道，这项计划需要拿破仑三世的帮助才可以实现，到那时，拿破仑三世有权将统治范围扩张到所有"说法语的地区"，也就是比利时。拿破仑三世对比利时垂涎已久，俾斯麦刚好可以以此来引他上钩。

可惜，拿破仑三世没有上当。我们无从得知俾斯麦和拿破仑三世在比亚里茨具体的谈话内容，但有一点几乎可

俾斯麦与德意志崛起

以肯定：拿破仑三世没有谈起比利时，俾斯麦也没有主动提及。实际情况可能是，拿破仑三世不想做决定，自那年春天起，他的身体就因膀胱结石每况愈下，最后也因此而去世。

在回国途中，俾斯麦在巴黎和权高位重的意大利大使尼古拉谈话，他告诉尼古拉，普奥两国必有一战，因此普意两国需要尽快结盟，共同作战。抵达柏林后，俾斯麦立刻开始签署新的外交文件，不断发出新的责难和要求来骚扰奥地利。另外，俾斯麦还诱导曼陀菲尔将军（时任石勒苏益格的军事长官）不停地骚扰奥地利在荷尔斯泰因的长官加布伦茨。俾斯麦在 11 月发布的一份宣言昭告了自己的计划："我们必须装死（Faire le mort），做出似乎十分满意临时的解决方案的样子；但同时，对维也纳宫廷的抱怨也不要停，要持续不断地公开埋怨奥地利行政机构在荷尔施泰因的治理不善，这样一旦发生特殊情况，事态严峻起来时我们也能有效应对（Unter Umstanden scharferer Entwicklung fahig）。"《加施泰因协定》订立仅仅数月后，俾斯麦就计划向盟国奥地利开战。1866 年 1 月末，俾斯麦成功激怒了不堪折磨的奥地利政府，并收到了一份言辞激烈的外交照会。俾斯麦便以此为契机，告诉贝内德蒂，他不会再做出任何回复，普奥两国的亲密交往已经成为过去时了。

事态发展至此时完全按照前文所述的那样进行着。俾斯麦与奥地利公开决裂一事此时只缺一个契机。

二、宪政冲突激化

与此同时，俾斯麦对宪法发动了新一轮攻击，再次激化了宪政冲突。普鲁士宪法清晰宣示，议会言论自由是一项受到保护的基本权利。宪法也不厌其烦地反复强调，议员在议会上的任何发言都不应成为被起诉的原因。普鲁士宪法在制定之时，便是以英国议会的发展历史为蓝本。可此时，俾斯麦和臭名昭著的司法大臣利珀伯爵下令，起诉进步派议员特文斯滕，控告他在下议院发表的演讲诽谤普鲁士法院。毫无疑问，特文斯滕既不是蛊惑民心的政客，也不是激进分子，他只是一位普鲁士爱国人士，有着温和但不容挑衅的坚定原则。特文斯滕也是一位法官，他提出的批评往往极具影响力，这令俾斯麦和利珀无法容下他，并下定决心要坚定扫除这一障碍。

法院很快便以不合宪法为由驳回了这项起诉。但是，普鲁士最高法院的高级法庭是由利珀组建的，1866年1月，高级法庭利用不光彩的诡辩术回避宪法问题，允许对特文斯滕的起诉。这是普鲁士司法史上最黑暗的事件。特文斯滕在下议院怒斥利珀卑鄙无耻："你大可以在普鲁士发号施令，但你对法官和国家荣誉的损害总有一天会酿成恶果。"特文斯滕说得完全正确。后来受俾斯麦委派，担任帝国法院（Reichsgericht）首席法官（德意志的一个重要法官职位）的爱德华·希姆森表示："现任政府无法在新闻自由的环境下进行统治，现任政府无法在不适当地影响法官的情况下进行统治，现任政府无法在一个言论自由的议会中进行统治。但是，他们怎么能为了一时的利益，为了维持短暂的局面，而浪费普鲁士无比宝贵的未来？我可怜的大脑根本无法理解这种行为。"

议会的辩论是对内阁的道德审判，而议员们的行为也得到了公众舆论的支持。贝内德蒂写道，事态向好，比他们的预期更令人振奋；卡罗伊也表示，俾斯麦的内阁在国内政治中已经黔驴技穷。两人一致认为，俾斯麦试图通过外交政策，寻找走出困境的突破口。

三、1866 年 2 月 28 日的国王政务会

1866 年 2 月 28 日，威廉国王召集大臣出席其主持的政务会，决定普鲁士未来的政策方向。出席此次会议的有王储、驻巴黎大使戈尔茨伯爵、陆军参谋长毛奇将军、石勒苏益格军事长官曼陀菲尔和国王主要私人顾问阿尔文斯勒本。通过这份名单足见这次会议的重要性。这场会议要决定的问题只有一个：是走向和平还是发动战争。

俾斯麦称对奥地利开战不可避免，于是他请求国王授权一位特使前往佛罗伦萨，和意大利缔结盟约；此外还要争取拿破仑三世的承诺，如果战争有更加远大的目标，而不是只为了占据两个公国的话，法国的态度更是不容忽视。俾斯麦认为，此时还不适合公开直白地谈论更加高远的目标，但毫无疑问，这一目标是普鲁士在德意志的新立场。

可以肯定，威廉国王对俾斯麦的目标心生疑虑，因此他公开宣示，普鲁士绝不会以废黜任何一位德意志君主为政策目标。唯一一位反对俾斯麦的与会者是王储，他大谈"兄弟战争"（Bruderkrieg），但无人响应。毛奇将军强烈支持和意大利结盟，还表示，要想获得军事成功，结盟必不可少。在俾斯麦的请求下，国王授权了他的行动。此时的俾斯麦已经十分清楚该如何行动，他的目标十分清晰。战争已经不可避免。

在会议讨论过程中，内务大臣奥伊伦堡侯爵坚称，通过发动战争，他们便有机会摆脱宪政困境。然而，俾斯麦回答道，摆脱宪法困境不是可以发动战争的理由。这和俾斯麦曾经在议会上说过的一句话不谋而合："对我而言，外交政策本身就是目的。"他拒绝用外交政策作为手段达到另一个目的。

四、1866 年 4 月 8 日，与意大利结盟

国王授权俾斯麦为谈判代表，与意大利结盟。这是一件对俾斯麦意义重大的事情，他不懈努力，争取意大利政府的支持。然而，在《加施泰因协定》签订的不久前，普鲁士驻佛罗伦萨大使乌泽多姆才向拉马尔莫拉将军承诺，俾斯麦已经准备好和意大利结盟；协定的签署令拉马尔莫拉将军大为震惊，他认定俾斯麦是个反复无常的人，表示不愿和这位狡猾的普鲁士首相再做任何交易。相比之下，他更愿意和意大利的宿敌奥地利达成共识。一位和奥地利

交往甚为密切的意大利贵族马拉古奇亲赴维也纳，提出愿意割让威尼西亚地区来换取数百万里拉作为报酬。

然而，弗兰茨·约瑟夫一世思考问题的角度从来都不是强权政治，他非常注重自身的威望和声誉。弗兰茨·约瑟夫一世的王座后，屹立着欧洲历史最悠久的君主国，他的自尊心太强了，不愿意屈尊染指这种交易，而他的部分神学顾问也强烈建议，他不应和教皇的敌人达成任何协议。拉马尔莫拉没取得任何成果，只好无功而返。

为了与意大利达成协定，俾斯麦不停敦促乌泽多姆影响拉马尔莫拉的决策。俾斯麦认为两国同盟的重要性无可比拟，于是他故意向乌泽多姆透露自己的想法，让他了解自己的目标——即便俾斯麦打心眼里不喜欢这个家伙。1866 年 1 月的一份照会中，俾斯麦向乌泽多姆透露，他希望普鲁士政策回归更根本的民族基础，让普鲁士和民族主义相结合。7 年前，俾斯麦从法兰克福被召回时，他向自己的自由派朋友恩鲁表露过同样的民族主义观念，还表示，普鲁士的盟友只有德意志人民（见第一章第五节）。俾斯麦曾高声呼喊许多保守理念的口号，无情抨击普鲁士自由主义。他从未忘记自己在法兰克福议会上得到的教训。

2 月 28 日，在政务会上请国王授权和意大利订立盟约，俾斯麦就知道拉马尔莫拉将军已经为此做好准备了；就在此前的 2 月 24 日，乌泽多姆也发电报称，意大利国王维托里奥·埃马努埃莱二世及其首相正在翘首以盼普鲁士发来的结盟提议，这样双方就可发动战争共同对抗奥地利。被派往佛罗伦萨的是毛奇将军。3 月 12 日，俾斯麦向毛奇将军发出了一道老谋深算的命令：根据盟约，意大利有在战争中追随普鲁士的义务，但盟约不应该使普鲁士有主动发动战争的义务。因此，它应该是一份由意大利单方面履行义务的盟约。直到此时，俾斯麦仍在做两手准备：他既可以发动战争，也可以达成和平。意大利对此毫无察觉。

俾斯麦还明确知会毛奇："普鲁士有着雄心壮志，目标高远。""我们的目标至少是占据整个北德意志，1849年的《普鲁士宪法》就曾希望在这里建立中央集权。"《普鲁士宪法》是法兰克福议会的革命成果，俾斯麦在法兰克福订立宪法时，作为普鲁士议员，他于1849年在下议院发表了演讲，谴责这部宪法是彻头彻尾的"有组织的混乱"（第一章第三节）。在信中，俾斯麦指示毛奇："尽管这部宪法受到了政党倾向的部分影响，但无论是军事还是政治层面，都表达了德意志民族的天然需求。"可见，相比于反革命年代，俾斯麦简直发生了天翻地覆的变化。

1866年3月意大利特使戈沃内将军抵达柏林后，毛奇将军前往佛罗伦萨。戈沃内在后来的报告中记录了他和俾斯麦的谈话内容，这些有趣的内容清楚明白地体现出了俾斯麦的策略。两人交涉并不顺利，因为他们完全不信任彼此。意大利人担心，俾斯麦之所以和他们订立协议，只是为了让奥地利产生危机感，然后迫使其让步。谈判最开始时，戈沃内曾写信给拉马尔莫拉将军，对于这个智谋超群的俾斯麦，他形容道："毒蛇会咬死那些招摇撞骗之人。"而威廉一世不停地找借口不见俾斯麦也令他越发怀疑事有蹊跷。威廉一世还是一样地优柔寡断，无法下定决心，但在拿破仑三世的帮助下，谈判还是破除了重重障碍取得成功，普意两国签订了同盟条约。

俾斯麦不厌其烦地向戈沃内强调，一切取决于法国的态度，只有征得法国同意，他的计划才可以继续进行下去。

为此，意大利国王派遣阿雷塞爵士，一位与拿破仑三世有私交的意大利贵族去面见这位皇帝，并征询他对普意同盟的意见。在没有通知任何大臣的情况下，拿破仑三世私下接见了阿雷塞，并建议说这一同盟是可行的；但他也强调说，这只是他的个人建议，一切后果概不负责。

拿破仑三世明明了解普意同盟的深远影响，却还如此轻率地做出决定，并拒绝为此承担责任——这是多么荒唐可笑的一件事！当然，他不可能只凭一句话就摆脱一切后果和责任。俾斯麦之所以能取得如此巨大的成功，很大程度上是因为和他对立的那群政治家实在是太过于软弱无知了。弗兰茨·约瑟夫一世资质平庸，没有丝毫政治敏感度；拿破仑三世虽然比他聪明得多，总是在规划和展望未来，但总是不能下定决心，又总是忽视独断行动的后果和自己的疏漏。

在普鲁士和意大利的盟约中，俾斯麦在关键决策点上达到了目的：普鲁士没有义务主动宣战，但是一旦普鲁士宣战，意大利就必须援助普鲁士。不过意大利坚持加入了这项条款：如果普鲁士在三个月内没有发动战争，两国的盟约关系即刻结束。因此，俾斯麦必须立刻行动。

这一盟约毁掉了德意志邦联。邦联宪法明确规定，所有成员国不得和外国结盟对抗邦联的其他成员。普意同盟动摇了德意志邦联的存在基础，毕竟组建邦联的根本目的就是将所有成员国置于同一把保护伞之下。普意两国联合起来对付奥地利的行为，是违背德意志邦联宪法的根本原则的，就像 1861 年南卡罗来纳州等南方州退出美国违背了联邦宪法一样。在德意志邦联的 50 年历史中，第一次出现有成员国违反宪法。这也就难怪威廉一世会在签署条约时犹豫不决了；在他去世之前，他也从不允许解除条约的保密状态。更糟糕的是，即使是在几个月后，当战争已经迫在眉睫时，国王还是以个人荣誉向奥皇担保根本不存在这种协议。前文曾提到，博伊斯特伯爵曾表示，看起来有道德、讲原则的普鲁士国王可以轻易取得人们的信任，但是他的行为并不一定正当合理。这句话的确很有道理，不是吗？

当然，俾斯麦清楚知道他的所作所为。他告诉贝内德蒂伯爵："我已经引诱国王断绝了和哈布斯堡王室的密切联络，和具有革命精神的意大利缔结盟约，而且他有可能接受和法兰西帝国达成协定，在法兰克福提议改革德意志邦联，建立有普选权的议会。这些成功之处令我深感自豪。"俾斯麦当然值得自豪，他的政策大获全胜。

五、普选权

和意大利结盟后，俾斯麦没有浪费一天时间，就发起了一场只有战争才能结束的政治运动。4月9日，签订盟约的第二天，俾斯麦向法兰克福议会提交了谋划良久的提案，要求赋予德意志人民普选权，通过直接选举，成立德意志议会，借此听取和讨论各邦政府的意见，以便改革邦联宪法。这是法兰克福议会有史以来最具革命性的提案。

提案中最具轰动性的要求便是普选权，这意味着所有德意志成年人都拥有平等的选举权：一人一票。德意志各邦国中从来没有过如此具有民主精神的选举制度。1848年革命和1849年的《普鲁士宪法》也提出过类似的选举形式，

俾斯麦与德意志崛起

但俾斯麦称，这会导致"政治混乱"。俾斯麦的想法为何发生了天翻地覆的转变？

早年间，有这样一个人，他充满干劲、富有激情，极力推动普选权诞生，他就是德意志社会民主党的创始人之一斐迪南·拉萨尔。拉萨尔是民主党人，也是革命派，但他希望通过普选权推翻德意志进步党——他指责该党派是小资派中产阶级（Bourgeoisie）的化身。正巧，俾斯麦也视进步党为敌人。由于有着共同的敌人，两人联起手来。俾斯麦和拉萨尔这位犹太裔革命天才进行过许多次秘密的夜间谈话，拉萨尔具有远见卓识和精湛的谈话技巧，极具个人魅力，给俾斯麦留下了深刻印象。1878 年，在德意志帝国议会（Reichstag）为一项反对社会主义者的议案进行辩论时，俾斯麦不得不搬出自己和拉萨尔的友谊作为论据。他极为热情地称赞拉萨尔，还表示，两人常常会进行数个小时的谈话，每当谈话到达尾声，他都感到失落，十分不舍。

拉萨尔之所以反对进步党，是因为其政治立场完全取决于三级选举权是否存在，如果引进普选权，三级选举权就会即刻消失。他甚至主张将国王的命令作为行动开端，发动一场政变。对于这一建议，俾斯麦曾认真思考过，他觉得风险太大，成功的可能性并不高，但拉萨尔的论据说服了他。他们两人当然都希望打败自由党，但两人期待的结果却不尽相同。拉萨尔专注城市工人阶级，希望社会主义者在投票中取得胜利；而俾斯麦则看向了农村选区，根据个人经验，他知道容克和乡绅对当地的体力劳工和贫苦人民有惊人的话语权和影响力，因此他希望保皇党取得胜利。威廉国王十分抗拒这一革命性提案，此时俾斯麦告诉他，普选权可以进一步提高国王的地位，将他高高托举至革命洪水永远无法冲刷到的岩石之上。俾斯麦还写信告诉戈尔茨："在需要决断的时刻，人民将坚定不移地站在国王身边，无论国王的统治风格是偏向自由，还是偏向保守，结果都不会改变。"他认为，看起来人们反对国王的专制，实际上，这只是中上层阶级无关痛痒的骚动。俾斯麦并没有正确理解中产阶级或者是工人阶级的情感。俾斯麦以拿破仑三世为借鉴对象，因为拿破仑三世就是在大多数人拥护但部分受教育的中上层的反对下，通过实施普选权而推翻法兰西第二共和国的。俾斯麦相信，总有一天，他也能获得胜利。

而现在，我们可以肯定的是，俾斯麦的预判出错了，他的精心谋划可以说是全盘皆输。诚然，俾斯麦十分狡猾，充满干劲，通过普选权成功削弱并羞辱了德意志自由主义，然而，国王并非这次斗争的赢家；和俾斯麦坚定对立的天主教中央党和社会民主党才是获利最多的。1918年，革命终于爆发，事实证明普鲁士君主的地位并不能靠普选权来巩固。

此时俾斯麦又有了另一个想法，这一想法既能帮助他实现一直期望的目标，又能避开普选权带来的风险。他计划将议会重组为一个空有虚名的机构，不赋予它任何政治实权，使其不具备议会的任何正常功能。呈交给法兰克福议会的提案中，俾斯麦完全没有提及德意志议会应当具有的权力和职能，这种行为十分反常。俾斯麦不希望受任何约束，然而，将来他注定要明白，哪怕是像他这种权势滔天的人，即便取得了胜利，他也不能从人民手中夺走任何他曾主动赠予的东西。他宣传个人思想的方式十分强势，比他的强硬性格更甚。德意志帝国议会尽管十分软弱，它也还是一个政治议会，不会任凭国王随心所欲而无动于衷。

俾斯麦在《思考与回忆》中写道，他之所以提出普选权，是因为这是当时的自由派友人了解的最强有力的手段。他希望通过普选权表明，普鲁士发自真心对德意志民族主义感兴趣，也期望着当普鲁士为普选权在议会上和对手英勇奋战时，德意志人民也能紧紧拥护并支持普鲁士。可惜，这份希望落空了。奥地利和中等大小的邦国没有参与这场游戏，直截了当地否定了普鲁士的提议，他们将这份提案交给议会委员会，要求普鲁士说明完整的改革计划。更不幸的是，俾斯麦的提议也没能调动公共舆论。人们非常不信任俾斯麦，以至于大多数人都认为，他这项计划不过是战术演习，就连特雷奇克都称之为"冒险家策略"。另一边的保守党派也四分五裂。当时普鲁士保守党的大多数成员盲目追随内阁政策，其时任领袖华格纳在普鲁士政府中担任重要职位，他宣扬，普选权是反对自由主义和议会制的手段，于是提议改造普选权，从而帮助其党派获利。不久前去世的利奥波德·冯·格拉赫——保守派的创始人之一，有着虔诚的保守思想——的弟弟路德维希·冯·格拉赫对此表示坚决反对。国外的批评言论甚嚣尘上，盖过了赞扬的积极情绪。然而，《旁观者》杂志如此评价俾斯麦："他的政策令人憎恶，但他也确实目标远大，计划周密翔实，能力卓越非凡。"

六、避免战争的努力

此时，每个人都清楚，战争一触即发，德意志人民情绪高涨。大部分普鲁士人民反对战争，许多城镇居民给国王写信，祈祷和平。那个时代的德意志人民无疑是热爱和平的，不是好战分子，他们尚未被俾斯麦"铁与血"信条影响。其他国家的政治家也为推动和平、避免战争而四处奔走。俾斯麦则竭尽全力激怒奥地利，试图让奥地利回以挑衅或侵略。俾斯麦清楚，奥地利的军事体系存在弱点：奥地利动员军队的速度比普鲁士慢三到四周。奥地利也面临所有军事上准备不足的国家存在的僵局：要么匆忙着手备战，但可能被指控为侵略他国；要么先按兵不动，但是可能面临从一开始就战败的风险。在这种情况下，奥地利政府急中生智，通过外交行动设法让普鲁士政府发布宣言，承诺只要奥地利遣散军队，普鲁士也会效仿。这无疑是一项不小的成功。

当时的处境对俾斯麦来说十分艰难，不过在拉马尔莫拉将军的帮助下，他重获行动自由。拉马尔莫拉将军于4月28日发布声明，意大利将被迫调动军队来进行自我防御。奥地利也只好发表声明，宣布南部军队将不会被遣散——而这正中俾斯麦下怀。

5月5日，拿破仑三世又制造出了新的危机。他告诉意大利大使尼格拉，奥地利愿意将威尼西亚割让给法国，只要意大利让奥地利去放手一搏，从德意志获取相等的领土作为补偿，法国就愿意将威尼西亚地区立刻移交给意大利。拿破仑三世当然知道普鲁士和意大利之间的秘密盟约，于是问尼格拉，意大利是否愿意放弃这一盟约；而拉马尔莫拉将军当即就拒绝了这一诱惑，从而拯救了普鲁士。他给尼格拉发电报表示："对我们来说，这个问题关乎荣誉和忠诚，我们不能轻易背叛普鲁士。"

此时，安东·加布伦茨——一位德意志贵族，普鲁士议会议员——试图挽救和平。加布伦茨和他的哥哥路德维希·加布伦茨——一位奥地利将军，同时也是荷尔斯泰因总督——一起展开了行动。加布伦茨在维也纳和柏林都参与过谈判，俾斯麦果断的行事风格、对时局的深刻把握和奥地利的一片混乱形成了鲜明对比，这给他留下了深刻印象。有趣的是，俾斯麦并没有反对加布伦茨的行动，但这并不是因为俾斯麦总爱挂在嘴边的德意志民族主义，而是为了安抚国王，让他取得心灵的平静。俾斯麦早就确信，加布伦茨此行将无功而返，而他将借此宣称奥地利拒绝了公正的妥协方案，而国王也能就此摆脱良心上的负罪感。然而，俾斯麦给加布伦茨提供的改革提案中，对德意志议会和普选权只字未提，这着实不太寻常。他的提案反倒是对邦联改革后的军事组成方式有更为准确的描述：提案规定，普鲁士国王应当担任北德意志的军队总司令。这也是威廉国王唯一感兴趣的地方。

这段小插曲体现出，俾斯麦非常擅长双管齐下的政策。同时，俾斯麦很清楚如何探索两种完全不同的路径，并确保两条路都畅通无阻，从而延长做决定的时间，直到他有百分之百的把握确定哪一条路能让他最快速有效地通向最终目标。

七、俾斯麦险些遇刺；补偿金法案

在人们情绪最高涨的时刻，俾斯麦的性命受到了威胁。5月7日，在俾斯麦从王宫走回办公室的路上，一个年轻人在菩提树大街朝俾斯麦开枪。刺客还是名学生，叫作费迪南德·科恩，是卡尔·布林德的继子。卡尔·布林德曾参加过1849年革命，是伟大的意大利革命人士马志尼的朋友，此时正在伦敦流亡。科恩刺杀失败，被关进监狱的第一晚就自杀了。因此，他这项计划的细节几乎无人知晓。有一点可以确定，科恩认为，杀死德意志自由最危险的敌人，便可以挽救自由。人们都非常同情科恩，而不关心俾斯麦的情况，即便俾斯麦提出了改革议案，他仍然不得民心。有一个例子可以很好地说明俾斯麦不得人心，一位柏林大学的教授急匆匆地闯入菩提树大街上的一家书店，高声呼喊："我们国家的左轮手枪怎么这么不中用！"这个人是杜布瓦–雷蒙，一位著名的生理学家。四年后，杜布瓦–雷蒙在大学礼堂上发表了一篇庄严演讲："我们柏林的教授应当英勇捍卫霍亨索伦皇室的精神。"时代在变，人也会随之改变（Tempora mutantur et nos mutamur in illis）。

时代和形势变化并非只改变了那些小人物，也改变了那些创造历史的伟人，其思想、谋略和结果都因时而变。俾斯麦继续致力于建立共同的德意志议会，让普鲁士成为新的德意志领袖，不愿意继续受议会和保守派领袖的压制。

德意志民族统一属于自由派思想，凡是打算利用德意志统一作为手段的人，无论是否出于自身意愿，他们都将被迫走上自由主义者的道路。尽管俾斯麦刻薄地评论自由主义人士，他仍然十分清醒理智，不可能不知道自由主义人士对他有着重要作用，而且必不可少。无论采取何种类型的选举制度，没有哪个德意志议会甘愿保守派占据大多数。在所有愿意合作，推动德意志统一的德意志邦国中，普鲁士的保守派从未现身插话。因为在这一时期，俾斯麦和路德维希·冯·格拉赫的友谊破裂了。这位反革命时期对俾斯麦保护有加的保守派个性鲜明而强势，俾斯麦的许多做法违背了他的原则，他不愿追随俾斯麦。

在当时的新形势下，普鲁士最重要的事情就是终止内部冲突，找到解决争端的办法。普鲁士政府不能无限期持续没有预算案的状态，更重要的是，俾斯麦没有忘记，王储是宪法冲突的死对头，没有人能成功预测，王储会在何时登上王位。

此时，一个特殊情况推动了事态开始朝着预想的方向发展。当时的财务大臣是坚定的保守主义者，他和格拉赫的理念很相像，不愿追随俾斯麦发动战争。因此，俾斯麦需要一个既有意愿，也有能力处理战争时期复杂的财务状况，还能设法筹集战争不可或缺的资金的新任财政大臣。他将目光投向了前任财政大臣冯·德·海特，1862 年，由于海特拒绝打破对宪法的神圣宣誓，不愿意在缺乏预算案的政府中任职，因此他选择了退休。面对俾斯麦的邀请，海特提出：他愿意为内阁排忧解难，但俾斯麦要做出承诺，让议会批准补偿金法案。补偿金是个在英国议会中很常见的术语，政府可以视情况偶尔请求议会给予补偿金（比如政府花销超过议会投票通过预算的时候）。俾斯麦答应了他的请求，承诺如果普鲁士在战争中取胜，他就会为冲突期间产生的所有开支申请补偿金。于是，冯·德·海特就任财政大臣，并成功地为俾斯麦筹集到了资金。进步党中最激进的一位议员、拉萨尔的朋友老齐格勒在布雷斯劳向民众疾呼："普鲁士民主之心围绕在每一面高高扬起的普鲁士旗帜周围！"其他不太乐观的人也表示，希望人民众志成城，抵御外敌。俾斯麦也见了许多自由派议员，其中就包括特文斯腾：他应俾斯麦的请求拟定了一份补偿金法案。法案十分温和，俾斯麦没有提出任何异议，但国王激烈反对。威廉一世发表了一通极具他个人特色的言论："这份法案是和宪法保持一致的。那样的话，我的军团会被夺走的！"显然，国王此时早就忘记了，他的王位也是要由宪法保障的。此时的俾斯麦显然又陷入了困境，正如他对一位自由派议员所说的那样："没有人能理解，我面前有着重重困难，但我不得不克服它们。"

特文斯滕直言不讳地告诉俾斯麦，他和朋友们所能提供的支持存在最高上限，他们绝不会牺牲法律，因为这样会造成整体的道德堕落。那么，俾斯麦认可他们的观点吗？如果我们对特雷奇克和俾斯麦在战争前夕的对话稍有耳闻，我们的答案很有可能是否定的。特雷奇克显然是普鲁士在德意志占统治地位最狂热的拥护者，他承认，自己十分钦佩俾斯麦的个性，但他也补充道："俾斯麦不知世间道德为何物！"

八、欧洲大会提案

国际形势中，法国皇帝的态度仍然是个谜。谁也不知道，战争一旦爆发，这位皇帝将会采取何种政策。事实上，这个问题连皇帝自己也不知道。他的提议促成了普意同盟，但他很快便开始怀疑：如果普鲁士取胜，他又能获得什么好处？

其实，他连自己到底是希望战争还是和平都不能确定。最后，他回归了自己在欧洲大会上的那套旧观念。5月24日，法国、英国、俄国这三大中立国家发出召开欧洲大会的邀请，商讨石勒苏益格－荷尔斯泰因、意大利和德意志邦联相关的三大难题。俾斯麦十分恼火，因为这会危及他的政策，但他知道，如果自己拒绝了，就会被冠以破坏和平者的污名，所以，他第一个接受了邀请。他是名副其实的政治家。弗兰茨·约瑟夫一世的大臣则配不上这个头衔——奥地利人应当对邀请喜闻乐见才对，这至少可以为奥地利赢得更多的准备时间，可奥地利却提出了一堆不可能被答应的条件。拜对手的错误所赐，俾斯麦再次从这一极端艰难的处境中顺利脱险。收到欧洲大会取消的电报通知时，俾斯麦正与贝内德蒂伯爵待在一起，当时他甚至激动得跳了起来，大声呼喊："可以开战了，国王万岁！"

在取消的决定做出之前，俾斯麦正处于高度的神经紧张之中。为了赢得拿破仑三世的支持，他甚至愿意采取极端手段。那时，曾负责普意同盟谈判的戈沃内将军再次来到柏林，并向俾斯麦询问，普鲁士对法国利好的满足是否存在边界。俾斯麦回答："噢，当然，摩泽尔河就是边界。关于自己的身份定位，相比于德意志人，我更是一个普鲁士人。因此，我对于将摩泽尔河和莱茵河之间的全部领土——巴拉丁领地和莱茵普鲁士的部分领土——割让给法国没有丝毫异议。可国王受王后唆使，总是顾虑重重，难以决断。他只会在大获全胜或全盘皆输的时候才会愿意割让领土。"两天后，他告诉贝内德蒂，他会在必要时利用自己在国王身边的话语权，说服国王将上摩泽尔河谷和卢森堡的全部领土割让给法国，让法国建立一条有利的边界线。他还补充道，他会建议国王允许法国吞并所有说法语的地区。

俾斯麦再一次抛出了诱饵，拿破仑三世也再一次上钩了。这不是第一次，也不会是最后一次。

九、战争爆发

由于奥地利和普鲁士显然无法就和平解决石勒苏益格－荷尔斯泰因问题达成共识，奥地利不得不设法拉拢德意志中等大小的邦国。在6月上旬，奥地利在德意志议会上抛出了这一问题，而俾斯麦则以命令石勒苏益格的普鲁士军队进军荷尔斯泰因作为回应。他希望奥地利和普鲁士军队的交锋可以引爆火药桶，然而石勒苏益格的军事长官根据骑士精神，允许加布伦茨引导军队和平撤离荷尔斯泰因。

对此，俾斯麦感到十分失望，便给曼陀菲尔写了一封信。这封信是俾斯麦个人最了不起也独具个人特色的作品之一。他知道，曼陀菲尔崇拜席勒的戏剧《华伦斯坦》，一有机会，曼陀菲尔就会引用其中的台词。于是俾斯麦也引用了《华伦斯坦》，写道："你说，暴力行动让心灵难堪。那我用谋杀华伦斯坦的德弗罗的一句话来回应你：朋友，是时候敲响警钟了（Freund, jetzt ist's Zeit zu larmen）。"信的末尾则是这样的："请原谅这封信写得有些草率，今早收到您的电报时，我的思绪混乱，这就是我此时的所思所想。您的旧友，俾斯麦。"俾斯麦签名处还附上了另一段《华伦斯坦》的引文，在写信时，他想到了这几行字，觉得这可以更好地表达他的情感。于是，他命人拿来一份剧本，对照着书写完了这封信。俾斯麦找到华伦斯坦在遭到背叛的关键时刻说的一段话，誊抄在签名下方：

Ich tat's mit Widerstreben,

Da es in meine Wahl noch war gegeben.

Notwendigkeit ist da, der Zweifelflieht,

Jetitfecht ich fur mein Haupt und fur mein Leben.

(Er geht ab, die andern folgen.)

我拔出宝剑，踌躇不定，阵阵战栗，

我不愿煮豆燃萁，自相残杀，

选择的余地尚在，刀剑亦可收回

可凶手拔刀对准我的喉咙

无须犹豫！为生命而战！

（华伦斯坦退场，其他人跟随离场。）

再挑剔的人读到这封信都免不了为此折服倾倒，在这种关键时刻，除了俾斯麦，恐怕没有第二个政治家能写出这么引经据典的信了。

普鲁士占领荷尔施泰因后，奥地利便在德意志议会上提出，调动普鲁士之外所有邦国的军队。议会很快便通过了这一动议，明确表达了与普鲁士对立的立场。但是，这些中等规模的邦国并不希望与普鲁士公开对抗。他们希望保持自己的中立地位，于是巴伐利亚首相提出，被排除在调动范围外的军队不应只有普鲁士军队，还要有奥地利军队。与此同时，俾斯麦向议会提出了自己的改革计划，其中的一大主要计划是将奥地利从未来的德意志剔除出去。换句话说，他试图回归法兰克福国民议会1849年通过的宪法时的状态。要想在议会上商讨这项计划，最早的议程只能排到对奥地利动议进行投票表决之时。俾斯麦下定决心，一旦需要对奥地利动议进行投票表决，他就大闹一场，让计划的讨论无法进行。他给普鲁士议员下令，动议投票的日程一到，议员们就在议会上宣读一份声明：这项动议本身，以及德意志邦国对这项动议的赞同，都是对邦联宪法赤裸裸的侵犯，让邦联宪法被破坏，成为一纸空文。他还下令，哪怕动议没有获得通过，也要在会上宣读。可以看出，俾斯麦提出的所谓违反宪法的法律论据，只是借口而已，当然他自己也知道这一点：一个两个月之前才通过与意大利订立盟约，违反了邦联宪法的人，怎么有资格谴责其他邦联成员，称其也违反了宪法呢？

1866年6月14日，议会进行投票，奥地利和巴伐利亚的动议都赢得多数票，并通过了。普鲁士全权代表立即起身，宣读了俾斯麦命令的声明，不过这份声明并未对投票结果

俾斯麦与德意志崛起

产生任何影响。

但这有什么关系？普鲁士的声明就是一份宣战书，所有投票反对普鲁士，或是支持巴伐利亚的邦国，此时都面临被普鲁士军队进攻的危险。

俾斯麦的目标实现了，普意同盟规定要在三个月内发动战争，就在期限将至之时，战争正式爆发，奥地利必须两线作战。无须多言，直接开战。

行文至此，我们终于可以探讨后世史学家争论不休的一个问题：俾斯麦是否从一开始（也就是 1864 年与丹麦议和开始）就企图向奥地利宣战？俾斯麦对发动战争从未有丝毫顾忌，他后来甚至称，这是"兄弟战争"（Bruderkrieg）。可俾斯麦是否真的希望战争爆发？这一点值得讨论。这里我们可以得出结论：如果通过常规的外交手段，也可以达到个人目的的话，他并不介意生活在一个没有战争的世界。在确认没有其他解决办法之前，他不会不管不顾地挑起战争，哪怕离开战只有一天。盲目开战不是他的风格。他没法提前了解奥地利为避免战争而准备做出的妥协。战争结束后，有人曾说，奥地利最好的策略就是尽可能多地进行妥协，这样两国就没必要诉诸武力了。雷希贝格就持这种观点，他在自己的余生中都一直坚称，如果采用了他的政策，这场灾难就可以避免了。当然，他的观点必然是夹杂着个人偏见的。

普奥战争已经是两代人以前的事情了，如今，我们终于可以提出这个问题：倘若奥地利放弃在两个公国的权益，将特权地位让给普鲁士，然后在其他领域获得补偿，他们能否挽回与普鲁士的盟友关系？这个问题的麻烦之处在于，

奥地利是否能在普鲁士力量日渐强大的同时，争取到一定
的交换条件？拿领土补偿举例，哪怕只是割让一小部分的
普鲁士土地，威廉国王都会断然拒绝。对奥地利在德意志
的地位做出让步更是毫无可能，因为俾斯麦已经决定夺走
奥地利在邦联的主席国地位带来的特权。有的奥地利政治
家已经准备好，将邦联像垃圾一样丢弃；他们当然希望获
得普鲁士在欧洲政策上的让步，从而弥补自己在德意志失
去的话语权。这意味着，普鲁士要在欧洲政治舞台上支持
奥地利、反对意大利，而这是俾斯麦绝对不可能接受的。
因此，和普鲁士结盟对奥地利似乎没有任何价值。

　　从长期来看，如果同盟的一方总能赚得盆满钵满，另
一方却只能空手而归，这种盟约当然无法长久。但俾斯麦
只能接受一种结盟方式：他坐在马鞍上，将自己的盟友当
成马儿随意驱使。1879 年，俾斯麦和哈布斯堡君主国缔结
的盟约正是这种形式。俾斯麦性格很强势，只要他还担任
普鲁士首相，每一天都要做那个骑在马上的人；但他的继
任者，后来的普鲁士首相与他不同。而这便造成了 1864 年
的盟约破裂，奥地利始终无法获得自己那一份利益。1879
年订立的盟约得以维持，但当奥地利试图"骑上马鞍"时，
两国都将被卷入早已注定的灾难。

　　尽管俾斯麦最初无意对奥地利发动战争，但我们还是
可以得出这样的结论：俾斯麦实施了一项让两国注定走向
战争的政策。奥地利政治家的错误在于，他们没能及时意
识到，战争必将爆发，也没意识到军事和政治准备的必要性。
实际上，这场战争本就无法避免，因此我们没必要多此一举，
过多地苛责他们没能阻止战争。

俾斯麦与德意志崛起

十、普鲁士获胜

6月15日，法兰克福议会投票的第二天，驻汉诺威、德累斯顿、卡塞尔的普鲁士外交使节向这些邦国的政府下了最后通牒。在议会投票的前几天，俾斯麦才把通牒交给使节们，命他们收到电报命令后，即刻交给各邦国政府。议会投票的消息传到柏林后，俾斯麦立即下达了递交最后通牒的命令。这份最后通牒要求各邦国无条件同意普鲁士的改革计划，遣散部队，并在当天午夜前做出回复。

萨克森王国早就对事态有所准备，他们没有丝毫耽搁就撤离了和奥地利皇帝有联络的部队。汉诺威国王，盲目无知的格奥尔格五世却十分顽固，根本不愿接受任何建议，犯下了许多愚蠢的错误。他始终幻想着自己不会被卷入战争，完全没准备有效的防御措施。其实早在几个月前，俾斯麦就开始拉拢汉诺威的自由主义反对派领袖，争取本尼格森和米克尔的支持了。本尼格森虽然支持德意志在普鲁士领导下实现统一，但他不愿意参与任何有关自己的国家的谈判，他不希望背叛国王和祖国。格奥尔格五世则坚定履行自己作为成员国对德意志邦联的义务。他清楚意识到，此刻国家正处于极端危险之中，但还是毫不犹豫地拒绝了这份最后通牒。他宣称："作为一名基督徒，国王和韦尔夫家族的成员，这是我唯一的选择。"他率领部队向南行进，希望和德意志南部邦国的部队建立联络。他的部队在朗根萨尔察和普鲁士军队发生了小规模冲突，一开始他们取得了胜利，但在几天之后，也就是6月29日，他们被团团包围，被迫投降。格奥尔格五世国王被迫逃往英国。

6月15日晚，俾斯麦邀请英国大使洛夫特斯勋爵来自己办公室里的花园。午夜钟声敲响时，俾斯麦告诉洛夫特斯："此时，我们的部队正长驱直入逼近汉诺威、萨克森和黑森－卡塞尔选侯国。这场战役关系重大。如果我们战败，我将一去不返。我的生命只有一次，而败者面对的将只有死亡。"毫无疑问，一旦战败，俾斯麦将难逃一死：战败者都是如此。

好在普鲁士打赢了这场战争。三周后的7月3日，普鲁士军队在克尼格雷茨战役——如今在西欧多称作萨多瓦战役——击败了奥地利，取得了关键胜利，这场硬仗中，两军交锋异常激烈。王储的援军能否及时赶到决定了谁胜谁负，好在王储在最后一刻赶到战场，普鲁士大获全胜。奥地利军队仓皇而逃时，一位普鲁士将军告诉俾斯麦："阁下，您现在成了伟人，但如果王储没能及时赶到，您可能就是罪魁祸首了。"事实确实如他所说，俾斯麦当然也十分清楚；但一事成功百事顺，克尼格雷茨战役获胜的当晚，俾斯麦被普鲁士拥为英雄，人人都夸赞他是个天才。战场上的胜利让他的政策得以成功实践。他单枪匹马，走出了不计其数的困境。

十一、拿破仑三世试图调停

普鲁士在克尼格雷茨战役大获全胜令全欧洲为之一振。

所有人不约而同地认为，新时代正在降临，不仅是德意志，全欧洲的均势时局也正在发生剧变。所有的欧洲强国都意识到了时局变换，法国更是被深深震撼了。此时的拿破仑三世正处于最糟糕的境地：法国和敌对的普奥两国都展开过谈判，但他迟迟无法及时果断地做出决定。他曾援助普鲁士在4月和意大利成功结盟，在6月又和奥地利达成了秘密协议，他本来期盼普奥之间有一场持久战，这样他就能在恰当的时候插手干预。然而，战争在几周内就迅速结束了，他还来不及做好准备。

战败后的第二天，奥地利驻巴黎大使理查德·梅特涅亲王将威尼西亚地区的权力移交拿破仑三世，拿破仑三世承诺，安排奥地利和敌军洽谈和平条件。又过了一天，拿破仑三世正式宣布，他会担任调停的角色，从中斡旋。在这几天里，法国人表现得异常兴奋，在他们看来，拿破仑三世是欧洲仲裁者，可以挽救和平——但他们很快就醒悟了。外交大臣德律安·德·吕建议拿破仑三世至少调动部分军队，并派遣观察团前往莱茵河地区，但拿破仑三世没有采纳，不过他也没采纳与德律安相反的意见。

拿破仑三世的这种不作为的主要原因是他的疾病恶化了。在这段关键时期，拿破仑三世正和难以忍受的病痛做斗争。皇后欧仁妮告诉梅特涅："皇帝现在走不了路，睡不着觉，甚至几乎无法进食。"皇后甚至建议他退位。克尼格雷茨战役后，博伊斯特匆忙赶往巴黎，期待拿破仑三世能伸出援手，但亲眼见到拿破仑三世的精神和身体状况后，他感到难以置信，因为就在几年前，这位皇帝还被视作欧洲最富有智慧、最具权势的君主。博伊斯特说："拿破仑三世像个孩子一样不停磕磕绊绊地说：'我还没为战争做好准备（Je ne suis pas pret a la guerre）。'"

这也是个人政权制度带来的一个影响。

在这种情况下，拿破仑三世根本没有机会尝试调停。他现在要应付的对手决策果断，意志坚定，战争胜利后实力大大增强，而且十分精通或大或小的外交艺术。俾斯麦很清楚，他应当如何规避拿破仑三世的干预所带来的风险，而且若将这位皇帝的行为描述为怀有敌意的，就能在未来时机合适时让拿破仑三世付出巨大代价。很快，拿破仑三世派贝内德蒂前往普军总指挥部，要求普鲁士和奥地利缔结和约，而俾斯麦（按他自己的说法）则立下了"汉尼拔式的复仇誓言"。然而，从法国的角度考虑，拿破仑三世阻止欧洲局势的完全扭转只是在尽自己的职责而已。早在俾斯麦向拿破仑三世反复发表声明并提出建议后，他就预料到拿破仑三世会进行干预了。俾斯麦曾这样对戈沃内将军说，他的计划能否实施完全取决于拿破仑三世的善意。实际上，能与意大利缔结盟约，他应当感激拿破仑三世。俾斯麦曾向拿破仑三世抛出诱饵，让法国占领所有的法语地区，还在谈判中反复强化这个诱人的利益。勒菲弗尔·德·贝艾纳曾陪同贝内德蒂前往普鲁士指挥总部，那时俾斯麦对勒菲弗尔说："你还记得普鲁士和奥地利在1852年在丹麦问题上达成的著名协议吗？12年后，这项协议成为占领石勒苏益格和荷尔斯泰因的有力工具。您必须得对比利时国王说，若普鲁士不可避免的领土和政治扩张让您十分忧虑，那么防范危机、重新达成权力平衡的唯一一种办法，就是将比利时的命运与法国绑定在一起，让比利时成为法国在北部的堡垒，让法国重新获得其天然拥有的权利。"当然，这就意味着，法国对待比利时的方式，就要像普鲁士对待两个公国一样——将其吞并。

此外，俾斯麦竭尽全力推迟谈判日期，给普鲁士军队争取更多的时间，使其能尽可能逼近维也纳。俾斯麦为了让奥地利屈服而想尽办法，比如，普鲁士曾在布拉格发布一份致"荣耀的波西米亚王国的全体居民"的声明，向波西米亚人和摩拉维亚人（也就是捷克人）承诺帮助他们实现共同的民族目标。这不仅打击了奥地利政府，更沉重地打击了奥地利的德意志人民。

十二、匈牙利军团

除了这份声明，俾斯麦还利用类似战术，组成"匈牙利军团"对抗奥地利。很多年后，俾斯麦告诉德意志帝国议会，他在拿破仑三世干预后才组成了"匈牙利军团"，因为当时形势十分危急，需要尽快迫使奥地利投降。

然而这根本就是个谎言。俾斯麦在战争爆发前就在匈牙利组建了叛军，还和克拉普卡将军——一位1849年的革命者——缔结协议，让这位将军担任匈牙利军团的司令官，召集背叛哈布斯堡皇室的逃亡者组成军团。对普鲁士这样一个军事君主国来说，煽动士兵叛乱的行为着实很不寻常，况且普鲁士还声称坚定维护君主原则。俾斯麦的这种策略让人不禁联想起普鲁士驻佛罗伦萨大使乌泽多姆，他曾写下一封耐人寻味的急件，这封信因其中的"刺穿心脏"（Stoss ins Heri）这句话而广为人知。这封急件是6月16日发出的，急件中乌泽多姆建议意大利首相拉马尔莫拉将军（他不久后就成了意大利全军总司令）不要把时间浪费在围攻奥地利在意大利的军事要塞上，而是抓紧时间直接进军维也纳，在奥地利的中心地区和普鲁士军队会面。然后两国就可在匈牙利煽动叛乱，组建一支军团并穿过西里西亚进攻奥地利。倘若一切顺利，普鲁士就不用再去打击对奥地利来说无关痛痒的手足，而是可以直击心脏了。

1868 年，拉马尔莫拉将军提前公开了这封急件，引发了巨大轰动。俾斯麦坦率地表示，这是乌泽多姆自作主张写的，他和此事无关。这里俾斯麦又一次说了谎，因为乌泽多姆的话实际上是基于几天前俾斯麦下达的一道命令。

然而，匈牙利军团辜负了俾斯麦的期望。匈牙利人丝毫没有在普鲁士的带领下，摆脱哈布斯堡王朝的统治的意愿。他们不仅没有响应匈牙利军团的号召，甚至坚决反对，试图把他们驱逐出境。事实上，1866 年 7 月 26 日，普奥两国签订了停战协议后，匈牙利军团才入侵了奥地利的领土，还穿过了协议划定的分界线。监管军团的普鲁士长官并未严格遵守停战协议，也没有严肃处理协议被破坏的行为，因此，他们对奥地利的入侵彻底失败。匈牙利军团匆忙撤离时，司令官克拉普卡将军的一位副官谢赫尔－托什伯爵被奥地利逮捕入狱，最终在军事法庭上被判处死刑。这是一次不容置疑的正当合法的判决，但由于当初俾斯麦曾直接向这位副官下达指令，因此他也毫不意外地用尽一切办法，要将谢赫尔－托什救出来。不过，他所使用的办法却让人"叹为观止"：他威胁道，如果军事法庭一定要执行对谢赫尔的死刑判决，他将会枪毙此时正被关押在普鲁士监狱中的十位陶特瑙的公民。

陶特瑙是波西米亚德意志地区的一个小镇，后来被称

俾斯麦与德意志崛起

为"苏台德-德意志"。战争爆发的前几天，一个普鲁士军团翻山越岭占领了这个地区，但又被加布伦茨将军赶走了。普鲁士军人断言，因为陶特瑙的公民在屋子里向他们开了枪，他们才活捉了市长和九个公民，把他们收押入狱。这一断言事实上并没有证据，不过巷战和军队撤退时常常会发生类似的恐慌事件，这种错误倒也算是经常发生。但是，接下来的事情就不可饶恕了：那些年长的公民受到虐待，戴着镣铐，在普鲁士监狱关押了7个星期。他们没有被审判，也没有人告诉他们要指控他们什么罪名（显然，也不可能控告他们犯有什么罪名）。俾斯麦把他们当作人质，声称如果那位匈牙利叛军不能被无罪释放，这些人便要被枪毙。

令俾斯麦感到高兴的是，两国签订了和平条约，其中包含相互大赦的条款，谢赫尔-托什因此被释放，陶特瑙的公民也顺利回归家园。

十三、尼科尔斯堡

俾斯麦毫无顾忌地向奥地利宣战，但在关键性的一点上，他还是自愿按照拿破仑三世的要求去做了。他并未试图将任何奥地利领土并入普鲁士。他相信，这种形式的占领不仅无益，反而对普鲁士来说是个额外的负担。更重要的是，俾斯麦富有远见：让哈布斯堡君主国成为普鲁士的死敌不符合本国利益。克尼格雷茨战役数天后，俾斯麦告诉王储的军事顾问施托施将军："为了普鲁士的未来，奥地利的帮助不可或缺。"

然而，威廉国王并不认同这种看法。他的思维简单，认为征服者有权从被征服者手中夺取一切。在写给妻子的信中，俾斯麦说："如果我们不夸大要求，不自欺欺人地认为我们已经征服了全世界，我们就会取得值得一切努力的和平结果，然而，我们——当然，此处特指国王——既容易自我陶醉，又容易感到沮丧。就像把水倒进酒里一样，我干着吃力不讨好的活，但我还是要揭示真相：在欧洲，我们并不是单独生活，因为我们有三个忠诚的邻居。"

　　只有真正杰出的政治家才会产生出这样的思想，才会发表这样的言论。然而，在实施这一思想时，俾斯麦却遇到了最大的阻碍：固执己见的国王开始为自己的理念争辩。在尼科尔斯堡，国王和首相之间爆发了有史以来最激烈的争执。王储在日记中写道："昨天，国王对俾斯麦说了一些很难听的话，他竟然在我面前流下了眼泪。"多亏王储在最后关头向俾斯麦伸出援手，才成功感化了一意孤行的国王。普鲁士在克尼格雷茨战役中胜利的第二天，俾斯麦和王储言归于好。此时，王储相信，俾斯麦是对的，他对普鲁士走向更光明的未来是个不可或缺的人物。因此，王储加入了俾斯麦阵营，和他共同努力。国王虽然很不情愿，但最终还是让步了，他抱怨道："光荣的征服者在败者面前却不得不吞下苦果，我们的子孙后代会给出最终判断，到底谁对谁错。"

　　后人给出的判断清晰且明确。俾斯麦的崇拜者和批评者一致认为，在尼科尔斯堡的谈判中，他展现了自我节制和温和的态度，以争取初步和平。这种表现为他后来不朽的声誉奠定了最坚实和优秀的基础。人们普遍认为，《尼科尔斯堡停战协定》为后来 1879 年俾斯麦领导的德意志帝国与哈布斯堡王朝缔结的盟约埋下了伏笔。

十四、吞并并虐待法兰克福

在其他地区的争取和平上，俾斯麦就没有这种自我克制了。普鲁士完全吞并了德意志邦联的四大邦国：汉诺威、黑森－卡塞尔选侯国、拿骚公国和法兰克福自由市。普鲁士打算利用战胜国的优势，摧毁它在德意志西部的领土与德意志东部的领土中间的障碍，为未来吞并德意志东部领土做铺垫。这很容易理解。但实际上，普鲁士即使不完全吞并或驱逐这三个古老的邦国，也可以达到同样的目的。俾斯麦之所以选择吞并，是因为这关乎原则问题，他不得不采取这一权宜之计。君权神授是君主制原则的基石，普鲁士政府，特别是普鲁士国王，公开支持这项原则。战争爆发前几个月里，威廉一世就在2月的国王政务会上发出庄重抗议，他反对任何形式的"掠夺王权"（第二章B部分第三节），比如，维托里奥·埃马努埃莱在意大利的所作所为，让每一个具有优良保守派传统的人笼罩在阴霾和恐惧之中。但在战争结束后，国王却全力支持废黜他那群不幸的兄弟国君主，而且似乎比自己的大臣还要迫切。

克尼格雷茨战役结束没几天，俾斯麦便在给普鲁士驻巴黎大臣戈尔茨的信中下达指令："我个人不认为对邦联开展有益改革，和直接吞并这些邦国之间存在的差异，有足够重大到能诱使我们赌上普鲁士王国的命运的意义。"这话完全正确，但他的行为并不符合自己的说法。他坚持完全吞并这几个德意志邦国。俾斯麦坚持这么做可能是因为他征得国王同意，可以对奥地利采取温和的政策。他敦促戈尔茨说服拿破仑三世支持普鲁士，吞并德意志北部各邦国的300万至400万人口。7月22日，戈尔茨给俾斯麦发送电报称：拿破仑三世表示赞成。结果显然比俾斯麦的预期还要好。很难理解拿破仑三世为何要对普鲁士放任到这个程度。俾斯麦和普鲁士的公共舆论都希望把萨克森王国也加入被吞并王国的行列，但奥地利严厉反对，奥地利认为萨克森在自己的盟友中，是唯一一个完全履行自身义务的邦国。因此，萨克森必须以邦国身份，加入俾斯麦成立的新邦联。

　　法兰克福自由市也被普鲁士吞并。这件事本身没什么可大惊小怪的，但是，普鲁士对待这座城市的方式令人"叹为观止"。法兰克福议会代表曾投票支持巴伐利亚的动议，尽管法兰克福自由城从未参与过任何军事行动，但俾斯麦也有充分借口与之为敌。法兰克福遭到占领时没有做出任何反抗，但普鲁士将它当成一个富有敌意、被征服的城镇。率领普鲁士军队的容克沉浸在一片喜悦之中，肆无忌惮地向法兰克福施压，征用财产并征收巨额赋税，而俾斯麦则对此毫不关心，没有任何内疚之情。在强迫征收了600万荷兰盾后，普鲁士军队的司令官埃德温·冯·曼陀菲尔得寸进尺，要求法兰克福在24小时内再次捐出2500万荷兰盾。谈及自己的掠夺行径时，埃德温也没有丝毫羞愧。席勒的仰慕者补充道：此等卑鄙龌龊之举甚至可以和阿尔发——一位残酷镇压尼德兰的西班牙将领——相提并论了，但埃德温对此毫不在意。法兰克福市长此时无路可走，在绝望之中，他悬梁自尽了。

俾
斯
麦
与
德
意
志
崛
起

其实，下令征收 2500 万荷兰盾的人是俾斯麦。就在他与威廉一世在尼科尔斯堡发生激烈对峙的同一天，他还给曼陀菲尔发了一封电报，称应该进一步提高税赋，法兰克福每耽搁一天，就追加 100 万荷兰盾。他还断绝了法兰克福和外界的铁路联络，封闭了所有人和货物流通的渠道。换句话说，这是要让市民弹尽粮绝，只能投降。

外国称这类残暴行径简直闻所未闻，本尼格森称这是"难以描述的悲剧"。奥古斯塔王后恳求国王宽容对待这个即将被普鲁士吞并的城市。数年后，法兰克福慷慨地对急需资金的东普鲁士捐了一大笔钱，王后表示，每当回忆起法兰克福在普鲁士手中遭受的苛待，她都感到羞愧不已。

十五、美因河线

谈判中取得的议和条件让普鲁士在德意志北部取得了绝对的优势地位。奥地利不仅被从德意志驱逐出去，还同意普鲁士可以按照自己的意愿，重组德意志北部地区。但重组不包括德意志南部地区，只有在满足这个条件的情况下，拿破仑三世才会同意普鲁士吞并德意志北部邦国。为了维护势力均衡，法国不愿意放弃这个条件。1866 年 8 月 23 日，普奥两国签署了最终条约。根据该条约，普鲁士建立的新德意志只能包括美因河以北的德意志地区，而美因河以南的德意志邦国可以脱离德意志，有权组建联盟，拥有独立的国际地位。但在签订这项条约之前，俾斯麦和巴伐利亚、符腾堡、巴登缔结秘密同盟条约，形成防守联盟

（Schutz- und Trutz-Bundnisse），使这些邦国无法在国际上组建独立的联盟形式。在这项条约中，巴伐利亚和符腾堡的国王以及巴登大公做出承诺，如果战争爆发，普鲁士国王有权调动并指挥他们的所有军队。俾斯麦威胁这些邦国，如果他们不签署这些条约，普鲁士就会吞并其部分领土。博伊斯特在自己回忆录中称俾斯麦的手段是马基雅维利主义权术的极端表现。他写道："背盟败约的行径在每个历史阶段都存在，但这种事先（Anticipando）就背弃条约的行径着实罕见，只有俾斯麦能发明出这种'天才'谋略。"

从国际法的角度看，博伊斯特的批评很公正。然而，我们不要忘了，这些同盟条约是俾斯麦用来对付拿破仑三世的武器，他希望借此保证，一旦普鲁士对法国开战，德意志南部各邦国都要提供援助，不能坐视不管。在拿破仑三世试图为自己多捞一些好处时，俾斯麦就知道，普法两国之战也将不可避免。

十六、和拿破仑三世的外交战

拿破仑三世觉得，继续担任"和事佬"的角色将不能为他带来任何好处。谈判结束后，他意识到，自己可以随心所欲地争取本国利益了。7月23日，他命令贝内德蒂询问俾斯麦，普鲁士是否支持签订秘密条约，同意法国恢复到1814年的国界线，占领卢森堡。7月26日，贝内德蒂来到普鲁士的指挥总部，和俾斯麦进行了第一轮对话。俾斯麦巧妙地回应了这个令人不悦的问题，给这位法国大使发出了最为友好、充满希望的暗示，同时告诫对方，这些要求可能会给国王留下不好的印象。贝内德蒂离开后便给法国外交部长写了一封信："在普鲁士，唯有俾斯麦知道，即便代价是割让部分领土，但只要同法国缔结紧密、永恒的盟约，普鲁士政府就能从中获益。"1870年普法战争期间，这封信辗转落到了俾斯麦手中，他读到这句话时感到不可思议，在页边写道："他竟会相信这种事！"

时任法国外交部长德律安读到贝内德蒂的报告后，大受鼓舞，还劝诱他给俾斯麦送去同盟条约的秘密草案，要求普鲁士割让更多的德意志领土。俾斯麦毫无负担地便拒绝了这个提议。此时已经是 8 月上旬，他和贝内德蒂已经回到了柏林。俾斯麦并不满足于现状：他不仅要让法国反对派报刊掌握这份提议的核心内容，还要让他们知道自己已经拒绝。结果，报刊一经出版后，法国国内便形成了极大轰动，法国政府遭受巨大打击，德律安也被迫辞职。

接替德律安谈判的人是国务大臣鲁埃，他在法国一人之下，万人之上。鲁埃反对德律安，全力支持与普鲁士联盟。他命贝内德蒂在谈判时要表现出最为友好和善的态度，不要施加任何形式的威胁。鲁埃没有要求任何的德意志领土，唯一的要价就是比利时和卢森堡——按照俾斯麦的说法，两个法语国家。8 月中旬，贝内德蒂和俾斯麦两人私下进行谈话，由于绝对保密的命令，他将谈话结果拟定为一份草案，并亲手誊写了两份，一份交给鲁埃，另一份交给俾斯麦。在俾斯麦做出会亲自把草案交给普鲁士国王的承诺后，贝内德蒂便离开了柏林，出发前往卡尔斯巴德泡温泉，期待俾斯麦会发电报给他，让他返回柏林签署条约。可是贝内德蒂并未收到电报，俾斯麦也没把草案副本还给他。等他再次看到这份草案时，已经是 1870 年 7 月 25 日的《泰晤士报》上，一周前，法国刚刚对普鲁士宣战。

俾斯麦公开出版这份草案，目的在于让英国公众相信，拿破仑三世的真实野心便是占领比利时。俾斯麦在很大程度上取得了成功，一定程度上是因为《泰晤士报》的行文方式让公众造成了一种印象：这份草案是最新拟定，或者说最近才更新的。随后，俾斯麦又发表了一份声明，进一步加深了这种印象。处境尴尬的贝内德蒂随后也发表了一份相当笨拙的声明，试图回归正轨，只可惜是徒劳无功。和俾斯麦一样，他的声明也有添油加醋的成分，然而，俾斯麦的策略比他高明很多。贝内德蒂唯一做对的一点是，他强调，这份草案并未导致 1870 年普法战争的爆发。不过我们别忘了，千方百计地拿比利时吊法国胃口的正是俾斯麦。格莱斯顿曾提出怀疑，如果不是俾斯麦事先拿各种借口，让贝内德蒂相信，俾斯麦已经准备按照这份拟定的条约来执行计划，他是否会换一种方案？格莱斯顿的猜测完全正确。

第三章

北德意志邦联与普法战争

一、补偿金法案

俾斯麦此刻需要和外敌、普鲁士议会及民众达成和解。在 1866 年 7 月 3 日的大选中，普鲁士民众情感反映出显著的巨大变化。在对奥地利宣战前，俾斯麦解散了下议院。大选于克尼格雷茨战役这一天举行，选民在投票时还不知道普鲁士已经大获全胜，但无疑，战争背景下，很少有人不会受战争情绪的感染。因此，大部分选民从反对派转为支持内阁，也就是支持保守派，这令后者获得了比以往多三倍的席位。自由派的势力被大大削弱，但他们仍然占多数席位。后来的柏林市长进步党议员冯·福肯贝克当选为国会议长，他和王储走得很近，常常向王储提建议，因此，俾斯麦十分了解并信任他。

新一届下议院关心的主要问题是政府如何对违反宪法的行为批准补偿金。俾斯麦费尽千辛万苦，才让国王同意了这项法案。利珀侯爵等部分反动派大臣此时也站在了俾斯麦的对立面，但俾斯麦仍然坚守自己的立场。以他的深谋远虑，不可能想不到这一点：虽然自由主义被打败了，但仍然是一股非常强大的力量，如果不加以安抚，他的计划可能会受到严重阻碍。俾斯麦在表达观点时从不会磕磕绊绊。在《思考与回忆》关于补偿金问题的态度那一节的结尾，俾斯麦写道："我们总是很好说话（In verbis simus faciles）"。同一章中，他也适时地表示："我始终相信，增强王权有利于帮我们拨正国内政治的时钟。"

补偿金法案只是承认两院应该投票通过政府预算案，这是确认政府开支必不可少的一部分，因此，议会必须投票通过政府近年的开支预算，使预算案在宪法层面获得保障。那么，这项法案是否能保障未来不会重蹈覆辙呢？如果你对国王的言论有所耳闻，就会明白：完全不能。国王头脑简单又冒失草率，竟然在该法案例行投票后，告诉议长福肯贝克，如果将来出现同样的境况，他还是会按照不合宪的程序来处理。俾斯麦和福肯贝克只好把国王的话看作非正式言论，以免爆发新的危机。

在普鲁士和德意志自由主义的历史上，补偿金法案投票是一大关键的历史时刻，担忧和反对意见无处不在。但通过这项法案是议院的唯一选择，不论反对意见有多么激烈。为宪法斗争也是在捍卫原则，此时法治国家的原则命悬一线，在宪法斗争开始之时，格奈斯特请俾斯麦对德意志人民信仰予以尊重，因为德意志人民坚信道德和法律秩序是国家历史上最恒久、最具决定性的因素（见第二章第一节）。事实上，这种信仰充满虚伪和欺诈。最终法律的捍卫者失败了，原因不在于他们做错了事情，而在于内阁虽然违反了宪法，但推行的外交政策十分精妙，受到反对派议员及其选民的热烈欢迎，取得了胜利。他们的目标始终十分坚定：在普鲁士领导下实现德意志统一。普鲁士在俾斯麦的领导下，统一了德意志，他们对此心怀感激。虽然他们曾在军队重组的问题上提出部分反对意见，但普鲁士军队最终大获全胜。很有可能，后人会得出这样的结论：他们从头到尾都不应该反对。人们是多么容易忽略那些处于危险之中的原则啊，我们很难让选民更多地关注原则，

俾斯麦与德意志崛起

而非利益。倘若有一天，人人都漠视原则问题，这难道不可怕吗？

对此，不同的自由主义者有着不同的答案，然而补偿金法案投票存在的分歧已经令进步党四分五裂了。支持该法案的议员组成了新的独立党派，之后发展为"民族自由党"。部分领袖比如福肯贝克、特文斯滕、恩鲁和拉斯克都表现出了一种趋势：逐步靠近最前线。许多普鲁士新占领的省份，以及被普鲁士吞并的德意志北部小邦国中的自由派议员都加入了民族自由党，该党派势力日益壮大。尤其重要的是，新加入的议员也包括从前汉诺威的自由主义反对派领袖本尼格森和米克尔，他们有着无与伦比的政治才能，又不愿受原则的约束。民族自由党的普鲁士创始人真诚宣布，他们支持内阁的外交政策；同时，在国内政策上，他们也会保持警觉，坚守反对派的义务与职责。他们非常了解普鲁士内阁，意识到反对派的势力是十分必要的；然而汉诺威人由于缺乏相似经历，都没能意识都这一点，他们倾向于实践妥协方案，哪怕还有可供选择的其他方案，他们也会立刻缴械投降。米克尔高声呼喊："理想的时代已经成为过去式，政治家的职责不再是寻求最令人满意的方法，有个差不多的解决办法就够了。"对于一个承担着"与俾斯麦合作"这样伟大但艰巨的任务的民族进步党派来说，想必没有什么比这更糟糕的口号了。在今后十年里，俾斯麦总要向他们寻求必要的议会支持；和俾斯麦这样一个严酷无情的人打交道，该党派必须意志坚强，否则便会面临无法独立、受人摆布的风险。

此时内阁提出了一份提案：要奖励取得胜利的普鲁士将军。此时，下议院的态度反映了议会的变化：议员们坚称，俾斯麦应该排在嘉奖名单的第一位。最终，俾斯麦拿到了至少40万塔勒（相当于6万英镑）的奖励，这让他能够在波美拉尼亚的瓦尔岑购置一座大庄园，每当身体状况不佳，或者国王及帝国国会给他制造困扰时，他都会退居于此。多年来，他一直深爱着这个住所。

二、先于省议会的吞并

根据内阁提案，普鲁士将吞并汉诺威、黑森 - 卡塞尔选侯国、拿骚、法兰克福和石勒苏益格 - 荷尔斯泰因。议院的各党派都予以支持。对于两个公国的问题，特文斯滕表示："我曾深信，奥古斯滕贝格亲王是两个公国的法定统治者，如今我的想法不曾有任何改变。可他现在已经被驱逐出公国，再也无法恢复个人的正当权利，即便如此，请不要曲解或诽谤我们过去坚定信仰的任何事物。"普鲁士对于两个公国没有合法干涉权，但它此刻成了最出众的德意志邦国，因此，普鲁士掌控了德意志人民命运的永恒权利，吞并自然成为正当合理的行为。然而，两个公国的公民多年来始终谴责普鲁士的吞并，认为他们的权利遭到了侵犯。

汉诺威的一个大型党派继续高举旗帜，拥戴被废黜的国王；但在普鲁士国内，只有年老的议长冯·格拉赫和几位没什么政治影响力的保守派反对废黜国王，称君主制原则受到了公然践踏。沙皇亚历山大二世对此表示赞同。作为威廉一世的外甥，亚历山大二世给自己的舅舅写了一封信："我仍然坚持我的看法。这轻轻划过的一笔，却摧毁了整个王朝，也让君主制的整个原则遭受了严重冲击。"沙皇的观点是正确的，威廉一世在内心中也认同这一观点，认为本尼格森等汉诺威人背弃了他们的老国王，摇身一变成为普鲁士爱国人士。因此，威廉一世对他们始终怀有偏见。

这种背离君主制原则的行为应该由俾斯麦负责。然而，他也精于巩固自己君主的实力和权威，甚至使其达到一个在自己上任之初时似乎是不可能的程度。在这方面，他的确取得了极其了不起的成就。

1866年9月，由于身体情况恶化，俾斯麦需要暂停几周的工作。若干年来不间歇的工作、强烈的情绪波动、高度紧绷的神经让他钢铁般的体格也难以承受。他神经衰弱，几周都无法讨论或倾听任何政治话题。

约翰娜写道："他静静坐着，不时望向湛蓝的天空和绿油油的草地，翻阅图画书时，他才勉强看起来是个健康的人。"几周的完全放松后，他身体渐渐好转起来。12月，他返回柏林，开始了新任务：为北德意志邦联起草宪法。

三、北德意志邦联宪法

此时必须通过普选制来选举帝国议会，来讨论如何制定新"北德意志邦联"的宪法（Norddeutscher Bund）。1866年10月，普鲁士议会通过了选举程序相关的法律。许多自由主义者对于普选权并不上心，他们担心，普鲁士的选举结果会像拿破仑三世那样被操纵，选举出的多数议员席位只会对内阁有利。然而，由于普选制是国王的保守派内阁提出的，符合民主要求，他们也没有理由反对。

北德议会（Norddeutscher Reichstag）作为制定新宪法的部门，理应选用普选制。因此，这部宪法应该充满民主色彩。可实际上，事情还是按俾斯麦计划的方向发展，纵然俾斯麦被迫赋予新议会以民主选举权，但他还是要剥夺议会的所有政治权力。他告诉萨克森首相冯·弗里森，他计划用议会消灭代议制政体。在交给各邦政府的宪法起草案中，他明确表明了自己的目标：德意志帝国议会对于政府预算案没有表决权。通过在普鲁士爆发的冲突，他得以认识到，如果一个充满活力的议会掌握了预算案表决权，便会成为攻击自己的有力武器。考虑到北德意志邦联产生的全部开支不过是军费开支和目前来看不太重要的海军军费，俾斯麦便提议永久固定军费预算。在起草宪法时，他规定每年应征入伍的士兵 (Friedens–Prasenz–Stärke，和平时期的常备军）数量应占总人口的百分之一，同时给士兵发放固定数额的军饷。如果这项提议被确立为法律，那么德意志帝国议会将被迫一次性通过接下来每一年的军队预算，不能再对其施加任何干预。实际上，政府的运行独立于议会，议会也无权影响其意志，但俾斯麦仍不满意。他有一个更长远的目标：建立一个无须承担任何责任的内阁部门，帝国议会无权追究任何政治行动的责任。

为了实现这个目标，他成立了联邦参议院（Bundesrat），也就是联邦委员会。这个机构效仿已经被废除的德意志邦联议院的运行模式，由各邦国政府派遣代表组成，议员不能根据自身想法投票，而要听从本邦国政府的指令。各邦国政府投票的比例也沿用原先的德意志邦联议会制度，只

俾斯麦与德意志崛起

做了一处改动：那些被吞并邦国的选票此时全部划给那些此前就一直被普鲁士支配的邦国。联邦参议院代表新邦联的政府，即联合政府（Verbundete Regierungen）。联邦参议院是一个匿名组织，他们会秘密组织讨论，以不记名方式做决定，因此不必对德意志帝国议会负责。邦联参议员由一名议长（Bundeskanzler）主持，但他既不是部长也不负任何责任，而是类似于一位大法官，他不必在议会为联邦参议院的决定做任何辩护或解释。议会有权在某些重要事项特别是经济事项上进行立法，但只有得到了联邦参议院的通过，议会通过的法案才能上升为法律。因此，联邦参议院有着绝对的否决权。

这一草案有着一个十分清晰的目标：在确保普鲁士国王全权负责重要政治事务的同时，掩饰这份野心。表面上做决定的是联邦参议院，但它实际上是国王的喉舌。联邦参议院需要始终服从于普鲁士国王以及权倾朝野的首相——俾斯麦——的命令。

这份草案一旦被确立为法律，德意志的政治生活就会走向终点。议会将被降格为没有任何政治实权的辩论俱乐部，任何独立个体都无法在此立足。传统的激进派瓦尔德克表示，这份草案试图赋予国王崇高的地位，使其甚至可以和古老的罗马皇帝相提并论。

在俾斯麦的宪法草案被提交给议会时，民族自由党拥有着决定性的一票。议会里保守派议员人数众多，但只有一部分人和容克们观点一致。他们中的一大部分组成了一个更现代的政党，名为"帝国党"或"自由保守党"。通常，在不会引起俾斯麦的愤怒的前提下，在投票时，他们和民族自由党站在同一战线。

此时，民族自由党一旦接受俾斯麦的提议，就相当于背弃了自由主义的基石。德意志自由主义的理想是建立代议制政府，但在现行条件下，无法实现这一目标，民族自由党肩负着为德意志议会争取更大权力和效力、让其施加一定的政治影响力的责任。只有这样，他们才能向德意志人民宣告，新德意志不只是普鲁士的一处军事机构。倘若想要跨越美因河，与南德意志的同胞建立联络，北德意志给予他们的，不应只有普鲁士军国主义——这对南德意志来说不具任何吸引力，反而会引起他们的反感。民族自由党绝不会情愿止步于美因河。米克尔就这一宪法草案曾发表精彩演讲，他表示，在民族自由党眼中，德意志的引擎只是被暂时卡住，只需添加燃料和水，就能继续运作，止步于美因河无疑为时过早。

俾斯麦当然赞同这样的观点，以他的敏锐头脑，肯定知道这番言论多么具有说服力。同时，在和邦联政府谈判的过程中，他也认识到自己需要议会的援助，但他又必须给对方施加足够的压力，才能让自己的计划顺利实施。

俾斯麦和民族自由党都想通过相互让步来达成妥协。虽然民族自由党得到的让步并没有达到他们的期望，但俾斯麦确实做出了一些妥协，他们也成功地获得了一个责任大臣。本尼格森提出了一个动议，改变了邦联总理的地位，使邦联的领导人，也就是普鲁士国王的所有政治行为都需要邦联总理的联合签字，并由邦联总理以署名承担责任。这样一来，邦联总理成了邦联的负责大臣，担任邦联政府的政治、行政首脑。根据这一动议，俾斯麦成为邦联总理，虽然这并不符合他的本意，但这是唯一一个能与其政治权力相匹配的职位。后来，北德意志邦联发展为德意志帝国，

俾斯麦与德意志崛起

邦联总理改称帝国宰相（Reichskanzler），俾斯麦就是以这个身份名垂青史。

议会在其他方面也取得了成果，比如议会的地位和影响力显著提升。例如，每年一次的会议制度被确定下来。但在议员酬劳的问题上，俾斯麦拒绝做出任何让步。他不喜欢职业议员（Berufs-Parlamentarier），他担心他们的影响力过大，会对自己构成威胁。

最大的挑战在于军事预算案。经过了漫长而激烈的斗争，在王储竭尽全力的调停下，双方做出妥协，解决了这个问题。福肯贝克的动议被通过，永久预算被缩减，有效期到1871年12月。1872年1月1日后，应由法律确定应召入伍士兵的数量，并得到帝国议会的批准，此时年度预算原则似乎才得到了保障。然而，俾斯麦对这个妥协方案有不同的理解，他再次向帝国议会施压，要求其固定应召入伍士兵的人数，并且在几年内保持不变，起初是四年，后来延长至七年。这一政策后来引起了多次危机，1887年甚至还导致议会解散，但每次危机后俾斯麦都能如愿以偿。

总体来看，帝国议会修正案产生了积极影响。虽然没能建立代议制政府，但这总比俾斯麦试图在暗中强加的专制主义要好一些。在关于宪法的辩论中，俾斯麦在演讲中说出了这样一句名言："我们只需将德意志放上马鞍，它自然明白如何驰骋疆场。"倘若俾斯麦最初的计划得以实施，德意志恐怕就没法在马上"自由驰骋"了。民族自由党提出修正案后，宪法得以顺利运行，德意志也得以"骑上马"，然而，只要俾斯麦还是帝国宰相，他就会紧握缰绳，马儿往哪个方向奔跑也只能遵从他的意愿。

几年后，即1869年，俾斯麦给罗恩写信说："在我看来，我们的国王以什么形式统治德意志一直都是非常重要的。为了保证他能行使这一权力，我动用了上帝赐予我的所有才能。"这准确地描述了他起草德意志宪法草案的目的，虽然他没能取得想要的一切，但结果至少还算令人满意。

宪法辩论期间，俾斯麦发表过众多演讲。其中一次，俾斯麦在谈到普选制时，毫不留情地批评了三级选举制，这让这次演讲名留青史。他表示，这种选举制无论在哪个国家，都是有史以来最荒谬的。那么，为了取消或至少在普鲁士改革这项制度，他采取了何种举措呢？他什么都没做！他从未采取任何措施在普鲁士下议院改革这项选举制，更别提用普选权代替它了。俾斯麦发现，即便该议院执行的是三级选举制，选举出来的议院总能让他实现个人目的；这是他唯一关心的事情，只要目的能实现，他并不在意选举制的形式。如果普选制选出的德意志帝国议会，和三级选举制选出的普鲁士邦议会有不同的选举结果对他反而更有利的话，他便可以依靠一方，而反对另一方。

民族自由党为北德意志邦联宪法进行投票时，虽然没能将他们的主要观点全部付诸实践，但他们希望将来能有机会发展和改革宪法。可惜，俾斯麦对他们进行了顽强抵制。其中一个争议很大的问题就是：在邦联中，除帝国宰相之外，其他负责大臣所组成的机构。即使是俾斯麦这么总揽大权的人物，也不可能长期在制定德意志政策，处理行政、外交、国内事务、金融、经济等方方面面的问题时单打独斗。自由主义人士尤其希望财政大臣能够拥有实权，承担部分责任；俾斯麦则坚决反对，他绝不会同意成立大臣执行委员会，即使委员会的领导者还是他，但大臣们将会和他平起平坐，从而使委员会永远存在下去。俾斯麦对

俾斯麦与德意志崛起

帝国议会坦诚地说，如果这样的委员会持续运行下去，将来可能会遇到很多困难。自由派议员拉斯克回应说，他们希望帝国宰相的地位类似于英国首相，可以指导内阁政策，并让反对派大臣下台。此时俾斯麦的抗议力度有所减弱，但他仍旧坚持反对意见。他不能接受任何人来分享他的权力，哪怕一丝一毫也不行。

虽然俾斯麦有一个同事负责一个部门的全部事务，分担了部分政府工作，但俾斯麦仍然认为，自己才是那个拥有正式权力的人。在经济事务方面，俾斯麦有一个优秀的合作伙伴，鲁道夫·德尔布吕克。当时，经济事务及相关的法案非常重要，因为北德意志需要制定统一的法典，比如通用的贸易法、工厂法、度量法、通用货币制度，等等，从而结束不同邦国各自为政的局面，在这些任务上，德尔布吕克是最合适的人选。德尔布吕克对这些领域都非常熟悉，他工作时勤奋不懈。德尔布吕克支持民族自由党的原则和目标，做事公正，目标明确，知道如何应对任性多变的邦联总理。俾斯麦给予德尔布吕克充分自主权，让他放手去做，不对他过度干涉，认为他十分可靠而值得信赖。即使这样，德尔布吕克也没有从邦联中获得一个正式的职位——他的职务是"邦联总理府主管"，是总理的下属，这也是他唯一的归宿。

四、"韦尔夫基金"

1866年普鲁士统一了北德意志，吞并了该地区的邦国，跨过了美因河线，面对如此巨大的成就，德意志人民有何感想？北德意志的大多数人认为这是重大进步，哪怕在被吞并的领土中，反对派的声音也不是一成不变。诚然，石勒苏益格－荷尔斯泰因的大多数人仍然认可奥古斯滕贝格亲王的公爵身份，认为普鲁士吞并两个公国的行为违反了法律，但他们并没有表现出太大的反抗。汉诺威则不同，该国部分公民加入了民族自由党，但剩下的人则对吞并十分悲痛，他们始终忠诚于韦尔夫王朝，被称为韦尔夫派，他们的反对情绪并没有随着时间的流逝而消退，该国一大部分人从未原谅霍亨索伦王朝和普鲁士政府。

此时，俾斯麦对待被废除的汉诺威国王的方式加剧了国内的反对情绪。格奥尔格五世拥有巨额财产，其代表被迫和普鲁士政府就财产归属问题进行谈判。格奥尔格五世的授权代表路德维希·温特霍斯特曾是汉诺威大臣，坚定的罗马天主教信徒，现在在帝国议会和普鲁士下议院任职。谈判结束后，双方达成了一项对国王十分有利的协议。普鲁士政府承认，格奥尔格五世的巨额财产中，相当大一部分是他的私人财产，但他不能拿到本金，只能获得利息。普鲁士议会对此表示强烈反对，但条约还是通过了。1868年3月3日，该条约按时得到了法律认可。也就在同一天，国王颁布政令，强制没收了格奥尔格五世的全部收入，交由普鲁士政府处理，用来"控制和镇压格奥尔格五世及其代理人，防止其企图颠覆普鲁士的统治"。为了让这个不合常理的举措合法化，普鲁士政府强调，这么做是因为格奥尔格五世拒绝承认他的王国已经被普鲁士吞并，并且一直担任韦尔夫军团的核心人物，有可能反抗普鲁士。这个说法本身是合理的，但是，在进行谈判时，普鲁士政府和议会就已经可以预见到这个情况了。随后温特霍斯特在下议院发表了一场说服力极强的演讲，表示从法律角度看，这些论据完全站不住脚。进步派议员鲁道夫·菲尔绍教授也发出严肃警告，普鲁士政府不能完全不受约束和控制地自行处理这么一大笔钱。

菲尔绍预测，这种做法会导致严重腐败；结果他的预言不幸成真了。俾斯麦使用韦尔夫基金（俗称爬虫基金）贿赂德意志新闻出版界，满足自己的其他政治目的，这和他声称的"防范格奥尔格五世推翻普鲁士的企图"毫无关系。

当然，我们也需要认清韦尔夫基金在建立德意志帝国方面发挥的作用。此处我想要举一个例子，它反映了俾斯麦的典型思考和做法。俾斯麦下台后，他对内政大臣冯·伯蒂歇尔先生十分仇视，认为对方和德意志皇帝威廉二世同谋，导致自己下台。为了让伯蒂歇尔在公众舆论中名誉扫地，俾斯麦还公布了一则轶事，大意是伯蒂歇尔曾因岳父的不当行为陷入财务危机，俾斯麦从韦尔夫基金调取了一大笔钱，救了他一命。这的确是事实，只不过俾斯麦对伯蒂歇尔隐瞒了一件事：俾斯麦借钱时并没有诚实地告诉他，这笔钱实则出自韦尔夫基金，反而骗他说这是皇帝的私人赠予。

这则卑鄙故事反映了一大典型特征：俾斯麦从韦尔夫基金中私自提取钱财，作为礼物赠予伯蒂歇尔，他接受后就会对俾斯麦个人负有义务，而不是对普鲁士王国或国王。

俾斯麦垮台后，卡普里维担任首相，取消了韦尔夫基金，将基金收益交还给格奥尔格国王的继承人，才让这个丑闻告一段落。

五、南德意志和奥地利

南德意志的巴伐利亚和符腾堡两个王国，以及巴登和黑森大公国并未被并入北德意志邦联。黑森大公国部分位于美因河以北的领土被并入了北德意志邦联，该国大部分人民倾向于支持民族自由党，赞成德意志统一，但其政府则表示强烈反对。巴登人民、政府以及威廉一世的女婿巴登大公都热情支持德意志统一，甚至倾向于单独脱离其他南德意志邦国，直接加入邦联。1870年2月，民族自由派议员爱德华·拉斯克在帝国议会上就美因河线边界问题提出了一项动议，却遭到俾斯麦的激烈反对。俾斯麦愤怒地说："我不打算给这壶香浓的牛奶去掉奶油，让剩下的牛奶（指南德意志的其他公国）变成凝乳。"

然而，在巴伐利亚和符腾堡，情况就不太乐观了。符腾堡国王、王宫以及国内部分民主人士反对"普鲁士化"和"军国主义化"。符腾堡的民主党势力强大，而且政治活动非常活跃，认为北德意志是扩大化的普鲁士军事君主国，他们厌恶军国主义胜过一切。他们的怀疑并非毫无根据，1870年春，施魏尼茨将军——一位传统忠诚的保守派，当时是德意志驻维也纳大使，后来成为驻圣彼得堡大使——和俾斯麦的对话便可以体现这一点。施魏尼茨表示："如果我们不能在军队里塞满容克，我们的权力就会受到限制。"俾斯麦回答说："我不能公开说这件事，但实际上我已经

俾斯麦与德意志崛起

这么做了。"在南德意志中，没有人甘愿受普鲁士支配。

巴伐利亚的统治者是国王路德维希二世，一位年轻的梦想家，喜欢艺术和音乐，但对政治活动和国家治理不感兴趣。政治上，他唯一关心的只有保障维特尔斯巴赫王室的辉煌地位，而对其他所有王室心怀嫉妒，其中便包括霍亨索伦王室，因为对方地位显赫，凌驾于自己之上。1866年的失败之后，他以政府失职为由，解散了政府，任命王室成员霍恩洛厄－希灵斯菲斯特的科尔维亲王担任首相。科尔维亲王信奉自由主义和上帝一位论，在19世纪末成为德意志帝国宰相。无论是喜怒无常、我行我素的国王，还是巴伐利亚人民，没有任何一方支持科尔维。

巴伐利亚人大部分信奉罗马天主教，神职人员在国内有很大的影响力。古老的天主教王朝哈布斯堡竟然失去了对信奉新教的霍亨索伦王朝的控制力，罗马天主教对此很不满意。

天主教徒会对时局变化感到不满，其实还有一层更深层次的原因。奥古斯特·赖辛斯佩尔格是一位信奉天主教的普鲁士议会议员，他学识渊博又十分虔诚，1866年末，他在日记中写道："我很难在服从最近的神圣决定后不得出这样的结论：正义只存在于公民生活的小事中，而大事则由武力、狡猾和诡计主宰，对它们来说，宗教或道德原则对目的或手段都没有影响。"另一位普鲁士天主教议员冯·马林克洛特在帝国议会中则说道："我一直坚持一项古老的原则：公正乃政权之基础（Iustitia Fundamentum Regnorum）。但我无法在北德意志邦联的摇篮中发现这一原则。"

出于对罗马天主教和巴伐利亚特殊神宠论的共同信仰，

他们强烈反对任何向北德意志邦联靠拢的做法，按照他们的说法，这是在反对普鲁士化。反对党意味深长地称自己为"巴伐利亚爱国党"（Bayrische Patrioten-Partei）。该党派在随后若干年里，势力不减反增。1870年春，其势力日渐壮大，以至于推翻了自由派首相霍恩洛厄亲王。

在南德意志选举关税议会（Zoll-Parlament）的议员时，持特殊神宠论的反对派人士展现出了强劲的实力，这一点在巴伐利亚和符腾堡体现得尤为明显。1866年战争的炮火没能瓦解德意志关税同盟，此时俾斯麦要对其进行改革，南部各邦也只能服从。改革的主要内容是通过普选制选举出关税议会，决定各种各样与海关规则相关的问题。南部邦国的大部分议员都反对统一，如往常一样，议会辩论让希望统一的民族自由党感到十分失望。

《布拉格和约》曾规定，美因河以南的邦国应该结成南德意志邦联。然而，这项计划因为其他邦国对巴伐利亚的嫉妒而无法实施，这些邦国从未想过要服从巴伐利亚的领导。此外，既然各邦国已经签署秘密条约，结成防御同盟（Schutz-und Trutz-Bundnisse），将本国军队交由普鲁士国王调遣支配，这种形式的邦联又有什么意义呢？

根据《布拉格和约》，奥地利将南德意志看作其正当合法的势力范围。此时，奥地利发生了一项有趣的变化：博伊斯特被皇帝弗兰茨·约瑟夫一世任命为外交大臣。此前，由于俾斯麦拒绝与他谈判萨克森的和平条约，博伊斯特被迫离开了萨克森。但在他离开萨克森的两星期后，萨克森的约翰国王还是勉强同意了，让博伊斯特出任维也纳的外交部长。这一任命，在德意志被视为奥地利宣布了自己的反击计划。如果奥地利皇帝把他的外交政策交给一个在德国政治中一直与俾斯麦对抗的人，那么他很可能不认为 1866 年的决定是确定的，只要国际形势对这种尝试有利，他就会试图推翻它。

北德意志新闻界对这个突然平步青云到这个如此重要位置的萨克森人进行了谩骂和嘲笑。俾斯麦当然也不会对这一任命感到满意；但他还是对奥地利大使说："请转告博伊斯特男爵，我对他并不反感。相反，我很高兴看到他在奥地利担任部长。在德意志，在萨克森，他将会给我带来麻烦。那里没有同时容下我们两人的空间。顺便说一句，我希望博伊斯特男爵不会因为我的直言而见怪。"这是一种非常优雅的向失败者致意的方式。但是，如果俾斯麦觉得博伊斯特越过了界限，他就会把所有的新闻界走狗都放到博伊斯特面前。事实上，博伊斯特无论做什么，都会引起俾斯麦的怀疑。

但令人意外的事情发生了：最先与俾斯麦产生冲突的人是拿破仑三世。

六、卢森堡问题

被普鲁士、比利时和法国环绕的卢森堡大公国曾是德意志邦联的一员。荷兰国王兼任卢森堡大公。该公国首都卢森堡市也曾是邦联的一个要塞，其卫戍部队由普鲁士部队组建而成。

不过，这种与德意志的关系只是名义上的：卢森堡人不把自己看作德意志人。1866 年 6 月 10 日，也就是普奥战争爆发前夕，俾斯麦向议会提交新德意志宪法提案时，他直截了当地把卢森堡（Königlich-Niederländische Landesteile）排除在新邦联之外。随着旧邦联解散，普鲁士部队在卢森堡的驻扎就失去了合法性，但是，普鲁士部队并没有撤出。

此时，拿破仑三世为了让法国人民和国家获得切实利益，想要占领卢森堡。拿破仑三世愿意出钱，荷兰国王也愿意卖掉卢森堡，两人一拍即合。问题在于，俾斯麦会怎么看？俾斯麦和贝内德蒂的谈话主要围绕着拿破仑三世对卢森堡的野心：俾斯麦持赞成态度。贝内德蒂相信，俾斯麦不会给拿破仑三世制造任何麻烦；拿破仑三世也认为，如果普鲁士能帮他拿下卢森堡，就意味着普鲁士发出了友好信号，两国就能建立友好关系。拿破仑三世一直抱着这样的想法，但是，俾斯麦并不这么想。此外，冯·德·戈尔茨也热衷于推动普法结盟，俾斯麦在1866年12月结束休养，重返工作岗位时就曾给他写信说："自我开始执政以来，我一直认为，普法两国若能结盟，两国将获得持久的共同利益，这是非常自然合理的。"

虽然普法结盟得到了广泛的支持，但两国并没有就结盟的条件达成一致，反而走向了战争。俾斯麦支持将卢森堡转让给拿破仑三世，但是他不愿意用任何书面文件承认这一点，他不希望受到约束。他建议拿破仑三世采取既成事实（Fait Accompli）的做法。而另一边的荷兰国王尽管愿意把卢森堡卖给法国，但他不愿意轻易激怒俾斯麦。当时弱小的国家都非常清楚，一旦遭到俾斯麦的敌视，国家将面临极大的危险。德意志的民族情绪日益高涨，荷兰国王意识到自己必须小心行事。在此期间，又有两件意外发生了。

1867 年 3 月中旬，俾斯麦公布了普鲁士和南部各邦国缔结的秘密军事条约，结成防御联盟。这被认为是向法国发出的警告：如果卢森堡问题引发战争，法国将面对的是一个团结的德意志。另一个意外事件是 1867 年 4 月 1 日，民族自由党领袖本尼格森在帝国议会上发出质询，质询的文字则由俾斯麦和本尼格森共同起草；质询宣称，德意志人民众志成城，如果有人试图把古老的日耳曼国家从德意志祖国割裂，人民会坚决反抗。同时，他要求政府坚守普鲁士驻守卢森堡的权力，"不惜一切代价"。虽然俾斯麦对这一交涉的回答相当谨慎，但荷兰国王在没有得到俾斯麦事先批准的情况下，几乎不愿意采取任何措施，这一点并不令人惊讶。俾斯麦不仅阻止了卢森堡交易，还指责法国政府处理不当。

拿破仑三世感觉受到了侮辱，他最渴望的一个构想落空了。在和戈尔茨的谈话中，他将普鲁士和法国比作两个在咖啡厅突然发生争执的好朋友，虽然他们之间还有深厚的感情，最后却不得不拔刀相向。莱茵河两岸人民的民族情绪此时达到了顶点，一场战争就要爆发了，而导火索竟是一个小小的卢森堡公国的驻军问题。如果后人用理性来评判这件事，必然会觉得这是十分荒谬的。

俾斯麦起初并不反对战争的爆发，在他看来，卢森堡事件牵涉德意志的民族荣誉，他还给在其他德意志邦国的普鲁士使团传阅文件，发表了这样一句极端而具有挑衅性的话："一旦国家感到受到了侮辱，这就是既定事实，必须要采取相应举措。"俾斯麦的语气十分狂妄，但他的行动很谨慎。他每走一步，都会给自己留一条后路。最终，两国在伦敦召开的国际会议上达成了妥协方案，避免了战争爆发。拿破仑三世放弃了占领卢森堡公国的计划，普鲁士也宣布放弃在卢森堡的驻防权，拆除了当地的防御工事。所有签约国共同做出担保，卢森堡保持中立。但实际上，这种保证没有什么效力。英国首相德比伯爵和他的儿子外交大臣斯坦利向英国议会断言，除非其他国家采取相似举措，否则签约做出担保的国家都不可能为此承担义务，进行任何军事干预。对于这一解读，俾斯麦曾尖锐指责它曲解了事实。然而，我们有充分理由相信，俾斯麦事先就知道，只有在极为有限的情况下，英国才会做此担保；此时此刻，英国的目标是尽快结束这件事。事实上，担保所极力避免的情况也从未发生过，法国没有发动过攻击；而在1914年时，做过担保的德国也毫不犹豫地就占领了卢森堡。

为了解决卢森堡事件的纠纷，双方都做了一定的让步。俾斯麦后来常说，他讨厌战争，这是他一贯的态度。他声称，当时即便和法国开战，普鲁士也一定能胜利——就像1870年那样，但他反感战争，所以他努力化解危机，最终避免了战争的爆发。其实，俾斯麦之所以选择和平解决争端，更多是因为南德意志邦国拖了后腿，它们既没有为战争做好准备，也不愿意参与战斗。更关键的是，俾斯麦当时企图组建欧洲联盟来合力对抗拿破仑三世，可惜最后他的设想落空了。

这件事在两个方面都非常重要和特殊，为俾斯麦的政策和普法两国的关系开启了新的篇章。如果俾斯麦从一开始就真心满足拿破仑三世的愿望（后来的证据也都支持这一点），由于德意志民族普遍反对这一做法，这项政策也无法执行。以前他一直专注于制定内阁政策，不理会公众舆论，只关心普鲁士强权政治的利益。此时，他意识到不能再忽视公众舆论了，他意识到德意志民族情感是他可利用的最强大的武器。此后，他在公开演讲中都会表现出对民族感情的重视，言行上扮作德意志民族事业的捍卫者。卢森堡事件是俾斯麦从普鲁士政治家到德意志政治家的转折点。

同时，这次事件也是普法关系的转折点。拿破仑三世这时经历了和1866年的奥地利一样的遭遇，他没有做好战争的准备，面临了和奥地利在危机爆发时同样的困境：要么匆忙应战，但遭受谴责蓄意挑起战争；要么等到被攻击再做出反应，但一定会被打败。据此拿破仑三世得出结论：他必须尽快改革法国的军队组织方式，从而能够在最短的时间内调动军队。接下来的几年里，战争部长尼埃尔元帅领导进行军队重组，但遭到了强烈反对。1870年战争爆发不久，尼埃尔就去世了。随后开启了武装和平（la paix armee）的时代，欧洲诸国纷纷进入备战状态，不断提高武器装备的数量，乃至进行军备竞赛。此后欧洲出现了普遍的紧张和焦虑的情绪。人们认为和平难以持久，所有的欧洲政治家都或多或少地对他人失去了信任，哪怕是最微小的意外事件，似乎都会带来最危险的后果。

其中一个例子是比利时铁路事件，这件发生在1869年的事情威胁了欧洲的和平。当时的比利时是自由的资本主义企业的典范，受到了曼彻斯特学派的理论的主导影响。铁路建设由私人企业负责，国家几乎不进行任何干预。当时，一条连接法国边境和布鲁塞尔的重要铁路陷入了严重的财政危机，建造该铁路的公司打算将经营权卖给法国的东部铁路公司（Chemin de Fer de l'Est），后者欣然接受。比利时政府则认为，这条铁路连接首都，经营权不能交给一家法国公司，于是急忙让议会通过法案，赋予政府权力，干预这场交易。一方面，比利时政府要阻止这种交易发生；另一方面，这也相当于是宣布即使协议已经签订，仍然可能无效。比利时政府采取措施，利用议会赋予的权力，宣布比利时铁路和法国东部铁路公司的协议无效，于是后者向法国政府求助；法国政府认为比利时的干预不合理，带有敌意，于是向其提出抗议。

这件事很快激起了全欧洲的情绪，人们怀疑这是法国企图吞并比利时计划的开端。英国处于这场风波的中心，维多利亚女王和比利时王室交往密切，认为自己有责任保护比利时免受法国皇帝拿破仑三世的邪恶野心的迫害；克拉伦登伯爵和女王不同，他没有单纯从王室角度看待这一问题，他在 1868 年的大选中打败了迪斯雷利，随后被格莱斯顿委派为外交大臣。克拉伦登对欧洲大陆非常了解，坚持英国古老的外交政策传统，即低地国家是英国的专属势力范围，不允许其他欧洲国家干涉，因此他非常怀疑拿破仑三世的野心。而拿破仑三世和法国政府认为，比利时受到了俾斯麦的鼓动和影响。

看起来双方的猜忌都毫无根据。1869 年 2 月，拿破仑三世给尼埃尔元帅写了一封信表示，他在考虑，比利时事件是不是发动战争的合适机会。不过这也不能说明拿破仑三世决心随时发动战争。对拿破仑三世来说，“将想法付诸实践”这件事是很困难的。而且，引发事端的不是他，他事先对两家铁路公司签订协议一无所知，他极力希望通过和平方式解决这个冲突。

可以肯定的是，比利时政府的行为并不是受到了俾斯麦的操纵。克拉伦登曾向法国驻伦敦大使以个人信誉保证，俾斯麦和比利时的固执无关，他没有做错任何事。普鲁士驻伦敦大使伯恩斯托夫伯爵则希望比利时事件会导致英法两国的对立，并询问格莱斯顿和克拉伦登，他们打算如何应对法国；但俾斯麦命令他不要问这种问题，因为他担心克拉伦登会反问：如果英法发生冲突，德意志又能提供什么帮助？在比利时事件上，俾斯麦和英国政治家的观点并不一致，他尽力避免面对这类问题。

俾斯麦对于比利时独立不感兴趣，虽然在卢森堡事件发生后，他仍然将比利时视作自己棋盘上的一枚棋子。1868年3月，他和拿破仑三世的堂弟拿破仑亲王有过一番对话，对话清晰表明了他的态度。拿破仑亲王虽然有些轻浮，但他头脑很敏锐聪明，也是民主原则的坚定支持者，赞成意大利和德意志的民族统一。亲王厌恶法国和德意志之间发生战争的想法，认为这会严重危害欧洲文明；他去柏林并不是受皇帝的派遣，而是出于自己的意愿，希望在了解德意志问题的同时和俾斯麦交流一番。

拿破仑亲王和俾斯麦进行了一次坦诚的对话。俾斯麦的话相当直接直白粗暴：他建议法国吞并比利时，作为补偿，北德意志邦联将扩展到南德意志。亲王对此表示担忧，认为英国可能插手干预，而俾斯麦则轻蔑地回答道："英国对我来说算得了什么？国家地位高低的衡量标准在于战场上投入士兵的数量，如果我们决心吞并比利时，英国能掀起多大的风浪呢？弱肉强食是永恒的准则。"

比利时铁路事件闹得沸沸扬扬时，俾斯麦在柏林对英国大使洛夫塔斯勋爵也说了同样的话。俾斯麦说，不会阻止法国吞并比利时，但会在其他方面获得补偿，比如吞并巴伐利亚、波西米亚和荷兰。洛夫塔斯听到这番话后惊呆了，说这是强盗政策（Politique de Brigandage）。对此俾斯麦表示，普鲁士和英国应当联合对抗法国。他还告诉对方："只要您发布声明，任何肆意破坏欧洲和平的国家都会是英国的敌人，那么普鲁士会欣然追随您的脚步，共同维护这份声明。"克拉伦登伯爵将洛夫塔斯的这份报告提交给首相时写道："俾斯麦行事难以捉摸，不是个可靠的人。"伯爵感到，俾斯麦的目的是离间英国和法国；他誓要避免这种情况发生。

最终，法国和比利时的争议得到了和平解决。1869年6月7日，俾斯麦向普鲁士驻伦敦大使伯恩斯托夫伯爵发出了一份照会，表示拿破仑三世处理这件事不够果断，正确的做法应该是："入侵比利时，看看其他强国是否会为了比利时出头，以法国违反条约为由对法国发动攻击。"

1914年8月，相比于俾斯麦稍逊一筹的继任首相便采取了这项措施，随后便导致了一场我们都知道的大灾难的爆发。

七、法国、奥地利、意大利三国尝试结盟

卢森堡事件后，拿破仑三世和普鲁士结盟的希望破灭了，他转而寻找其他盟友。1866年12月，俾斯麦曾呼吁和法国结盟，表示这符合两国的持久利益，这一建议十分恰当合理；现在，俾斯麦却表示法国这个邻居十分可疑，令他需要保持警惕，"法国口袋里有一把左轮手枪，随时可以扣动扳机"。此后，他开始宣称，普法两国必有一战。

为对抗普鲁士，拿破仑三世四处寻求盟友，最后目光落在了不久前才被普鲁士击败的奥地利身上，认为这是个十分合适的选择。法国和奥地利两大强国有一个共同利益：阻止普鲁士越过美因河线，将手伸向南德意志各邦。换句话说，他们的共同目标是维持《布拉格和约》。奥地利的领袖级政治家博伊斯特应该会赞成以这部条约为目标，与法国结盟。

　　1868年7月，拿破仑三世和博伊斯特展开谈判，一直持续到1869年10月。1868年12月，意大利国王维多利奥·埃马纽埃尔也加入两国谈判。这三个国家的谈判过程很有趣，但我只会提及我在详细研究了所有公开文件后得出的最终结果，供你评判。

　　三国结盟中最重要的问题是，谈判是否以建成一个有攻击性的联盟为目标，即为了恢复权力均衡局势，帮助战败的奥地利复仇而结成同盟，共同对普鲁士和北德意志邦联发动攻击。这个问题至关重要，问题的答案将决定我们如何评价俾斯麦在1870年的政策。为了摧毁拿破仑三世正在策划的侵略性同盟，俾斯麦对法国发动战争是否出于无奈？

　　在笔者看来，法国、奥地利和意大利想要建立的同盟不是具有攻击性的。在谈判的各个阶段，博伊斯特都坚持，即便和好战的法国结盟，奥地利也不应该担负任何被卷入战争的义务。无论如何，他不希望参加任何会引起法国和德意志开战的联盟，并写道："问题在于，法国希望加速还是推迟（Precipiter ou Retarder）对普鲁士开战。奥地利希望维护和平。"他非常重视和平，为此他不止一次宁可彻底放弃谈判，也不愿做出任何让步。

经过漫长复杂的交涉后，各方并未缔结正式条约，唯有两位皇帝互通了私人信件，弗兰茨·约瑟夫一世的信件没有留下历史记录，但拿破仑三世信中有这样一句十分关键的话："尊敬的皇帝陛下，倘若贵国遭到攻击，我将毫不犹豫动用法国的全部力量相助。我也向您保证，如果事先未能和您达成一致，我不会和其他国家谈判。"无疑，弗兰茨·约瑟夫一世的信件没有做出更进一步的承诺，而且如果博伊斯特的话可信，信中甚至没有承诺如果法国受到攻击，奥地利就提供援助。奥地利并未承诺提供无条件援助，而如果法国是主动发起战争的一方，援助就更不可能了。事实上，1870 年战争爆发时，奥地利也并未对法国提供援助。

意大利国王并未收到或写下这种信，罗马问题无法得到解决，法国和意大利存在重重分歧。根据 1864 年 9 月达成的《九月协定》，拿破仑三世于 1866 年撤出了罗马。1867 年秋，加里波第亲自带兵攻打教皇国，拿破仑三世不得不派出军队；1867 年 11 月 3 日，加里波第在门塔纳战役中被法军击败。自那之后，加里波第没有任何办法可以终结法国对罗马的占领。维托里奥·埃马努埃尔的大臣拒绝和拿破仑三世签订任何条约，除非他的军队能撤离罗马，但法国皇帝始终不肯撤军。

普法战争爆发后，罗马问题仍然未能解决，即使在法国最危急的时刻，拿破仑三世也不愿意放弃教皇，来换取意大利的军事支援。几周后，法国军力不足，只好从罗马将法军召回；拿破仑三世垮台后，教皇的世俗权力也走到了尽头。

最终，这场旷日持久的谈判只取得了微不足道的成果，没能对普鲁士造成任何威胁。

维护《布拉格和约》成为遗留问题，德意志统一的问题也悬而未决。如果俾斯麦希望德意志统一，就必须考虑如何化解法国和奥地利的反对情绪。除此之外，他还需要考虑另外两个因素。

普鲁士有两种方法跨越美因河线：要么和德意志南部各邦国签订协议，要么不顾其意愿强行征服它们。第二条路实际上是行不通的。1866年战争结束之际，还存在着让德意志南部邦国加入北德意志邦联的可能；但到了1870年春，这种可能已经大大降低。民众情绪——尤其是在巴伐利亚和符腾堡——发生了巨大变化，他们强烈反对普鲁士。其中最明显的一个标志就是巴伐利亚下议院以多数票罢免了其首相，上帝一位论者克洛维亲王。投反对票的由"巴伐利亚爱国人士"组成，他们坚定拥护巴伐利亚主权完整和独立事业，坚定反对普鲁士军国主义。因此，普鲁士在1870年春没有能够跨过美因河线。

我们还要考虑另一个因素，由于法国国内形势发生变化，用武力反对德意志统一的危险降低了。法国出现了令人震惊的从专制主义向自由主义的转变，这要归功于埃米勒·奥利维耶，他于1870年1月2日被拿破仑三世任命为首相。奥利维耶认为法国应当接纳自由主义，用自由和代议制取代拿破仑三世的个人政权，建立自由帝国（L'Empire Liberal）。他后来还以此为标题，写就了16卷的长篇巨著《自由帝国》，讲述拿破仑三世统治时期的故事。1870年5月8日，法国人以绝对多数选票通过了新自由主义体制。

奥利维耶不仅真心维护和平，自1866年以来，他一直公开表示，如果德意志要统一，外国势力就没有干涉的权力。

他坚定反对法国干预德意志内部事务。在上任后，奥利维耶努力澄清自己从未改变过这种观点。在接受《科隆报》驻巴黎记者的采访时，他发表了一份严正的声明：对于未来的德意志统一大业，只要不是人为安排，而是民意推动，法国都无权干涉。鉴于此时逐渐变化的形势，我们应当牢记这份声明。

由于篇幅有限，我们只能简单介绍1870年春克拉伦登伯爵支持欧洲裁军的行动。当时法国政府煽动克拉伦登采取行动，自己却希望置身事外。克拉伦登给俾斯麦写了一些私人信件，敦促他裁军，但是没得到任何响应。俾斯麦从没想过裁军，认为这是"混乱的人道主义观"。然而，与之截然不同的理念却在他脑海中生根发芽，短短几个月后将为世人所知。

八、霍亨索伦王室的西班牙王位继承人

凡是读过俾斯麦《思考与回忆》第22章的都会形成这种印象：1870年春，德意志、普鲁士、威廉一世和俾斯麦都非常支持和平，但是由于法国的傲慢无礼和任性妄为，他们不情愿地被卷入了一场意外的战争。原本这只是霍亨索伦王室的家族事务，完全不关普鲁士和北德意志邦联的事，但拿破仑三世和外交大臣格拉蒙公爵将其政治化了，而德意志为了维护民族尊严，被迫拔剑相向。

真相和俾斯麦给出的版本截然不同，没有人比洛塔尔·布赫尔更了解事情真相了。他曾受命记录俾斯麦的口

述回忆，20年间，布赫尔一直是俾斯麦在外交部最亲密的合作伙伴。俾斯麦下台后隐居在瓦尔岑和福里德里斯鲁的家中，当时布赫尔已经退休了好几年，陪伴着这位自己十分崇拜的领袖，用自己擅长的速记法和博学多才的知识储备，协助俾斯麦完成回忆录。布赫尔是一个非常特别的人，有着奇特的职业生涯。他最初是激进派人士，于1848年成为革命派议员，革命失败后被迫逃亡。此后他住在伦敦，以通讯员身份供职于柏林的一家自由派报刊，却开始对自由主义原则和议会制度失去信心。他于19世纪60年代回到柏林，离开了自由派，加入了俾斯麦阵营。他性格孤僻，多疑，甚至有些倾向于神秘主义者，对俾斯麦这位伟大的政治家五体投地，将他作为自己的偶像。

俾斯麦也将他视作自己的好友——俾斯麦视作好友的人并不多，布赫尔是其中一个。而且，布赫尔比其他人更清楚俾斯麦内心深处的秘密，清楚霍亨索伦王室候选人的内幕，毕竟他在其中也发挥了巨大作用。他也清楚俾斯麦是如何歪曲真相的，在与朋友布彻交谈时，布赫尔毫不避讳地说：霍亨索伦王室候选人是"俾斯麦为拿破仑三世设下的陷阱"。同时他还补充道，普鲁士国王和王后对俾斯麦的政治操纵手段一无所知。

在分析了不同的档案文件后，我们得以还原事情真相。罗伯特·霍华德·劳德教授的著作《1870年战争的起源》对此做了重要贡献。劳德公开出版了1870年7月这一关键时期俾斯麦的全部信件，还对其做出了十分精辟的评注。法国官方出版的书籍《外交渊源》的最后几卷中也有相关重要文件可供查阅。

1868年革命推翻了荒淫无度的伊莎贝拉二世女王的统

治，将其驱逐出境，随后西班牙王位一直空悬。在普里姆将军的领导下，西班牙议会（Cortes）制定了一部结合民主和君主制的宪法。然而，要找到一个合适的国王并不容易。普里姆希望候选人既有能力和意愿克服困难登上王位，又是罗马天主教的虔诚信徒。可是合适的亲王要么是他不认可的冒牌继承人，要么谢绝戴上王冠。包括萨拉查在内的一些西班牙人支持霍亨索伦王室的利奥波德亲王继承王位：他是霍亨索伦－锡格马林根亲王国卡尔·安东亲王的长子。前文我们曾提到，这位安东亲王是普鲁士"新纪元"时期的首相。为了表达对普鲁士国王的忠诚，他放弃了霍亨索伦－锡格马林根亲王国的主权，并成为普普士王室的一员。因此，普鲁士国王就成了他家族的领袖，从卡尔·安东这位原统治者手中占据了所有对霍亨索伦王室的权利和义务。普鲁士王室的"王朝法律"对霍亨索伦家族的分支及其王室成员都具有约束力。主要问题在于，除非得到霍亨索伦家族的领袖——此时的普鲁士国王威廉一世——的明确同意，他们不能继承其他国家的王位。此外，卡尔·安东亲王是一位普鲁士将军，儿子们在普鲁士军队任职，他的次子卡尔后来继承了亲王头衔，在若干年后，他建立了罗马尼亚的霍亨索伦王朝，成为罗马尼亚国王。安东亲王所在的锡格马林根系信奉罗马天主教，而普鲁士王室分支信奉新教。锡格马林根系和许多外国王室有联姻，但他们都把自己看作德意志人，而非普鲁士人，这已经是众所周知的事实了。

　　起初，利奥波德亲王作为西班牙王位的候选人，并没有引起西班牙或其他国家君主的重视。在西班牙，也没什么人拥护他。萨拉查是第一个极力推荐他的人，他从一位普鲁士外交官冯·韦特恩口中第一次听说了这位亲王的名字，韦特恩当时作为普鲁士大使，前往慕尼黑的巴伐利亚王国宫廷任职。霍亨索伦的诸位亲王也对西班牙王位没有丝毫兴趣。

1869年5月，特奥多尔·冯·伯恩哈迪来到了西班牙。他是一位博学的历史学家和经济学家，已经很好地融入了普鲁士宫廷和内阁的社交圈。他在日记中记录了普鲁士历史的宝贵资料，因此为历史学家所熟知。俾斯麦和毛奇常常委派他执行秘密任务，1866年战争期间，他担任普鲁士驻佛罗伦萨公使馆的武官。对于俾斯麦调他前往西班牙这件事，伯恩哈迪在自己日记的最后一卷中记录了自己在西班牙的经历，但完全没有提及自己被委派了什么政治使命。后来，他儿子重新编订了他的日记，但所有的政治信息都被抹去了——这其实很好理解，他儿子是著名的弗里德里希·冯·伯恩哈迪将军，在普鲁士，他所信奉的那套理念被看作德意志的极端军国主义。

特奥多尔·冯·伯恩哈迪的西班牙之旅具体做了什么？伟大的英国历史学家阿克顿勋爵在《论普法战争之诱因》这篇文章中透露了一些线索。阿克顿勋爵不仅与部分德意志贵族有来往，和德意志的学者们更是关系密切。他记载，俾斯麦曾经从韦尔夫基金中秘密拨出了5万英镑，交给了伯恩哈迪。我们可以肯定，他是用这笔钱来拉拢西班牙的支持者的，但具体收买了谁就不得而知了。我们也无法证实收钱的人是否包括普里姆将军，但普里姆将军生活奢侈、债务缠身是众所周知的事实。

1869年9月，萨拉查来到柏林，韦特恩将他引荐给霍亨索伦王室的诸位亲王，并向他们提议让利奥波德继承西班牙王位。利奥波德的父亲非常支持这个主张，但利奥波德本人拒绝了。1870年2月，萨拉查又一次尝试说服利奥波德，并分别给他、普鲁士国王和俾斯麦送去了普里姆将军的信。安东亲王也给俾斯麦写了一封信。2月26日，俾斯麦接见了萨拉查；第二天，俾斯麦向激烈反对利奥波德候选西班牙国王的威廉一世上交了一份报告，热情地建议国王改变态度。俾斯麦表示，一旦普法两国开战，一个对德意志友好的西班牙政府可以提供相当于两个军团的援助，并强调，普鲁士在西班牙的声望会提高，在欧洲的地位甚至可以和"古老的哈布斯堡王朝比肩"。安东亲王写给俾斯麦的信中也表达了同样的观点："自查理五世以来，再也没有出现过这种王朝了。"法国外交大臣格拉蒙公爵向法国议会发布声明时也引用了这段话，用在此处显得尤为引人瞩目。

但是，国王仍然不同意。1870年3月，安东亲王和利奥波德来到柏林的普鲁士王宫。3月15日，俾斯麦以欢迎亲王的名义举办了一场晚宴，普鲁士举足轻重的大人物们都参加了这次晚宴。在个人回忆录里，俾斯麦写道："国王并未和大臣召开政务会。"——如果"政务会"必须是正式召开的话，国王的确没有召开。但是，他们选择了一种更加私密的方式开会，由俾斯麦以个人名义发起。会上，他们讨论了一个极为重要的问题：是否应该建议利奥波德亲王接受西班牙王位的候选资格。从参会名单就可以看出这次会议的重要性，除了王储、霍亨索伦的亲王、大臣施莱尼茨、俾斯麦、总理府的管家德尔布吕克、外交部副部长蒂勒、战争部长罗恩将军、军队总参谋长毛奇将军都亲临现场。在俾斯麦的强势鼓动下，所有大臣和将军都支持利奥波德亲王的候选人身份。

言外之意也很重要。所有大臣或将军都没有明说这个问题：如果霍亨索伦王室的成员成为西班牙国王，是否会引发普鲁士和法国之间的战争？毫无疑问，他们都对此有所考虑了。晚宴上，鲁道夫·德尔布吕克坐在毛奇将军旁边，并询问他："如果拿破仑三世对这件事不满，并攻击普鲁士，我们是否有所准备？"毛奇点点头。可以看出，他对于普鲁士的胜利非常有信心。不过，所有人都试图不让国王察觉这件事；他们知道，一旦国王意识到这件事会诱发战争，他就会坚决反对。

虽然所有人都采纳了这种聪明灵活又看起来不够谨慎的策略，威廉一世还是没有改变态度，一再拒绝俾斯麦的提议；利奥波德亲王也不止一次地拒绝继承王位的邀请。在国王做出决定后，事情本该就此了结；但是俾斯麦不放弃，继续推进这个被国王否定的计划。几周后，布赫尔被派往西班牙，然后发回了一份对形势十分有利的报告，但国王觉得这份报告过于乐观（Couleur de Rose），于是继续持反对意见。俾斯麦又试图绕道说服，让安东亲王劝说他的儿子利奥波德亲王接受王位的候选资格，但利奥波德仍然不同意，俾斯麦只好派遣布赫尔再次前往马德里，还给普里姆将军送去了一封信。

国王非常不满俾斯麦直接与普里姆将军协商而不经过自己的做法，俾斯麦对此辩称说，自己只是出于礼貌才这么做。实际上，俾斯麦已经通过布赫尔与普里姆将军在策略上达成一致了，他们的首要原则就是撇清俾斯麦以及普鲁士外交部和整件事的关系。在布赫尔和萨拉查秘密返回后，利奥波德终于接受了自己的候选人资格。6月21日，威廉一世"怀着十分沉重的心情",勉强答应了此事,因为根据普鲁士的王朝法,国王的许可是必不可少的条件。

直到此时,一切都还处于保密状态。俾斯麦计划,在没有任何预告的情况下,直接向负责选举国王的议会提交候选人名单,迅速完成选举,让欧洲来不及反应,只能接受事实。然而由于误会,这个计划失败了。利奥波德同意接受候选资格后,萨拉查回到马德里,但由于议会推迟,秘密计划被泄露了,普里姆将军不得不在7月3日向法国大使透露了霍亨索伦王室的候选人。

拿破仑三世感到十分愤怒。他认为,自己一直对霍亨索伦王室很友好,对方却用这样卑鄙的手段对付他。他不得不严肃处理此事,如果法国南部的邻居西班牙的国王由霍亨索伦王室成员担任,法国就会被包围,特定情况下法国会面临两线作战的严重局面。拿破仑三世很清楚法国人民会如何看待此事,萨多瓦战役中法国的外交失败严重挫败了他的权威,如果不能阻止这次王位继承,他将会面临非常严峻的形势;如果他对这件事无动于衷,他的王位甚至整个王朝都会被推翻。实际上,早在马德里的消息刚刚传来时,整个巴黎就已经表现得义愤填膺了。

格拉蒙公爵命驻柏林临时代办勒苏尔去普鲁士外交部,调查柏林内阁是否参与了此项"阴谋"。此时情况十分危险,但是柏林没有重要人物坐镇。国王在埃姆斯疗养,法国大使贝内德蒂伯爵也在维尔德巴特泡温泉,俾斯麦则暂时在波美拉尼亚林区瓦尔岑的自家庄园休假。勒苏尔只好找副部长蒂勒问问他的想法,因为他曾参加了3月15日的会议;但是蒂勒表示自己对整件事一无所知,整个外交部都没有参与过这件事。他的回答让勒苏尔感到十分不满,而当他听到马德里传来消息说俾斯麦曾和普里姆将军直接通信后，勒苏尔更加愤怒。

法国政府此时又在做什么呢？他们认为，必须以强硬的语气对普鲁士发出警告。于是，格拉蒙公爵在议会上宣读了一份引起巨大轰动的声明，声明无疑是在向全欧洲宣告，他们即将面临战争。格拉蒙宣称："我们绝不容忍任何外国势力安插本国君主，夺取查理五世的王位，破坏权力均衡。"我们可以发现，这一声明倒是与俾斯麦和霍亨索伦王室的理念不谋而合。格拉蒙在结束之际宣布，如有必要，他们的政府知道该如何履行自己的职责，不会有任何迟疑或手软。

法国政府不仅宣读了这份公开声明，还下令让贝内德蒂伯爵前往埃姆斯——威廉一世正在这里泡温泉——当面向威廉一世指出了这个问题。

毫无疑问，此时的俾斯麦始终是霍亨索伦王室王位候选资格的重要推动者，他曾断言普鲁士政界不会参与此事；但他的这种断言就像是一层轻飘飘的屏障，在事实面前完全经不起任何考验。唯一值得怀疑的是，俾斯麦是否蓄意利用此事，挑起战争？

我们至少可以认为，俾斯麦的深刻洞察力远超同时代其他政治家。于是我们可以做出假设，认为俾斯麦对以下的情况毫不知情：第一，法国认为，给予霍亨索伦王室王位候选资格是一种故意的挑衅，从萨多瓦战役以来，法国在外交领域屡遭挫折，而俾斯麦是罪魁祸首；第二，一旦拿破仑三世对这类挑衅忍气吞声，他将无法确保法兰西帝国的未来命运；第三，让一个受其他王朝统治的亲王成为候选人，违背了19世纪已经发展得相当完善的国际惯例。

更何况，1869年，拿破仑三世就通知过俾斯麦，他不会容忍霍亨索伦王室的成员坐上西班牙王位。因此，俾斯麦至少能预见到自己会引发战争。

然而，对于当时近距离接触俾斯麦的人来说，他们都能清楚地看到，俾斯麦需要挑起这场战争。布赫尔比任何人都更加了解俾斯麦，他称霍亨索伦王室候选人资格是俾斯麦为拿破仑三世设下的"陷阱"。1871年7月3日，安东亲王告诉后来的德意志大使拉多维茨，俾斯麦之所以不断给该事件火上浇油，是因为他企图挑起战争，甚至对此怀有期待。

俾斯麦曾煞费苦心将此事保密，而现在，在格拉蒙公开宣告后，他兴奋地承认，他决定要开战，并且会全力推进。他会反对任何试图平息事态的行为；国王不希望因此事挑起战争，致力于剥夺霍亨索伦王室的王位候选资格，俾斯麦则恰好相反。由于普鲁士外交部态度消极，贝内德蒂前往拜见国王，和他私下谈判——当然，根据国际法他有权这么做。但俾斯麦感到十分焦虑，他担心国王会受到影响而改变政策。从埃姆斯和瓦尔岑两地发来的电报中可以看出，双方的言论和做法大相径庭，国王没有告诉俾斯麦他为了维持和平采取了什么措施：他写了一封信，派遣信使交给利奥波德亲王，敦促对方放弃候选人资格；同时，他还请求贝内德蒂伯爵，在霍亨索伦王室传来利好消息之前留在埃姆斯。这些他都对俾斯麦隐瞒了。如果你读到俾斯麦在埃姆斯电报上的激烈评注，就能理解国王的焦虑心情了。国王在7月11日的一封电报中写了这样一句话："致马德里，亲王应当自主表达想法。"对此俾斯麦的评论是："表达？为什么？表达什么？有什么好表达的？"电报中还说："贝内德蒂伯爵说，他自作主张要多逗留 24 小时。"俾斯麦则不屑地嘲讽道："他真是好心啊！"另外，电报中还说："国王殿下已经写信给亲王：亲王的态度和过去一样，他会同意的。"俾斯麦给最后一句话加了下划线，评论道："同意什么？" 7 月 12 日，埃姆斯发来电报称，亲王已经给国王发送电报："亲王自愿放弃候选资格。"俾斯麦读到这里，气愤不已，在"自愿"这个词划了两道横线，标记了一个大大的感叹号。

此时俾斯麦发现埃姆斯正在进行一场友好的谈判，而他无论发多少电报都不能影响结果。于是，俾斯麦决定亲自前往埃姆斯。7 月 12 日，他抵达柏林后了解到利奥波德亲王已经放弃王位候选人资格，便不得不暂停行程。我们可以从一周后，法国代办向他递交宣战声明时他的回应来判断他的动机。俾斯麦抱怨说，贝内德蒂给"病中的可怜的国王"施加了压力，还补充道："我虽然在波美拉尼亚的森林疗养，可此时，我受到了官方质询，难道不应该匆忙赶来吗？……我认为，如果我随国王去了埃姆斯，或许便可以阻止战争……"

霍亨索伦家族的王位候选人资格被撤销是法国的一大外交胜利，但对俾斯麦来说，这是普鲁士的一大外交失败。他坚决不接受这一结果，并计划采取有力的反击，如果法国不让步，那么两国必有一战。好在拿破仑三世和格拉蒙公爵不满足于他们所取得的胜利，做了一项决定，产生了违背原有政治意图的影响，而这也恰好解决了俾斯麦的困扰。

其实，如果拿破仑三世和格拉蒙懂得适可而止，全世界会拥他们为胜者，霍亨索伦王室也会永远失去其王位候选人资格。可惜拿破仑三世犯了两大致命错误。第一，他让自己被无良的巴黎报纸和右翼民族主义者的喧哗声影响，即使利奥波德亲王已经宣布放弃王位，但他们认为这只是亲王的单方面声明，需要普鲁士做出官方决定来增加信誉。第二，他再次陷入了个人政府主义的圈套，在没有知会其他大臣的情况下命格拉蒙公爵解决这件事。可惜总理奥利维耶并不清楚拿破仑三世下了这道命令，否则，他便可以力挽狂澜。于是，格拉蒙公爵命贝内德蒂去会见普鲁士的威廉一世，表示他赞同亲王放弃王位，并保证，今后霍亨索伦家族的成员也不会参与王位竞选。

由于这两大错误，拿破仑三世成为俾斯麦的掌中之物。由于拿破仑三世的新要求太过分，威廉一世只能拒绝。阿贝肯——普鲁士外交部在埃姆斯的代表——给俾斯麦发电报告知威廉国王和贝内代蒂的谈话要点。但是，俾斯麦对电报内容做了些手脚，目的是挑起两国人民的爱国热情。他在回忆录中以自己独特的方式讲述了他编辑这份电报的故事，其内容堪称一部文学杰作，将被永远铭记在历史上。俾斯麦的对手则称这是一份伪造的"假电报"，是俾斯麦的个人决定，不代表普鲁士的立场。其实，争论用词是否正确没有意义。问题的关键是，俾斯麦为这份电报赋予了新意义，使其完全不符合威廉一世的本意。此外，他还特别挑选了7月13日为公布电报的日子，误导人们这份电报真实代表了国王的意见。

俾斯麦是这么改动的：首先，他把原文中被一个重要声明隔开的两句话连了起来；其次，电报中没有提及国王已告知法国大使贝内德蒂，他已经得知安东亲王放弃王位竞选资格的决定。被篡改的"埃姆斯电报"中有这样一句话，"国王已经通过副部长告知法国大使，对他已经没什么可

俾斯麦与德意志崛起

说的了"，令读者以为普鲁士故意冷落和漠视法国。事实上，这是一份与国王的真实意图完全相悖的电报，只有俾斯麦知道整件事情的来龙去脉。

当晚，俾斯麦命人在报纸特刊上刊登了这封有严重冒犯意味的电报版本，掀起了人们高涨的爱国热情。尽管他在7月18日发表正式声明，否认自己有意冒犯，并正式告知了所有位于德意志及其他国家的宫廷。在慕尼黑、伦敦和圣彼得堡，他还故意扭曲了事实："贝内德蒂违背国王意愿，在走廊上用挑衅的语气与国王谈话。"然而，真实情况是，国王和贝内德蒂进行了友好的交流。

这封电报产生的效果正是俾斯麦所想。威廉一世看到报纸时惊呼："这是要挑起战争啊！"他感到，俾斯麦正在篡夺宪法赋予他的宣战权，而他只是个傀儡君主。在决定性的7月15日，奥利维耶在法国议会上发表了一次演讲，显示了俾斯麦言论的影响："国王有时拒绝接待他国大使：他在全欧洲的报纸或电报中故意表露出拒绝的态度，这是严重的冒犯（Il peut arriver quun roi refuse de recevoir un Ambassadeur: ce qui est blessant, cest le refus intentionnel, divulge dans des supplements de journaux, dans les telegrammes adresses a toutes les cours de Europe）。"实际上，贝内德蒂十分注意尽可能地对普鲁士表现得礼貌。"这种故意公开，严重冒犯了他国的尊严（Eoffense risulte d'une publication intentionnelle）。"

俾斯麦则对这种"故意行事"洋洋得意，他谴责那些反对这么做的人，称他们抵触德意志统一；只要发动战争，就能实现这一目的。

事实上，普鲁士对法国开战是实现德意志统一的唯一途径吗？这个问题仍存在争议。难道德意志民族不能通过自身的自由意志建成统一的国家吗？巴伐利亚和符腾堡的民众不希望生活在这样的国家：普鲁士国王占据绝对性统治地位，而普鲁士军国主义则是主导力量。倘若普鲁士做出让步，减弱对其他邦国的强势主导地位，能否赢得他们的拥护？有一点可以肯定：无论如何，俾斯麦都不会做出任何让步。在写给罗恩的信中，俾斯麦坦诚表达了个人目标——让普鲁士凌驾于整个德意志之上。后来的俾斯麦的确完全实现了这一目标。

回顾霍亨索伦王室候选人资格事件的全过程，我们不难看出，这是俾斯麦的杰作。布赫尔曾表示，该事件是俾斯麦给拿破仑三世设下的陷阱。公正地说，他说得完全正确。笔者相信，俾斯麦之所以这么做，是为了将拿破仑三世置于进退两难的困境：要么拿破仑三世遭遇一场政治滑铁卢，让他的王位不保；要么发动战争。俾斯麦预测拿破仑三世会倾向于战争这个选项。那么，如果有人要为战争承担责任，首当其冲的当然是俾斯麦，但势必会有人帮助他分摊责任。有些不负责任的法国记者和政客只会轻率地大叫"进军柏林"；皇后欧仁妮也对皇帝煽风点火，让他发动战争。拿破仑三世和格拉蒙不懂见好就收，白白浪费了一个绝佳的胜利机会，因此他们也需要承担部分责任。其实，他们是被操控者，而非主导者，俾斯麦事先就成功预测了其他人可能会对他的行为做出的反应，掌握了整件事的主动权，他人则成了俾斯麦的棋子，而且果然按照俾斯麦希望的方向行事。俾斯麦完全占据了优势，让他们无法抵抗，因此，俾斯麦的确应当对战争爆发承担主要责任。

后来，俾斯麦也有过悔恨和沮丧的时刻，谴责自己做

俾斯麦与德意志崛起

法不当："如果没有我，这三场大规模战争也不会爆发，8万人也不会因此丧生。"8万人！普法战争间接导致了上百万人的牺牲，这场战争的硝烟消散时，他们甚至尚未出生；8万人连这个数字的零头都不到。

哪怕是最伟大的政治家也无法预测，他采取的致命行动会产生多么可怕又惨痛的后果，也难以想象，当他开启潘多拉魔盒，多少无穷无尽的苦难会降临在无辜百姓的身上。

九、建立德意志帝国

篇幅所限，笔者就不在此赘述普法战争，以及俾斯麦在其中发挥的作用了。我只稍微提及普鲁士胜利带来的最重要的成果：德意志统一建成了一个大帝国，普鲁士国王作为领袖，被加冕为德意志皇帝（Deutscher Kaiser）。

从一开始，人们先入为主地认为：战争一定会催熟德意志统一的果实。北德意志大多数人都同意这一看法，巴登和黑森－达姆施塔特公国的大多数公民也这么认为。符腾堡和巴伐利亚则是反对者。巴伐利亚的"爱国者"试图让国家免于被卷入战争，宣布保持中立，然而部分成员受到德意志民族感情的影响，背离了原先的立场，公开宣布并投票支持参加战争，和北德意志邦联站在了同一条战线上，因此，这群"爱国者"在议会上惨遭挫败。不过，反对派的声音并没有完全消失，这主要取决于国王路德维希二世的态度。在关键的7月，国王下令动员军队。他这么做是否受到民族情绪的感染？答案值得怀疑，因为他对德意志民族事务不感兴趣，而把法国国王路易十四看作自己的榜样和标杆，还曾试图模仿这位榜样所建造的奢侈豪华、奇异怪诞的建筑。路德维希二世在建筑上挥霍无度，因此负债累累，造成了非常严重的后果。他的政治兴趣只在于维护主权完整和他所在的维特尔斯巴赫王室的显赫与辉煌，认为自己的家族比霍亨索伦家族更高贵、更荣耀。他认为政府事务枯燥乏味，以至于逃到山里独居，避开这些烦心事。他对艺术和音乐很感兴趣，性格古怪偏执。此时，他很有可能已经有精神问题了。符腾堡国王和王后则坚定反对普鲁士，国内大部分人都希望法国在战争中获胜。当他们不得不离开斯图加特时，许多人向法国大臣公开表达了自己的愿望。

民族自由党是第一个试图影响南德意志立场、支持德意志统一的政党，他们主张德意志统一。在这个问题上爱德华·拉斯克起了领导作用，他既是德意志帝国议会的议员，也是普鲁士议会的议员，全力支持德意志民族事业，原本他还有些朋友比较保守，但受到他的影响，他们的犹豫情绪被一扫而空。在几年时间里，拉斯克是德意志议会上最受欢迎的议员。后来，出于良心，他开始反对俾斯麦，成为反犹太运动的第一个迫害对象。在拉斯克的倡议下，民族自由党部分主要议员前往南德意志，不断煽动助长德意志情绪，和当地政府谈判，取得了胜利。俾斯麦对这种煽动民众的做法感到不快，不仅出于他对拉斯克的个人敌意与不满，更因为他不喜欢议员在此事上掌握主动，他希望能够能照自己的原则来解决问题。

俾斯麦对德意志王储的行动也深感不悦。腓特烈·威廉一心盼望着战争结束后，德意志地区实现民族统一，让

俾斯麦与德意志崛起

霍亨索伦家族成员坐上王位。有人批评他，他这么做就是为了戴上尊贵的皇冠，尽享辉煌荣耀。这番话也并非全错。腓特烈·威廉认为自己才能创造德意志的未来，他心里清楚，自己那年迈守旧的国王父亲只在意普鲁士传统，其他任何事都无法激起其兴趣，因此，王储如此活跃也是情有可原。对于王储的介入，俾斯麦勃然大怒；而王储也认为，他如此尽心地渴望解决问题，俾斯麦却态度冷淡。

　　1870年10月，德意志南部四个邦国的代表现身凡尔赛，齐聚德意志军队指挥部，协商德意志未来的组织形式，民族问题逐渐明朗。巴伐利亚州长布雷伯爵（他也是霍恩洛厄王室继承人）更倾向于和奥地利站在同一战线，反对普鲁士，如果可能的话，他希望阻止巴伐利亚加入北德意志邦联，于是提议让巴伐利亚和邦联结成永久性联盟。然而，他的这个想法无疑是异想天开，那样的话巴伐利亚会赢得独立，继而提高地位，南德意志其他邦国绝不会允许此事发生。俾斯麦与邦国代表分别开展谈判，他发挥稳定，比其他人始终技高一筹。布雷伯爵写了一份备忘录，在备忘录中他坚决反对俾斯麦的意见，而俾斯麦则将备忘录直接交给了符腾堡首相米特纳赫特，提议只要符腾堡加入邦联，普鲁士就会做出让步。俾斯麦还问他，如果巴伐利亚不加入邦联，他是否还愿意签署具有同样效力的协议——而符腾堡做出了肯定的答复。俾斯麦赢了，巴伐利亚不愿意承担从邦联被单独排除出去的风险。布雷伯爵只好提出新的倡议，但是他并未事先征求国王的同意，因为他清楚，路德维希二世会提出完全不可能被答应的条件：一个条件是牺牲另一位德意志君主，即巴登大公的利益，来扩张巴伐利亚；另一个条件则是为了他自己的利益，布雷伯爵甚至不愿意提及此事，后文我们会详细叙述。

11月11日，俾斯麦到这时已经基本上成功了，三个小公国符腾堡、巴登和黑森选侯国都准备好在次日签署协议了。然而，发生了一个意外事件。符腾堡国王向代表传达命令，除非巴伐利亚也签字，否则他们也不会签，于是符腾堡代表立即离开了凡尔赛。

这段时间俾斯麦在写给儿子的信中表示："除非德意志的风暴直接威胁到他们的头顶，这些老派外交官和官僚什么都不会做。"俾斯麦对那些德意志君主的比喻相当委婉。王储在日记里写道："我为德意志君主感到羞耻，他们既不会也不想学习任何新事物。他们自私吝啬，不愿意为我们共同的家园履行任何义务。"俾斯麦和王储的感受十分相似。然而，这段时间，他们两人却发生了非常激烈的冲突。

符腾堡代表离开不久，王储去找俾斯麦，问他是否想解决西班牙王位继承一事。俾斯麦的回答十分肯定，但是却耸了耸肩，表示解决起来很困难。王储建议，强迫还在负隅顽抗的国王同意，但俾斯麦拒绝了，而且十分愤怒地说：哪怕是提出这个观点都越界了。两人的争论变得越来越激烈，俾斯麦说，他愿意把自己的总理之位让给和王储更合拍的人，但只要他还是德意志总理，他就会按照自己的原则行事。俾斯麦愤怒不已，甚至还在私下场合表示，王储是最愚蠢、最虚荣的人，还补充说道，待到他登上王位，也会在"皇帝的疯狂"（Kaiserwahnsinn）中自掘坟墓。

两人对于应该采取何种策略来应对顽固反对的国王存在分歧，但这不是俾斯麦如此愤怒的首要原因。俾斯麦表示，使用武力来对抗盟友违背了自己的原则，这种微妙的感情在俾斯麦身上可不常见。在此事上，他其实愿意对国王施加各种形式的压力，或至少威胁国王，让他点头。但是二人之所以如此仇视彼此，主要是信念上的分歧，他们认为对方将给新生的德意志帝国赋予自己不认同的精神。王储信奉自由主义，这正是俾斯麦深恶痛绝的。他们的主要分歧不在于最终目的——让那些顽强反抗的君主表示屈服，而在于实现这一目的的手段。俾斯麦怀疑王储想利用帝国议会给各邦国君主施压，这是他不惜一切都要阻止的手段。倘若帝国议会在这个最重要的问题上掌握主动权，德意志帝国将由议会来主宰，帝国议会的政治权威和势力将被显著增强，俾斯麦绝不容许此事发生。帝国议会的作用仅限于此：总理谈判产生相应的结果，议会走个过场，表示赞同。帝国议会将于 11 月 24 日召开会议，因此俾斯麦必须加快步伐在这之前完成谈判。

俾斯麦再次取得了成功！符腾堡代表团离开凡尔赛三天后，他和巴登以及黑森选侯国订立协议，11 月 23 日，也就是帝国议会开会前一天，巴伐利亚也签了协议。为了争取巴伐利亚的同意，俾斯麦做出了一些让步，其中一些可能会引起帝国议会的反对。最荒谬的一条是：巴伐利亚人如果嫁娶其他德意志国家的公民，必须得到巴伐利亚国王的批准。最引人注目的一条是：邦联政务会应设立一个外事委员会，由巴伐利亚人担任永久主席。然而，这些让步并没有给巴伐利亚带来什么实际利益，在俾斯麦及其继任者执政期间，外事委员会并没有发挥任何作用。或许在威廉二世时代，如果邦联能有一个由有见识、有头脑的官员组成的委员会，能够制约他的一些危险而古怪的举动，那么德意志人民也许能从中受益不少。

俾斯麦明白，他为了迎合巴伐利亚的特殊地位而做出了一些不得民心的巨大让步。他担心，德意志帝国议会将因此拒绝或者修订和巴伐利亚的协议。因此，他立即将所有议员派遣至柏林，他们当时正好待在凡尔赛的德意志军事指挥部；他希望可以借此影响民族自由党，让民族自由党支持同巴伐利亚签订的协议。民族自由党十分抗拒这项协议，但他们相信，这项协议对促进一项伟大目标的实现十分重要，因此他们只能同意。对于该党派此时的感受，拉斯科用一句玩笑话作为比喻："老婆虽然丑，但还是得和她结婚。"

和巴伐利亚签订协议的当天晚上，俾斯麦邀请同僚共饮香槟，为"实现德意志统一和德意志皇帝"共同干杯。俾斯麦决定利用巴伐利亚事件，加冕普鲁士国王为德意志皇帝。

和巴伐利亚签订协议两天后，路德维希二世委派一位可靠的亲信，也就是马主[1]霍尔施泰因伯爵前去凡尔赛和俾斯麦谈判。两天后，霍尔施泰因回来了，还带了一封路德维希二世写给威廉一世的信，邀请普鲁士国王接受德意志皇帝的头衔，这封信的内容正是由俾斯麦亲自拟定的。几天后，霍尔施泰因带着路德维希二世的信回到凡尔赛，国王将俾斯麦起草的文案逐字誊写，附上了自己的签名。

路德维希二世行事为何如此不符合国王威严？众所周知，巴伐利亚国王打心底里不愿意让霍亨索伦王室成员成为德意志皇帝，地位凌驾于自己之上。11月末，巴登大公给路德维希二世写了一封信，让他邀请普鲁士国王加冕为德意志皇帝，从而"流芳百世"，但路德维希二世根本没

---

① 马主（Oberststallmeister），德国宫廷一种名义上的高级职位。——译者注

有回信。他曾说过，自己宁可退位，也不会这么做。那么此时，他为何在俾斯麦的煽动下行事，或者说，任俾斯麦发号施令？

前文我们曾介绍过，阿克顿勋爵写过一篇文章，这篇文章为我们解答了部分疑惑：俾斯麦下台后，继任首相卡普里维发现，韦尔夫基金中有上百万塔勒流向了慕尼黑。其中路德维希二世每年会收到15000英镑的俸禄，霍尔施泰因也有一大笔钱。我们有理由确信，俾斯麦用韦尔夫基金贿赂了路德维希二世和霍尔施泰因，来诱使路德维希二世将德意志帝国王冠交给威廉一世。韦尔夫基金原本属于路德维希二世在1866年的盟友——汉诺威的格奥尔格五世，只不过后来"为了掌控和挫败企图颠覆普鲁士统治的国王格奥尔格五世"而交由普鲁士政府处置，当时国王路德维希二世债台高筑，多亏了这笔钱才没陷入金融崩溃的困境。

俾斯麦借路德维希二世的信件让全世界相信，德意志皇帝的诞生是全体德意志君主的一致意愿，而不是德意志人民的选择。然而，事实完全相反。学生间流传着一首古老歌谣，大意是德意志人民渴望出现一位德意志皇帝，他能够保障他们的自由和权利（in Freiheit und Recht）。除了巴登大公和科堡－哥达的恩斯特公爵这种特例，多数德意志君主对于有没有德意志皇帝毫不关心；有的君主如巴伐利亚和符腾堡的国王、黑森－达姆施塔特公国的大公则表示强烈反对。然而俾斯麦再次实现了目的。帝国议会被迫扮演了希腊悲剧中合唱团的角色，巴伐利亚国王写给帝国议会的信就是一个明证。"自由保守派"议员弗里登塔尔受到本国政府指使，在帝国议会上质询俾斯麦府上的管家德尔布吕克，德意志皇帝事件发展到哪一步了。德尔布吕克本打算展示路德维希二世的信，但是他掏了半天才找到，然后以他能想到最正式的腔调读出了这封信。尽管德尔布吕克本人十分优秀，但他并不是这一庄严场合的最合适人选。有人写信告诉王储："德尔布吕克掏信的方式，就像是他从裤子口袋里掏出了一张皱皱巴巴的报纸，里面包着一顶既不值钱又陈旧的王冠。"

帝国议会匆忙对宪法进行恰当修订，将原来的"邦联"（Bund）和"邦联总统"（Bundes-Prasident）两个词替换为"帝国"（Reich）和"皇帝"（Kaiser）。宪法则归属于德意志帝国，称为《帝国宪法》（*Die Reichsverfassung*）。帝国议会决定派遣议员代表团去面见威廉一世，请求他接受德意志帝国的皇冠。爱德华·拉斯克被帝国议会视为德意志统一运动以及建立帝国的领头人之一，他起草了一篇演讲稿。威廉一世得知演讲稿的作者后，嘲讽地说："哎呀，我真得感谢拉斯克先生呀！要不是他，我怎么能当上德意志皇帝！"

通过这则轶事，可以看出国王心情不太好。他只在乎普鲁士，对德意志皇帝的王冠毫无兴趣。帝国议会是德意志人民的代表，无论如何，他都不想接受他们的恩赐。实际上，帮助普鲁士在对法战争中取得胜利的正是人民大众，但威廉一世不这么看。帝国议会赋予的皇冠带有民主色彩，这令他想起了 1848 年，国民议会在圣保罗教堂将王位交给他哥哥腓特烈·威廉四世；他认为这两座王冠都是革命的产物。1849 年 4 月 3 日，腓特烈·威廉四世曾说过，要是非得接过王冠，必须得由德意志的君主来授予，哪怕是像路德维希二世这样的人也行。实际上，帝国议会并未直接让他加冕德意志皇帝，而是请求他屈尊就任。威廉一世十分愤怒，以至于他一开始就拒绝接见帝国议会代表团。此时，俾斯麦不得不插手干预，以免引起公众的不满。所有公国君主附议支持巴伐利亚国王的请求后，国王才终于答应接见议员代表团。

1870年12月19日，帝国议会代表团在凡尔赛面见威廉一世。发言人是议会主席爱德华·希姆森，21年前，他作为圣保罗教堂议会主席向腓特烈·威廉四世致辞。这个小巧合有着令人无法忽视的象征意义。希姆森致辞时神情庄重，表示他对德意志民族信心十足；他也相信"团结、力量、正义、法律、自由与和平"的精神会在新的德意志帝国深深扎根。王储在日记中写道："希姆森的演讲堪称杰作，言辞几乎完美，这篇充满了德意志爱国热情的演讲让我十分感动，不禁流下眼泪。"在这一历史性时刻，即便表达德意志民族热情的是一位犹太人，也没有人对此提出异议。连现场听到此番演讲的普鲁士将军都深受触动。威廉一世在宣读俾斯麦为他起草的演讲稿时，有几处声音都颤抖了，他"感情充沛"地赞扬了巴伐利亚国王的信。然而，在这次的议会上，如果你看向君主席，会发现巴伐利亚国王代表——卢伊特波尔德亲王缺席了，他的缺席尤为刺眼。

这次议会并未庄严宣告德意志帝国建立。南德意志邦国在签订协议后，还需要得到本国议会和政府的批准，威廉一世才能正式接受。巴伐利亚的反对派，也就是"爱国者"，懂得如何拖延程序，在他们的阻挠下，威廉一世不得不在巴伐利亚还没有完全认可协议的情况下发表声明。普鲁士王国的建国日在1月18日，在1701年的这一天，腓特烈三世，即勃兰登堡的选帝侯，就任普鲁士国王。因此，普鲁士国王威廉一世也选在这一天加冕德意志皇帝。

俾斯麦在路易十四的凡尔赛宫镜厅（Salle des Glaces）宣读了声明。他认为这是他一生中最辉煌的时刻。他可以自豪地说，正是他过去的每一步策略铸就了他今天的成就。

为何这一天国王也十分自豪呢？在他人看来，国王自己和普鲁士王室的地位提高了，德意志民族最美好、崇高的愿望也得以实现，长达50年之久的民族梦想终于成为现实，国王当然应为此感到高兴。我们把时钟拨回1862年9月，那时威廉一世刚要准备退位，俾斯麦利用强硬手段，向他伸出援手，在他人看来，国王必然会对俾斯麦成就了人类历史上最无与伦比的胜利而心怀感激。国王内心理应充满着对俾斯麦的感谢之情，并向他保证，永远不会忘记这份恩情；可是，当这位新德意志皇帝从讲坛上下来，走向将军们，接受他们的祝贺时，却连与俾斯麦握手都不愿意。真正原因是，他对俾斯麦恼怒不已，在发表声明的当天，他还写信给普鲁士王后——此时刚刚荣升德意志皇后——说自己"非常郁闷，几乎不想当这个皇帝了，想把一切事务都交托"给自己的儿子。他还说这天是"我人生中最不快乐的一天"。

原因何在？真相极其荒唐可笑。国王只想要一个"德意志国家皇帝"的头衔，而俾斯麦却想给他"德意志民族皇帝"的头衔。这两个称号的区别并不重要，除非你是君主，否则你可能对此不感兴趣。俾斯麦告诉同僚，他也不在意两者的差别，在写给妻子的信中他表示："皇帝权力的范围很难界定，国王这时像个女人一样斤斤计较，充满奇怪的欲望，而我只能扮演助产士的角色。我有时甚至想爆炸，和整座建筑同归于尽，一了百了。"

威廉一世之所以如此勉强，真相是他的普鲁士主义太过顽固了。在他眼中，普鲁士高过一切，而德意志什么都不是。他深知，作为普鲁士国王，他受万人敬仰，但他担心，做了德意志皇帝之后，他的地位权势会被大大削弱。他没有预料到，俾斯麦给予德意志皇帝的权力竟能比普鲁士国王还要大。在俾斯麦之前，也有人曾宣传德意志皇帝和帝国的理念，但是没有人能预料到，这一理念会和如此惊人的权势交织在一起。自由派人士也提倡过建立德意志帝国，认为它代表了时代进步的自由主义精神。在某种程度上，他们对路德维希·乌兰特在圣保罗教堂说过的话坚信不疑，认为德意志的首脑也应当受民主圣油的滋养，哪怕只有一滴都好。然而，俾斯麦却让这位完全没有经过民主圣油沐浴的人登上了德意志皇帝的宝座，这造成了非常不寻常和致命的后果。

从这个角度看，这次会议上的声明的性质值得深思，它是一场君主和将军们的庆典，新德意志帝国从一开始就被他们牢牢控制。君主、将军、贵族甚至是容克都成为重要阶层。短短几年前，普鲁士容克还在谴责民主的理念，批评王位的篡夺，鄙视地说，那是肮脏不堪的德意志共和国；而现在，他们成为新帝国的统治阶层，摇身一变成为最忠诚的捍卫者。19世纪末，第三任德意志帝国宰相在日记中描绘了当时的局势，他的话十分中肯。他就是霍亨索伦王室的科尔维亲王，他认为自己代表南德意志的自由主义："我坐在诸位普鲁士阁下中间时，北德意志和南德意志之间的巨大差异清晰可见。普鲁士容克不会欢迎南德意志自由主义……这些贵族对帝国事业漠不关心，如果今天就可以丢弃这项事业，他们不会拖到第二天。"

这项变化起源于俾斯麦在 1870 年的政策，在帝国成立的过程中，他不愿让帝国议会干涉或施加任何影响。在他的个人回忆录《思考与回忆》中，"王朝与种族"这一章节很有名气，其中他介绍了他的政策的理论基础。他也承认了自己古老而传统的信念："德意志政治的关键在于君主和王朝，而不在于议会、媒体或反对派中的发言人。"他还阐述了自己的论点："德意志爱国主义如果要发挥积极有效的作用，离不开王朝统治下制定的规则。离开了国家，爱国主义从何谈起呢……德意志人的爱国之情、赤诚之心需要寄托在一位君主身上，倘若所有德意志王朝一夜之间被推翻，而欧洲政治又充斥着摩擦和冲突，德意志民族感情也将无法让德意志人民团结一致。"

后来，这种俾斯麦认为最不可能发生的情形却成为现实。1918 年，德意志王朝崩溃了；但即使在国内外都陷入困境的情况下，德意志的凝聚力也没有消失。更令人意想不到的是，德意志民族主义愈发强盛，以至于将一位蛊惑人心之人看作领袖——他甚至连德意志人都不是。哪怕是最伟大的政治家，也难以预料到，仅仅半个世纪后，形势将如何变化。

尽管如此，俾斯麦的一项遗产——甚至可能是最重要的一项——随着时代变迁，仍然留存了下来。俾斯麦的"铁与血"手段在整个德意志民族中产生了巨大的影响，军国主义留下了深刻的印记，即使在他去世后，这种思想仍然长期占据了强势和重要的地位，虽然第一次世界大战和魏玛共和国——这一时期部分人试图消除军国主义——让人们感到苦涩和失望，但大部分人还是沉浸在军国主义带来

俾斯麦与德意志崛起

的辉煌卓越的胜利的喜悦之中。

德意志军国主义之所以势不可挡，一个重要的原因是和普法战争结束后签订的和约有关。根据和约，法国被迫割让了两个省份，阿尔萨斯和洛林被战胜国德意志吞并。德意志历史学家声称，这两个省份几百年前属于神圣罗马帝国，而现在这个帝国已经复兴了，因此应该归还。然而俾斯麦行事不依赖历史浪漫主义，还引用术语，轻蔑地表示这是"老派教授的想法"。普法战争期间，阿道夫·梯也尔——一位法国政治家和历史学家——询问伟大的德意志历史学家利奥波德·兰克："拿破仑帝国已经垮台，您还在为谁的权利奔走呢？"兰克回答道："路易十四。"俾斯麦永远不可能说出这种话。他十分注重实际，也很清楚，经过了几个世纪，人们情感发生变化，利益也出现偏差，历史进程不会回归原点。

俾斯麦也知道，虽然阿尔萨斯和洛林被德意志占领，但当地居民仍然忠于法国，而且这种情绪将长期困扰德意志。俾斯麦清楚这一结果，但出于军事原因，他还是坚持吞并。他认为，为了抵御新法国的进攻，这两个地区是防御系统的必不可少的一部分，将可以保护德意志，尤其是德意志西南部。不过，他对吞并梅斯是否对普鲁士有利一事仍有怀疑，毕竟当地居民都拥护法国，说的也是法语。最后，在将军们的劝告和国王个人愿望的影响下，他做出了让步。

当时格莱斯顿是英国首相，当他听说德意志打算无视民意，强行吞并这两个省份时，感到非常震惊。他谴责这种"残忍对待另一个文明的欧洲国家，甚至将其视作奴隶一般蹂躏的旧惯例"正在卷土重来。

他写信给维多利亚女王表示，这种做法违反了一项普遍原则，从而"严重扰乱了欧洲和平，此后还会导致更多的流血事件"。他希望中立国家可以团结合作，反抗德意志的吞并行为，却遭到了内阁的反对。当德意志表现出明显意愿准备吞并时，他写信告诉格兰维尔："我非常担心这种暴力地划分和转移欧洲领土的做法，这只会让我们陷入更糟糕的境地，也会给欧洲带来一系列新的问题和困难。"

现在我们当然知道，格莱斯顿的预言完全正确。此次吞并后，德意志和法国再也无法实现真实而持久的和平。俾斯麦常常在夜晚惊醒，梦到其他国家联盟反对德意志（Cauchemar des Coalitions），他为此苦恼不已。整个欧洲大陆变成了一个武装营地，德意志的首要任务似乎变成了不断地武装自己，士兵和军官的地位急剧上升，军国主义思想完全笼罩了这片土地。

然而，我们不能因为这些批评的声音，就忽视俾斯麦的伟大成就，他实现了德意志民族的梦想，完成了帝国统一大业，为它带来了无上的权力与荣耀。为了更好理解这一点对于渴望德意志统一并为之热切奋斗的一代人的意义，我们可以读一读历史学家亨利希·冯·济贝尔写给朋友兼同事赫尔曼·鲍姆加滕的这封信。宣布德意志帝国成立时，济贝尔的"泪水划过了脸颊"，"我们要感激上帝的恩典，有幸在有生之年见到如此伟大事业的胜利。20年来，我们衷心盼望统一，并为此全力奋斗，此刻这一目标终于以伟大壮丽的方式实现了，其意义无法被轻易估量"。毫无疑问，数以百万计杰出的德意志人有着同样的感受。命运不会在每个时代都给予政治家同样的机会，让他们能唤醒整个民族的强烈爱国热情。那些成功做到的政治家是历史上的英

俾斯麦与德意志崛起

雄和伟人，其中俾斯麦必会占有一席之地。批评他手段和
性格的人将永远不能，也不会质疑：俾斯麦是个独一无二
的伟人，他的光辉荣耀将流芳百世。

附注：
总部位于柏林的普鲁士外交部有一份秘密文件，和霍
亨索伦王室成员的西班牙王位候选资格相关（详见第三章
第八节），这份文件于1958年1月首次公开出版，被翻译
成英文，名为《俾斯麦和霍亨索伦王室的西班牙王位候选
资格》，由乔治·博南编辑并加入了一篇引文，于伦敦由
查托＆温都斯书局出版。书中对1870年3月15日晚宴上
的辩论有详细记录（详见第三章第七节），由霍亨索伦王
室撰写。这些文件毫无疑问证明，在德意志，俾斯麦是霍
亨索伦王室候选资格的主要煽动者。通过不同的阐述角度，
他是否有意挑起普法战争有不同的答案，但是根据我查阅
的文件，我的结论和正文中表述的观点一致，无须改动。

第四章

帝国宰相俾斯麦

从 1871 年 1 月德意志帝国建立，到 1890 年 3 月俾斯麦被威廉二世撤职的这 20 年，被历史学家称为"俾斯麦时代"。在这些年里，俾斯麦既是德意志的中心人物，也是欧洲政界的中心人物。他被大部分德意志人视为统一德意志民族的英雄；其他欧洲国家的政治家一致认为，他的才华令同僚望尘莫及，他出色的政治才华更是所有政治考量和联盟中最不可或缺的因素。英国和俄国没有人敢轻易挑战他的权威，更不用说法国和奥地利了。各国的著名政治家，比如迪斯雷利、安德拉希和梯也尔此时都将目光投向柏林以及威廉街，乃至瓦尔岑和弗利德利斯鲁——俾斯麦不办公时，会来这里的庄园休养。俾斯麦 70 多岁的时候，地位已经高居一人之下万人之上，唯有 1808 年埃尔福特会议时期的拿破仑一世可以和他的地位相提并论，当时的拿破仑一世受到俄国沙皇和德意志君主的拥护和敬仰。然而，拿破仑一世后来又陷入了战争的泥沼；俾斯麦则在击败法国后再也没有挑起新的战争。埃尔福特会议结束几年后，拿破仑王位被推翻，离开了法国；而俾斯麦仍然执掌大权，时间长达 20 年，最后他的下台也不是因为外敌，而是自己所效忠的皇帝。

俾斯麦执政的第一阶段是 1862 年至 1870 年，第二阶段是 1871 年至 1890 年，这两个阶段天差地别。在第一个阶段中，他分别于 1864 年、1866 年和 1870 年发动了三次战争，但在第二个阶段中却维护了和平。当然，这并不意味着，俾斯麦改变了战争是解决政治问题的一大手段的看法。1870 年前后，他始终认为军事实力是衡量国家地位的真正标准，但他也不希望发动新的战争，他已经通过先前的三场战争为普鲁士争取到了胜利的果实，他不希望这些成果最终付诸东流。在第一个阶段他就彻底改变了欧洲格局，不仅极大增强了普鲁士的力量，还实现了德意志的统一，将普鲁士国王加冕为德意志皇帝；他还将两个世纪以来属于法国统治的两个大区吞并为德意志领土，罔顾当地居民的意愿，改换了他们的国籍，使之成为德意志臣民。俾斯麦相信，德意志占领了所有对其有利的领土，应该心满意足（Saturiert）了。德意志此时的利益在于保住已经获得的利益，最理想的做法就是维持和平。

因此，形势完全转变了。由于俾斯麦的政策是改变欧洲版图，他相当乐意和匈牙利的克拉普卡、意大利的马志尼等革命人士合作，一旦达成目标，他便会转向保守情绪，保守派势力又会转而成为他的天然盟友。因此，普法战争结束后，俾斯麦在第一阶段的外交政策的主要代表作是三皇同盟（Drei-Kaiser-Bundnis），这也就不足为奇了。

一、三皇同盟

普法战争期间，沙皇亚历山大二世竭尽全力支持自己的舅舅，也就是普鲁士国王威廉一世。战争爆发时，他向奥地利宣告，倘若哈布斯堡王朝打算动员军队攻打普鲁士，他随时准备为普鲁士援军 30 万人，助其一臂之力。1871年 2 月，普鲁士获胜后，威廉一世给沙皇发送了一封电报，向他表示感谢，表示"要不是你伸出援手，这场战争最后可能引发的灾难规模难以预料，普鲁士永远不会忘记你的恩惠"。普鲁士驻维也纳大使冯·施魏尼茨将军却对此十分恼火，在他看来这份电报等同于向全世界宣示：奥地利之所以保持中立并非源自其德意志民族情感，而是受到了俄国的胁迫。

沙皇并非提供无偿援助。他利用当前的战争局势和法国窘迫的现状，删去了 1856 年《巴黎和约》中禁止俄国在黑海海峡——也就是本都古王国原址——停放军舰的条款。这一条款是克里米亚战争后，法、英等胜利国强加给战败的俄国的，写入了《巴黎和约》，并得到欧洲各大国的签署，具有国际法的约束力。普鲁士也签了字，因此有义务遵守条约。战争爆发前几周，威廉一世和俾斯麦在埃姆斯会见了沙皇亚历山大二世和戈尔恰科夫亲王。我们不清楚，在这次会晤中，两位政治家是否谈及黑海海峡问题；但有一点可以确定，俾斯麦从 1866 年就开始怂恿俄国政府考虑这个问题。1866年，战争结束后，曼陀菲尔将军被派往圣彼得堡安抚沙皇。俾斯麦传达给曼陀菲尔的指令是：如果沙皇表达出废除黑海海峡条款的意愿，一定要给他传递出积极信号。普法战争期间，俾斯麦给德意志驻圣彼得堡大使罗伊斯亲王也传达过类似的指令。1870年9月，色当战役结束三周后，俾斯麦命罗伊斯通知沙皇：对于《巴黎和约》，如果他想毁约，普鲁士不会反对。不过，俾斯麦也要求俄国公开宣示：如果德意志吞并法国领土，俄国不会出面干预。

俄国政府立即抓住了这一机遇。在1870年10月31日的照会中，戈尔恰科夫亲王宣布，俄国认为自己不应再受黑海海峡条款的约束。对此俾斯麦早有预料，但他感到震惊的是，俄国竟然没有事先和他协商，就单方面采取了这一行动。他原先的计划是，建议俄国政府先暗中在黑海组建一支舰队，就像对该条约毫不知情一样，然后拭目以待，看其他强国会不会站出来反对。

能够抵制俄国这一行动的只有英国。英国政府认为，《巴黎和约》中的黑海条款并非明智之举，该条款是帕麦斯顿勋爵的政策之一，在克里米亚战争期间，约翰·布莱特曾理直气壮地反对过，现在他是格莱斯顿的内阁成员。格莱斯顿本来相当乐意与俄国政府展开友好讨论，然后商讨废除这项条款。然而，此时俄国单方面宣布这项条约作废，令他无法容忍。因此，英国内阁派遣外交部助理副部长奥多·拉塞尔前往凡尔赛，和俾斯麦讨论这个问题，认为俾斯麦是俄国行动的幕后推手。奥多·拉塞尔没有顾及上级指令而自作主张，他毫不顾忌地向俾斯麦宣告，倘若俄国一意孤行，采取单边行动，那么无论有没有盟友，英国都会发动战争。其实，拉塞尔只是在虚张声势，但他的行为确实起到了作用：俾斯麦同意开展国际大会，商讨这个问题。会议于1871年春在伦敦召开，除了废除黑海海峡条款，与会国还一致通过了一项决议：除非得到其他签约国的同意，否则个别国家无权废除或更改国际条约。俄国只能对这项决议表示同意。

这个例子中，俄国和德意志都获益：前者得到了后者的援助，后者得到了前者的善意中立。这是一种两全其美的局面，但也是一种特殊情况。俾斯麦旨在和俄国合作，这只是两国合作的一种表现形式罢了。事实上，在色当战役结束后不久，他就在9月9日给罗伊斯亲王发了电报，这是他采取的第一步行动。他在电报中表示："考虑到法国政权中除共和主义人士外还有坚定的社会主义人士，欧洲君主主义阶层和保守派势力的团结，将会带来理想的结果。"几天后，他又对罗伊斯亲王下达指令，让沙皇警惕欧洲革命派和共和派的联合。他建议俄国、德意志和奥地利三国合作，成为君主制原则最坚实的后盾，成为秩序与文明最坚定有力的保障。

俾斯麦这段话中有一个最为重要的特征：他将外交政策和意识形态的原则相结合，这与俾斯麦从前的政策惯例相比，天差地别。俾斯麦现在所提倡的君主制原则，正是1815年神圣同盟的意识形态基础；而他现在想要团结的对象，也正是当时同盟的成员国：俄国、普鲁士和奥地利。

不过，俾斯麦想要缔结同盟的原因更是基于现实的需要。他在战争期间和战争结束后的外交政策，都以孤立法国为主要目标。战时他曾给德意志驻伦敦大使伯恩斯托夫伯爵写过一封照会，表示如果英国不能意识到德意志是欧洲大陆上唯一有价值且值得信赖的盟友，那么德意志就有必要与俄国结盟。与俄国相比，俾斯麦似乎更倾向于和英国结盟。然而，两国结盟完全不现实。德意志曾经暴力吞并阿尔萨斯和洛林，英国对此极为反感，而且英国不希望一直打压法国。虽然英国也对拿破仑三世的统治感到不满，但他们并没有严重到产生敌意。相反，法兰西帝国崩溃后，许多英国人都不同意继续战争。

当然，把俾斯麦策划的三皇同盟称为新的神圣同盟，显然是夸张了。无论是俾斯麦，还是俄国和奥地利的主要政治家，都没有以制定新的干预政策为目标。这三大帝国并不奉行君主专制主义，但它们有一个共同特点，这一特点在自由主义盛行的国家，比如英国、法国，甚至是意大利都找不到任何踪影。举例来说，1880年大选后英国改变了外交政策；1885年，法国议会让茹费理下台，改变了本国的外交政策。而三大帝国的外交政策既不由议会决定，也不受大选影响，而是由皇帝和外交部长掌握决定权。从这方面看，三大帝国执行的是内阁政策。当然，公共舆论在其中发挥了重要作用，后来连俄国沙皇也无权长期推行违背民意的政策；但在一般情况下，只要外交部长得到君主的支持，就能拥有充分的自主权。

在德意志，俾斯麦对外交政策中的所有问题都拥有绝对的权威和优势，因此人们相当乐意遵从他的领导，而俾斯麦也竭尽全力地防范议会干预外交事务。举例来说，他不同意将外交政策相关的文件制作成蓝皮书呈递给帝国议会，他担心会煽动议员讨论这些问题。事实上，在德意志帝国议会上，议员很少会讨论外交事务；通常只有在俾斯麦想向全世界和其他国家发表重要声明时，他才会在演讲中涉及外交政策的问题。1878年，东方危机达到高潮时，

俾
斯
麦
与
德
意
志
崛
起

政府各党派的领袖要求，德意志政策的解释权应该交给帝国议会；俾斯麦对此大为恼火，还在私下里猛烈抨击那些议员，即便那些议员是他坚定的追随者，甚至是议会中最值得他信赖和依靠的后盾。俾斯麦表示，无论从哪个角度看，外交政策都是大麻烦，那"300头蠢驴"更是让情况变得一团糟。毫无疑问，他口中的蠢驴就是议会中备受尊敬的议员代表。

德意志帝国建立时，俾斯麦多年的对手博伊斯特伯爵仍然是奥匈帝国的外交大臣。他清楚地知道，1866年的战争已经彻底打破了美因河线。哈布斯堡王朝的外交政策需要找到新方向，因此博伊斯特相当乐意和新的德意志帝国达成和解，建立合作关系。1871年秋天，俾斯麦和博伊斯特在加施泰因会面，进行了友好而满意的谈话；博伊斯特甚至同意了德意志和俄国的合作。但是，博伊斯特的外交大臣生涯已经接近尾声。和俾斯麦的会面结束仅仅几周后，他就被外交部撤职，被调往伦敦，担任奥匈帝国驻英大使。

博伊斯特之所以被撤职，原因在于奥地利国内政治的部分事件，而这些事件又是德意志帝国建立所导致的。1871年，奥地利皇帝弗兰茨·约瑟夫一世解散了由德意志自由派议员组成的内阁，又称国民部（Burgerministerium）。他的主要考量是，既然德意志帝国已经成立，奥地利的德意志民族就没有那么重要了，他不希望他们相较于其他民族占据优势地位。他任命霍亨瓦特伯爵为新内阁的首领，霍亨瓦特伯爵是一位信奉教权的保守派，试图推行联邦制，支持其他民族——尤其是捷克人——的崛起。博伊斯特不属于奥地利内阁，他管理着联合事务，即奥地利和匈牙利两国的共同事务。

哈布斯堡王朝有三大部门：（1）奥地利内阁；（2）匈牙利内阁；（3）部分管理两国联合事务的大臣，其中外交大臣地位最高。博伊斯特不赞成霍亨瓦特的联邦制实验，匈牙利首相安德拉希伯爵也表示反对。当奥地利的德裔人失去控制时，博伊斯特向皇帝抗议霍亨瓦特的政策。皇帝接受了他的意见，并在1871年10月撤换了霍亨瓦特。但是，几天后，博伊斯特也被免去了外交大臣的职务，由匈牙利首相安德拉希接替。

自1871年至1879年，安德拉希掌管哈布斯堡王朝的外交政策。在任期间，他与俾斯麦密切合作，完成了自己的工作。1879年，他取得了在任期间的最后一项成就，即促成奥地利与德意志的结盟。

影响匈牙利政策的最重要因素是对俄国的恐惧。安德拉希是匈牙利人，他担心德意志与俄国结盟会对哈布斯堡王朝不利。既然不能迫使俾斯麦疏远俄国，奥地利和匈牙利的最佳政策选择就是加入这个联盟。另一方面，戈尔恰科夫也不希望德意志和匈牙利结盟，这对俄国不利。于是，在1872年9月，奥地利皇帝弗兰茨·约瑟夫一世亲自前往柏林，表示已经与萨多瓦战役的胜利者和解，沙皇也出席了。这样，三位皇帝在各自大臣的陪同下，在新德意志帝国的首都会面了，但这只是一次演习，并没有立即达成同盟协议。直到1873年，三国才正式签订了协议。这个协议比较模糊，内容也不明确，但其中有一个原则值得注意。三位皇帝都表达了自己的决心：他们认为，协议中的这些原则是唯一能确保并维持欧洲和平的方式，它们能够抵御企图暗中颠覆同盟关系的活动，无论这些活动属于哪个领域。没有人能凭借原则问题分裂同盟关系。通过宣告遵守原则，

俾斯麦与德意志崛起

下决心抵抗具有颠覆倾向的活动，三皇同盟拥有了一项尤为显著的特征。那么，有哪些势力可能会颠覆三皇同盟呢？比如，当时在伦敦出现的宣扬社会主义的人，他们喊着"英特纳雄耐尔"的口号，其领袖是卡尔·马克思。但是这股力量当时还太过于弱小，以至于对欧洲和平或皇帝的安全不具任何威胁性。

不过，俾斯麦并不怎么在乎三皇同盟的声明。西班牙爆发革命时，俾斯麦在没有和盟友协商的情况下，就在1874年承认了西班牙共和国。对此，同盟国还表达了坚决反对，批评他违反了原则。但对俾斯麦来说，宣告原则的目的就是孤立法国；他的期望是，只要法国仍然是共和国，在原则的约束下，沙皇和奥地利皇帝就无法与其结盟。同时，俾斯麦还竭力维护法国的共和制，防止其恢复君主制。在战争刚结束的几年中，法国共和制的地位并不稳固，当时有一场声势浩大的运动，要求在一个古老的王室血统的国王下恢复君主制。俾斯麦强烈反对这个运动。他想让梯也尔继续掌权，当梯也尔在1873年5月被推翻，麦克马洪元帅被任命为总统时，他很生气。他严厉地指责德国驻巴黎大使哈里·阿尼姆伯爵，批评他没有帮助梯也尔，而是支持复辟运动。

当然，俾斯麦持这个态度倒不是因为他偏爱共和政体，也不是因为他信奉不干涉他国内政的信条。他的动机仅仅是因为他要让法国没有能力结盟（Bundnisfähig），也就是说，只要法国没有君主，就不能和另一个君主制国家结盟。法国的民主共和政体和沙皇的专制独裁政体有着天壤之别，在他看来，这会让法国和俄国很难恢复关系，更不必说结盟了。法俄两国结盟是他最害怕的事情。然而，在将来的某一天，这一幕真的发生了：俄国沙皇向着法国人行脱帽礼，法国海军乐队奏着《马赛曲》——这一天发生在俾斯麦倒台后的 1892 年。从强权政治的角度看，只要政治集团和联盟对国家有利，那么从长期来看，任何制度上的差异都不会成为障碍，多年来这都是清晰明确的真理。法国的共和制整体并未受到其他君主制国家的抵制，哪怕是最保守的国家都没有提出反对声音。俾斯麦在其中发挥了重要影响，柏林会议结束后，他和法国达成和解政策。既然俾斯麦自己都表现出了支持，欧洲政治家怎么可能还有所顾忌，拒绝和法兰西共和国合作呢？

二、德意志"自由主义时代"

值得一提的是，战争结束后，俾斯麦在德意志人民中的威望大大增强。德意志皇帝册封他为亲王，大多数人都认为这位俾斯麦亲王，或者说帝国宰相殿下（Se. Durchlaucht der Furst Reichskanzler）是德意志的真正统治者。在 1871 年 3 月的帝国议会大选中，自由派议员占据了大多数席位。民族自由党势力最为强劲，在 400 个议员席位中，他们就占据了 120 席。俾斯麦最忠诚的拥护者自由保守派占据了约有 40 个席位；进步党占据了约 50 席。

民族自由党无论在数量上还是在议员的素质上，都是最有影响力的党派。他们中的大多数都是有经验和能力的议员，而且深得民心，有话语权，知识渊博，富有政治智慧。该党派的领袖是汉诺威的鲁道夫·冯·本尼格森，德意志

俾斯麦与德意志崛起

民族协会的前主席，也担任过普鲁士下议院的主席。另一位民族自由党议员马克斯·冯·福肯贝克是普鲁士德意志进步党的创始人之一，他后来当上了帝国议会的议长。他们两人都和俾斯麦私交很好，老年的威廉一世皇帝非常信任福肯贝克，王储更是对他十分依赖。还有一位汉诺威人约翰内斯·米克尔在帝国议会上也很有影响力，他有着超凡的政治才华，而且是一个优秀而有说服力的演说家，但他虽然常常愿意妥协，却不太得到俾斯麦的信任。左派领袖爱德华·拉斯克影响最为广泛，无论是在帝国议会还是普鲁士下议院都是如此；他是所有议员中最刻苦勤勉、孜孜不倦的议员，他总是第一个阅读并消化议院中所有文件信息的人，还会透彻分析所有问题，从而为议会的辩论环节做好充分准备。大家都知道，拉斯克没有私心杂念，只关心国家和政党的利益，大多数议员都心甘情愿地跟随他的领导，即使他们没有进入拉斯克政治追随者的核心圈子。据他朋友描述，当时拉斯克相当于议会的参谋长乃至军事长官。俾斯麦却相当忌惮拉斯克的影响力，后来他曾抱怨道：如果没有"拉斯克修正案"，他的议案就通过不了，这就导致他的议案总是被修改，莫名其妙多了许多自由主义色彩。俾斯麦称之为"拉斯克教条主义"，他高喊这个口号，试图削弱拉斯克在自己党派中的威望和影响力。

但想要做到这一点，俾斯麦还有很长的路要走。战争结束后数年，俾斯麦乐于接受议院中民族自由党的支持，让他们在立法问题上有很大的发言权。德意志帝国是一个新生的国家，需要制定新法律并完善制度，各邦国之间的法律差异巨大，容易导致局势混乱，因此，为全国制定统一的法典是非常必要的。在贸易和经济领域，法律的统一更是重要。例如，每一个德意志邦国都有自己的法定货币，汉堡、普鲁士和巴伐利亚的货币都不同，因此，使用统一的德意志货币是当务之急，必须废除旧货币，确立新货币制度，让新货币能够自由流通并被全德意志接受和使用。既然要实行通用货币，首先就要建立中央银行，它应当拥有和英格兰银行类似的功能。在19世纪70年代初期，议会通过了相关的法律，在制定法律的过程中，民族自由党议员路德维希·班贝格作为帝国议会的负责人（Referent）发挥了最重要的作用。

俾斯麦非常幸运，面对立法重任，一位合作伙伴帮了他大忙，这个人就是鲁道夫·德尔布吕克。俾斯麦对当时的经济问题既不懂也不太关心，所以欣然将这些问题交给德尔布吕克——也就是他的宰相府管家——处理。德尔布吕克知识渊博，工作勤奋，态度礼貌，为人公正，没有私心杂念，是一个典型的高级公务员，他是普鲁士枢密顾问（Geheimrat）的最佳典范。他深得议会信任，尤其受自由派人士的欢迎，他们有着共同的经济目标和理念。德尔布吕克也积极拥护自由主义的经济政策，支持经济自由，倾向于废除陈旧保守的传统做法，从而消除障碍。这也是自由派人士的目标，双方的合作带来了丰硕成果，在立法问题上的成效尤其显著。

经济问题之外，这些年里最重要的一大成就便是法律的统一。德意志法官必须根据成文法做出判决，因此制定统一的德意志成文法，代替此前不同邦国存在分歧的法律是当务之急。德意志帝国宪法并未要求统一所有法律，中等大小邦国的政府——如巴伐利亚和符腾堡——最不愿意让德意志帝国干预他们的法律。民族运动扫除了这些障碍，

俾斯麦与德意志崛起

拉斯克是最重要的推动者，也是最大的功臣，他多次在帝国议会上提议制定通用法典和通用民法。即使是对拉斯克最为批评的人，也不得不承认他的功劳。

俾斯麦对司法问题不是很感兴趣。有一次，他有机会旁听委员会讨论司法程序相关的问题，他听了一会儿就摇头走了，表示无法理解这样一群聪明人怎么会如此严肃地讨论这种细枝末节的事，这些问题怎么解决都无所谓。但是如果俾斯麦觉得有人想削弱国家权力、主张个人自由，比如修改新闻出版相关的法律，他就会坚决反对。

想要理解民族自由党这些年的立场，首先应避免将其和英国党派对比。英国的党派不是执政党，就是反对党，下议院的席位安排体现了这一制度。议员成员要么坐在政府一方的长椅上，要么坐在对面的座位。如果议员从下议院的一边横穿到另一边，就代表他完全改变了自己的政治立场，这种席位安排象征着一种政治体系，十分简单高效。而在德意志议会，议员的座位呈半圆形，最保守的议员坐在最右边，最激进的议员坐在最左边。即便政府下台，新一届政府具有完全不同的政治色彩，他们也不用改变座位。政府议员不坐在议员之中，而是坐在这个半圆形对面的讲坛上。帝国议会的讲坛由联邦参议院管理，宰相俾斯麦担任主席，在联邦参议院讲台（Bundesrats-Tisch）上发表演讲。宪法要求，一个人不能同时在帝国议会和联邦参议院中任职。德意志各邦国的大臣和部长自动担任联邦参议院的议员，一旦被任命为大臣，他们就得离开帝国议会，这么做为政府引入议会制设立了法律障碍。实际上，在俾斯麦掌权时期，民族自由党的议会领袖从未担任过联邦参议院的大臣。后文也将提到，本尼格森有一次本可当上大臣，却因为没有"顺从",和俾斯麦产生了分歧。俾斯麦倒台后，民族自由党的领袖米克尔当上普鲁士财政大臣，他无论是在前辈还是后辈面前，都显得出类拔萃，这是公认的事实。从这个例子可以看出，倘若俾斯麦没有为他们加入内阁设下重重障碍，他们本可以发挥自身的政治与管理特长，为国家利益贡献自己的智慧。

这几年被称为"自由主义时代"，但我们要知道，自由主义只在立法领域发挥了影响。在普鲁士行政部门中，保守派始终维持传统的优势地位。通常只有可靠且观念保守的年轻人才能够进入行政部门，并被提拔到较高的职位。其中许多人来自古老的容克贵族，他们的家族世代以来都在政府行政部门中拥有先天的优势和权益。比如后来公认的在普鲁士诸大臣中最保守也最反动的冯·普特卡默先生，就是在这个"自由主义时代"，开始了个人的"职业生涯"。

通过上述评价，我们也能看出，相较于其他党派，德意志帝国的议会党理论上更加独立，但是影响力也更小。例如，议会党可以投票反对政府，但不能推翻它；某个政党也许会一直投票支持政府，但他们的意见可能被政府轻易忽视。俾斯麦掌权时期，他一个人就代表了整个政府。俾斯麦总是要求拥护他的人要无条件服从他。如果议员虽然支持他，但出于良心而选择反对俾斯麦，或者在某些问题上和他意见不合，不能始终听从他的命令……这种有独立精神的做法是俾斯麦无法理解的。更糟糕的情况下，他会把这种做法视为背叛和不忠，并采取相应的措施。他声称，选民投票选出的议员都要追随他的领导（换句话说，他越过议员，呼吁选民支持自己）。大家都清楚，一旦成为俾斯麦的敌人，他们会面临多么危险的处境。

民族自由党只想和俾斯麦联手，在选民面前，他们将俾斯麦描绘成在世的最伟大的政治家和推动民族统一的不朽英雄。然而，该党派的领袖不可能看不明白，这位伟大政治家在所有的原则问题上，都和他们相距千里。他们或多或少都信奉自由主义，以国家和制度的自由发展为使命。有一位敏锐而批判的观察者曾说俾斯麦是个"中世纪"的人。1875年，德意志太子妃维多利亚公主在写给母亲的信中说道："俾斯麦在新闻出版理念方面是个彻头彻尾的中世纪人，事实上，他就是个中世纪的老古董，真正的自由思想和政府治理对他来说就像希伯来语一样晦涩难懂，只有在认为部分民主思想或措施可以达到他的目的时，他才会接受或赞同。"

虽然民族自由党对俾斯麦也持相同看法，但他们别无选择，只能勉强和他合作。俾斯麦的地位牢不可破。无论做什么事，俾斯麦都是不可或缺的。他在选民中有着至高无上的权威，因此，民族自由党尽可能避免和他产生矛盾或冲突，在这个立场上，他们也必须具备政治适应能力和思想独立性——很少有人兼具这两种品质。在不同的人身上，这些品质的比例也不同。因此，要把整个党派团结起来是很困难的。通常一方希望坚守原则，另一方就会想要妥协。相比于福肯贝克和拉斯克这样的传统普鲁士人，本尼格森和米克尔这些汉诺威人通常更愿意寻求妥协方案。

1874年的一项军事议案引发了一场危机，可以反映出当时的困境。1862年至1866年，军队重组问题引发了普鲁士宪法冲突，此后军队问题一直是争议的焦点。德意志皇帝的目标是自己完全掌管军队事务，议会不得干预。当然，议会有权为军费投票表决，但皇帝和政府试图根据人口比例，固定和平时期征召入伍的士兵数量，从而可以一劳永逸，将议会的投票权变得有名无实。我们知道，俾斯麦曾经在起草北德意志邦联宪法时，就试图达到这一目的，但由于福肯贝克提出了妥协方案（第三章第一节），这个问题也只能暂时搁置。1871年，战争的时代背景之下，福肯贝克的妥协方案被延长至1874年。从这一年开始，军事预算案需要每年在帝国议会上进行投票，在获得议会批准后才能实施。然而，德意志皇帝和将军们又想推出永久性的军事预算案。这时帝国议会收到一项议案，其中要求拥有至少40万人的固定士兵数量，一旦法案通过，帝国议会就相当于放弃了对军事事务的所有影响力。这引起了强烈的反对声音，大部分民族自由党都坚决反对这一法案。在讨论这项法案的议员委员会中，拉斯克领导的民族自由党左派占据了关键的一票。虽然委员会否决了固定士兵数量的提案，但民族自由党右派明确表示，他们愿意妥协。

俾斯麦在委员会讨论阶段才开始介入此事。他没有积极干预，而是任由事态发展。他私下告诉英国大使奥多·拉塞尔，这项议案并非出自他的主意，而是德意志皇帝和他的"军事内阁"提出的。这与我们的猜想相一致：此时俾斯麦应该是不希望将军队规模永久固定的。他当然同意限制议会的影响力，但他也不希望"军事内阁"和将军拥有过多的自主权。"军事内阁"既不归宰相也不归战争部长管理，而由威廉一世这位德意志皇帝直接掌控。如果将军们不需要帝国议会的支持，他们也就不必求助于宰相。此时，将军们虽然不太情愿，但是也认识到，没有俾斯麦的帮助，他们无法达成目标。俾斯麦对此倒没什么遗憾之情，他们已经陷入困境，俾斯麦相当乐意伸出援手，帮助他们走出死胡同。俾斯麦当时正卧病在床，但仍希望传达给他们一个信号，就是只有他一个人才能完成他们所有人都无法完成的事情。俾斯麦把两位自由保守党议员叫到床边，向他们发表了一番言辞激烈、充满愤怒的讲话，随后这段话被整理成演讲稿，在各大报刊上立即刊登出版。这篇稿子充满了对帝国议会的指责和威胁。他威胁道，要么自己辞职，要么解散帝国议会。他说他不会为了迎合议会而牺牲自己在欧洲的声望；他还尖锐地批评了民族自由党左派人士，说这些人是靠着他的名气才当选的议员，选民是为了支持他，才让这群人进入了帝国议会。通过这番努力，俾斯麦把危机转化为了他个人和拉斯克之间的对抗。

这番话让民族自由党胆怯了，他们甚至不敢有在选举中和俾斯麦作对的念头。自从普鲁士爆发宪法冲突以来，选民情绪发生了巨大变化。选民曾经不顾政府压力衷心支持反对派，可反对派现在已经无法应对俾斯麦的强劲攻势，不值得信任了。欧根·里希特过去是军国主义最公开也最激烈的反对者，但他所领导的进步党中有的议员倾向于妥协方案，而非坚决抗争；民族自由党右派渴望妥协，其领袖之一米克尔更是和俾斯麦洽谈了一个妥协方案，其中规定，军队规模可以固定下来，但不是永久固定，只有 7 年效力。这意味着在 1877 年之前，帝国议会对于任何军队事务都没有发言权。按照常规程序，帝国议会将在 1877 年再次召开选举，但这之前的议会都没有独立决定事务的能力。另外，年迈的德意志皇帝也应该满意了，毕竟他已经 77 岁高龄了，7 年甚至超过了他预期的寿命。

帝国议会以多数票通过了这一方案，就连拉斯克也表示支持，因为如果他继续表示反对，可能就会遭到孤立。

这次事件给自由主义造成了沉重的打击，它摧毁了当时还被看作国家根基的宪法原则。不仅如此，这次妥协方案还赋予了军队优越的合宪地位，激发了军国主义情绪，中上层阶级更是热烈响应。很多年轻人的志向都变成了拥有"预备役军官"的头衔，他们希望能够在皇帝生日当天穿上军官制服。自从军队被视为国王专属的领域，与公务员和法官这两种职业相比，成为军官就显得更加荣耀。军国主义之风愈演愈烈，削弱了部分阶层的自由主义情绪，因为这些阶层的祖辈曾经在自由主义运动中有卓越表现。

自由主义遭受的挫折意义深远。当时，德国爆发了一项有着政治影响力的斗争，被广泛称为文化斗争（Kulturkampf），自由主义对于俾斯麦来说是不可或缺的盟友。

三、"文化斗争"

"文化斗争"指以中央党为代表，由俾斯麦和德意志自由主义共同反对罗马天主教会的伟大斗争。在德意志，这场文化斗争对人们思想的影响长达四五年，欧洲大部分人都视之为时代最激动人心的一大事件。当时有许多问题引发了人们的强烈情绪，但现在随着时间的流逝，它们已经成为时代的背景。我们今天可能很难理解当时的激动之情，但当年最开明、受过高等教育的人都普遍认为，他们的后代将面临巨大的危险。

如果我们想理解这种激动之情，就必须回顾罗马天主教的两次行动，其一是 1864 年，教皇发布了《邪说提要》；其二是 1870 年，梵蒂冈颁布教皇无误论的敕令。

《邪说提要》亦称《现代错误学说汇编》，是教皇庇护九世同《何等焦虑》通谕一起发布的教廷文件，其中列出了一系列教皇非难、禁止和谴责的现代学说，几乎包括了所有被自由主义视为国家和现代文明基本原则的学说。《邪说提要》也因此被视为自由主义和现代主义的挑战书。

1870 年 6 月，梵蒂冈大公会议通过教皇无误论的教条，引发了更剧烈的风波。德意志被视作宗教改革运动的发源地，该地区的反对声音更加强烈，大多数德国主教在大公会议召开时曾强烈反对该教条，但还是被大公会议通过了，根据天主教会的根本教义，他们也只能服从。仅有少部分人仍奋力抗争，拒绝接受，其中包括神学家多林格尔，他和格莱斯顿和阿克顿勋爵是朋友关系，被视为天主教神学研究的主力军，以及最伟大的德意志基督教会历史学家。部分反对派组织了旧天主教会（Alt-Katholische），许多同时代的人对其寄予厚望，但它始终势单力薄，未能发挥真正的作用。

这里我们不需要对教义问题进行争论，只需要探讨这些事件对时代的影响。我们只需引用一个例子，也就是格莱斯顿的小册子《梵蒂冈的法令关系到公民效忠》，便可清晰体现其政治重要性。倘若一个像格莱斯顿这种思想自由、观念包容的人都会担心，这些法令会改变教会和国家之间的关系，危及英国天主教徒对国家的忠诚信仰，我们便能理解为何会激起种种不安与骚动了。

从一开始，俾斯麦就没有太在意教皇无误论的问题。

梵蒂冈大公会议期间，即便普鲁士在罗马教廷的大使哈里·阿尼姆伯爵建议采取更加积极的政策，俾斯麦的态度仍然相当保守。他义正词严地指出，普鲁士是一个信奉新教的国家，不能主动插手天主教会的事务。不过，要是奥地利和法国等天主教强国愿意发挥领导人的角色，他也乐意追随。就在大公会议通过教皇无误论的教义后，普法战争爆发了，而俾斯麦最主要的考量也放在防止国际问题加重他计划执行的难度上。而等到教皇失去了世俗权力，意大利王国于1870年9月吞并了教皇国后，一位普鲁士主教领袖人物现身德意志帝国凡尔赛的指挥部，此人便是波森主教冯·莱多霍夫斯基。莱多霍夫斯基曾获俾斯麦的帮助，从而在普鲁士的波兰行省谋得职位；俾斯麦看重他的价值，认为他能使波兰德意志化，哪怕他其实是个耶稣会信徒。莱多霍夫斯基此次来到凡尔赛，对俾斯麦提出了两个请求：其一是他会继续为教皇国遭到毁灭表示抗议；其二是一旦教皇离开罗马，他会为教皇请求普鲁士庇护。毫无疑问，俾斯麦拒绝了第一个请求，因为德意志不想和意大利王国发生冲突。不过他相当乐意接受第二个请求，原因有两个：一是他认为如果教皇住在德意志地区，那么德意志的影响力就会大大提高；二是他认为教皇的存在能对德意志政府管理国内政治事务提供有利的帮助。

这件事对我们理解俾斯麦的感情和态度很有帮助。从俾斯麦上台开始，他就一直希望教皇能够对议会中的普鲁士天主教议员说些好话，争取他们支持俾斯麦。只要教皇安排天主教议员投票支持政府，他相当乐意帮助教皇从国际问题中脱身。莱多霍夫斯基在凡尔赛时，俾斯麦说道："倘若我们为教皇提供庇护，他必须从其他方面回报我们。"

他在和朋友谈话时表示："神职人员信奉教皇绝对权力主义，因此他们的反对势力也会遭到遏制。"

这件事的重要性是无法估量的，因为正是在这个时候，一个支持教皇绝对权力的政党成立了。此前，普鲁士下议院一直存在着天主教党派势力，但势力相对弱小；而现在成立的这个名为"中央党"的新党派则强大得多。1871年，约有70名议员回归第一届德意志帝国议会，从议会成立一开始就是第二大党派。而且比起它的规模，更重要的是，它拥有一位优秀的政治领袖——路德维希·温特霍斯特。

温特霍斯特和自由主义领导人本尼格森以及米克尔一样，都来自汉诺威，但是在格奥尔格五世被废黜后，温特霍斯特仍然忠于这位老国王。俾斯麦认为他属于韦尔夫派，是特殊神宠论者，对他深恶痛绝。俾斯麦曾说了一句十分符合他的个性的话："每个人都要有人爱，有人恨。我爱我妻子，恨温特霍斯特。"我们无法得知温特霍斯特是否回应了这句带有讽刺意味的赞美，但他性格稳重、头脑冷静，面对敌人，他不会让自己憎恶的情绪蒙蔽了内心的敬佩，也绝不会因此弱化反对的力度。温特霍斯特虽称不上是伟大的演说家，但他几乎总能准确表达自己想表达的观点，并找到合适的陈述方式。相比于爱发火的俾斯麦，他总能克制好情绪，时刻准备着做出回应。他在议院中是一位备受尊敬的战术家，甚至可能是帝国议会有史以来最优秀的智谋之士。他待人接物温和有礼，仁慈善良，是站在最前线捍卫天主教的战士；虽然大多数新教徒和自由派人士都发自真心地厌恶他，议员们也强烈反对他的观点和党派，但仍不能改变他备受尊敬的事实。

俾斯麦起初试图引诱教皇站出来反对中央党。当时枢机主教、国务秘书安东内利有几句发言确实可以理解为类似的意思，俾斯麦听闻后就立刻将之公布于众了。但是，天主教中央党的领袖有着更简单的拉拢罗马方面支持的途径，他们诱使安东内利发表了一则声明，轻而易举地粉碎了所有企图挑拨教廷和中央党关系的计划。

此时，俾斯麦开始转为进攻。1871年6月19日，他在保守派主办的《十字军报》上发表了一篇文章，向中央党宣战，并在几周后废除了普鲁士文化处（Kultus-Ministerium）的天主教部门。1872年1月，中央党议员在下议院就这一做法对俾斯麦质疑问难。俾斯麦则猛烈抨击中央党，指责他们试图动员民众反抗国家统治；他还谴责温特霍斯特不支持德意志帝国的成立，甚至试图给其贴上帝国敌人（Reichsfeind）的污名化标签。温特霍斯特回答道："宰相不能等同于国家。迄今为止，还从未有大臣如此专横放肆，竟至于称其反对者是国家的敌人。"这种策略倒是十分符合俾斯麦的风格，很多反对他的党派都被他称为帝国的敌人。这位令人恐惧的政府首脑公然做出这种"新式驱逐令"般的公开宣告，还在上百份报刊中大肆宣传。通过这种手段，俾斯麦向德意志公民的生活注入了有毒的情感和仇恨之心。

自从中央党成为德意志天主教会的政治卫士后，俾斯麦和中央党的战争公开爆发了。在这场斗争中，大部分不信仰天主教的人——他们在德意志人口中占据三分之二——都完全站在俾斯麦一边，其中许多人都认为这是一场拥护现代文化、抵抗蒙昧主义的战争。"文化斗争"这个术语是伟大的病理学家鲁道夫·菲尔绍教授创造的，他是一位进步党议员，绝非俾斯麦强权政治的盲目信徒。他

俾
斯
麦
与
德
意
志
崛
起

和朋友们都希望这场斗争可以让学校摆脱神职人员的影响，无论天主教还是新教。其他更加保守的政治家认为，这场斗争对于维护国家权利是有必要的。对于新教徒来说，耶稣会成员是一个尤为棘手的难题，这些人被看作极端狡猾诡诈的阴谋家。1872年，帝国议会通过了一项反耶稣会的措施，让政府不仅有权解散各大耶稣会团体，还可以将所有耶稣会的成员驱逐出境。这一法令堪称最糟糕的异常法律典范，它无视了根本的自由主义原则，包括公民平等、信仰自由，而且也不符合大众良知。即便如此，保守党和大部分自由派人士都给这项措施投了赞成票，一些自由派领袖甚至还是这项措施的主要发起人。只有拉斯克一人捍卫了自由主义的荣誉，他不顾自由主义者的激烈反对，宣布无法出卖自己的灵魂，投票反对这种狭隘偏执的做法是他的唯一选择。

　　普鲁士议会是主战场。学校和教会的行政管理权不属于德意志帝国，而是由各邦国如普鲁士、巴伐利亚等各自治理。俾斯麦认为现有的普鲁士法律不够强硬，无法对付教会的激进分子，他们会对国家的权威构成挑战和威胁，因此需要制定新的法律。为此他需要任命新的文化部长。他将目光投向了司法部的高级官员阿达尔贝特·法尔克。在被授予这一职位时，法尔克问俾斯麦："您对我的期望是什么？"俾斯麦回答道："重新界定教会和国家的权利关系，尽量不要惹起骚乱。"

　　然而，在第二个期望上，俾斯麦自己犯下了最大的错误。在介绍普鲁士新法案时他发表了一篇演讲，引起了轩然大波。这是他有史以来发表过的最慷慨激昂的演讲，他用尽全部的力量和激情抨击中央党，还将其领袖温特霍斯特单独挑出来进行抨击，试图离间他和他的党派。当然，这番话没能起到任何作用。该党派的另一位领袖冯·马林克罗特称温特霍斯特是一颗明珠，在党内他享有最高的声望和尊敬。在俾斯麦抨击汉诺威国王时，敬重国王的温特霍斯特庄重回应："我对汉诺威王室的一腔赤诚之心将伴随我的一生，世间任何事物，哪怕是最有权力的德意志宰相都无法将我们分离。我仍清晰记得《圣经》中的这句话：'你们要依从那些引导你们的，且要顺服。'我履行了自己的义务，正如我从不违背自己的良心。"许多年后，俾斯麦仍然对他的结束语记忆犹新："天气好时遵从君主制原则似乎轻而易举，天气恶劣时却会十分艰难。"

俾斯麦发表演讲时曾多次称中央党是"国家的叛徒"，认为他们和社会民主党是同一类人，称"这两个党派挑起国际争端，阻碍国家发展，是德意志民族和德意志国家的公敌"。他将当前的斗争描述为教士和国王之间由来已久的争斗，甚至比基督教世界的历史还要悠久，阿伽门农和卡尔卡斯在陶里斯爆发的冲突便可以用来佐证。他的这番话给人留下了深刻的印象。俾斯麦在帝国议会上大声疾呼："我们不要去卡诺萨！"这个典故令德意志民族中大多数人都不禁热血沸腾。1077年冬，亨利四世以苦修的方式向教皇格里高利七世忏悔，这件事被视为古老的德意志帝国所蒙受的最深刻的耻辱，也是教皇所取得的最了不起的胜利。通过这一典故，俾斯麦让全体德意志民族都为之一振：在历史上，王权与教权的争斗引发了最为深重的苦难与折磨，但这场旷日持久的斗争终将以胜利告终。

法尔克需要像魔术师一样机灵敏捷，才能在不辜负俾斯麦重任的情况下，不引起任何骚动。受篇幅所限，本书无法面面俱到地介绍法尔克的立法尝试；但可以确定的是，法尔克的努力基本以失败告终。但这并不意味着我们可以轻视和忽略他；他对自己的使命兢兢业业，付出了无数汗水。或许，在诸多大臣中，在历史长河的冲刷后，他的名字始终值得被铭记于心，可以肯定的是，他是唯一仅凭自身实力赢得良好声誉的人。在一次选举中，7个选区的人同时给他投了票，让他进入下议院。选举这一天，普鲁士的小学教师怀着感恩之心将他的名字牢记于心，法尔克为他们提供的帮助甚至比古往今来的大臣都更要丰厚。在《思考与回忆》一书中，俾斯麦将行动失败的责任全部推卸给法尔克，但他也无法否认，法尔克有着罕见的天赋，而且从不气馁。

法尔克的尝试失败了，但这也并不完全是他的责任，俾斯麦也应当为此负责。失败的根源，还是俾斯麦没能完全理解天主教会。英国驻柏林大使奥多·拉塞尔在1874年写道，俾斯麦及其政府没有意识到罗马天主教神职人员的非暴力抵抗的威力，"罗马教会常通过宗教迫害而获取力量，但是面对自由的威力，及自由力量的庇佑，教会也无能为力……俾斯麦的反教会政策迫使德意志主教拥护教皇，为了恪守原则、表示顺从和维护榜样而殉道"。

在俾斯麦的回忆录中，有一段十分出名的话，从这段话可以看出他对自己的所作所为激起的反抗几乎一无所知。"忠诚而笨拙的普鲁士宪兵手握鞭子和军刀，在小路和卧室里追捕灵活敏捷、脚步轻快的神父们，这幅画面向我清晰地揭露了普鲁士法律构想中存在的错误。"他不理解文化斗争中那些聚集起来攻击他的道德力量，正如他不理解普鲁士的宪法冲突。

文化斗争的政治影响拉近了俾斯麦和自由派人士的距离，却也令他疏远了保守派人士。通常情况下，保守派不会过多担忧天主教的际遇，但路德维希·冯·格拉赫还在为之奋斗。多年来，他一直是《十字军报》的知识分子领袖之一，在1866年的政策后，他与俾斯麦关系破裂。现在，他已经是中央党的一员，并为中央党反对自己的旧友俾斯麦。保守派的大多数人，尤其是《十字军报》一派，十分关心新教教会的发展及其对教育事业的影响，而法尔克的法律剥夺了天主教和新教教会神职人员监督小学的权力，因此遭到了神职人员的强烈反对，并与俾斯麦产生了尖锐的冲突。汉斯·冯·克莱斯特-雷措夫是俾斯麦的一位多年好友，但他带头在上议院猛烈抨击了俾斯麦的政策。他谴责俾斯麦抛弃了自己的保守派。俾斯麦则用尖刻的讽刺回应："部分脱离整体后，原先被捆住的手脚就能够自由活动了。国王和政府并未脱离保守党，是保守党离开了他们。"1874年的大选中，俾斯麦曾向保守党表明，没有政府的支持，保守派就只是一潭死水。在此次大选中，帝国议会和联邦参议院的保守派议员席位骤减至普鲁士宪法冲突期间的历史最低。民族自由党、进步党的席位增多了，但中央党也是如此，他们在两院中占据了将近100个席位。

除了议会，保守派在其他方面也持反对态度。年迈的皇帝十分同情他们，在处理宗教事务方面，皇帝遵从着正统的教义，他十分担心新教教会的势力受到削弱。虽然他还是会在新法律上签字，但他很不情愿。早在1874年，他便表示："是时候依据保守派的方针治理国家了。"而奥古斯塔皇后比皇帝还要厌恶文化斗争，她坚决反对对天主教神职人员进行迫害，相较于俾斯麦，她对天主教会的理解要深刻得多。当然，俾斯麦十分清楚皇后会反对他，对皇后的厌恶之情也是一日胜过一日。在《思考与回忆》中，俾斯麦曾对许多人表露过恶意，奥古斯塔是收获其恶意最多的人，俾斯麦将自己政治生涯以来经历的每一次挫折都归咎于她。

1874 年 7 月，一位名叫库尔曼的年轻箍桶匠学徒企图在基辛根刺杀俾斯麦，但是失败了。库尔曼是天主教工人俱乐部的一员，政府试图将这次刺杀行动刻画为天主教的阴谋。俾斯麦右手受伤了，虽然伤势并不严重，但他故意夸大了刺杀的影响。1874 年 12 月，中央党议员、来自巴伐利亚的约尔格在帝国议会上发表了讽刺性的演讲，暗示这次刺杀事件在国内引起的大规模骚动有着不可告人的目的，但他的言论遭到了俾斯麦的猛烈反击，俾斯麦大声说："你大可试着撇清和这位刺客的关系，但他会始终挂在你们燕尾服的燕尾上。"对于俾斯麦这种诬陷的行为，中央党十分愤怒，其中一位议员甚至当场发出了一声"呸！"俾斯麦也气得发抖，他反驳说："'呸'用来表达反感和蔑视。别以为我没有这两种情绪，但我和你们的不同是，我还有教养，所以不至于发出这种声音。"这一声"呸"来自冯·巴勒施特雷姆伯爵，他在 25 年后成为备受尊敬的帝国议会议长，俾斯麦曾说过，倘若当时他的口袋里碰巧有一把左轮手枪，他一定会射杀这个发出"呸"声、胆敢蔑视他的人。

俾斯麦对中央党展开了激烈而严厉的攻势。看到这里，想必读者会认为双方绝不可能达成和解。俾斯麦曾说，王权和神权之间有着永恒不朽的权力斗争，他"绝不去卡萨诺"的声明也具有着强烈的挑衅意味。读者可能会想，除非敌人无条件投降，否则俾斯麦永远不会把剑放下。可事实的发展却令人惊讶，在赢得决定性胜利前，俾斯麦便废除了此前曾执着推行的大部分举措，而且为了摆脱民族自由党，削弱他们在议会上的势力，他和中央党言归于好。俾斯麦在1879年的政策方针发生了重大转变，在后面介绍这段历史时，笔者会详细陈述。

四、阿尼姆事件

帝国议会争端爆发几天后，柏林刑事法庭启动了一场引起轰动的审判。被告竟然是皇帝派遣的驻巴黎大使——尊敬的枢密院官员哈里·阿尼姆阁下。就在几个月前，也就是1874年10月时，阿尼姆阁下像一个普通的重罪犯一样被逮捕入狱，这让全欧洲都感到震惊。他犯了什么罪？叛国罪？谋反？都不是。真相是，他拒绝交出一些文件，认为这属于自己的私有财产，而外交部却认为文件属于外交部。

通常情况下，此类观点分歧不至于闹到刑事法庭上。但是，俾斯麦与阿尼姆存在着长期的政治分歧和个人恩怨，他们互相仇视，争执最终在这个时候爆发了。他们早在青年时就已经认识了，当时，阿尼姆宣称他们是朋友关系，在俾斯麦接管普鲁士外交部后，阿尼姆便被他派往罗马，担任普鲁士驻罗马教廷大使。梵蒂冈大公会议召开期间，二人对于会议政策的意见出现矛盾，虽然观点存在分歧，普法战争后，俾斯麦仍然派遣阿尼姆作为德意志帝国代表，前往法国针对休战协议展开谈判。签署和约时，阿尼姆又被任命为驻巴黎大使，该职位无疑在德意志外交事务中发挥了关键作用。人们本以为俾斯麦会把职位委托给自己完全信任的人，但就在这个时候，俾斯麦给皇帝写信，表示阿尼姆"十分善变，不值得信任和依靠"。

俾斯麦和阿尼姆之间的政治分歧集中在对梯也尔和法国共和政体的态度。1873年5月，梯也尔在法国议会上被占据多数席位的君主制主义者推翻下台，俾斯麦谴责阿尼姆支持梯也尔而非君主制主义者，违背了他的政策。我们知道，俾斯麦希望让梯也尔继续掌权以维护共和制，因为如他所言，这么做可以剥夺法国的结盟能力（Bundnisunfahig）。俾斯麦作为外交部长，当然有权力制定外交方针政策，命令所有大使服从。从这个层面看，俾斯麦的那句著名宣言无疑是正确的："我们的大使要像士兵一样有上前线的勇气。"而阿尼姆尽管与俾斯麦观点不同，却从不承认他做了任何帮助或助长君主制主义者反动情绪的事情。他抱怨俾斯麦要求无论在行动和急件中都要对长官的话唯命是从。这是一个十分危险的信号，其危害在多年后得以彰显：德意志驻伦敦大使梅特涅伯爵只不过是因为在报告中"表现得很悲观"，认为德意志海军的扩张给英国留下了不好的印象，便遭到了撤职——他的报告令皇帝威廉二世感到不悦。阿尼姆的报告也是如此，他认为共和制在法国的发展会危及欧洲的君主制原则，这一观点既打动了年老的德意志皇帝，也触怒了俾斯麦——他与皇帝站在了同一阵营。

俾斯麦以十分尖锐的口吻指责阿尼姆，其态度可谓尖酸刻薄。为什么要如此对待阿尼姆呢？其实，阿尼姆不仅得到了皇帝的支持，还有奥古斯塔皇后的支持。俾斯麦知道，阿尼姆和奥古斯塔皇后一样反对文化斗争，而他作为前罗马外交使节，在这些问题上的发言有一定权威性。更可怕的是，保守派中有人认为阿尼姆是合适的宰相人选，在俾斯麦看来，这是不可饶恕的罪过。当然，俾斯麦地位稳固，本可以无视这些谣言或是所谓"竞争对手"，但他的性格不容许他这么做。俾斯麦疑心极重，无论是构成威胁还是不具威胁的对手，他都不会轻易放过。在和阿尼姆的最后一次谈话中，他直言不讳地表示："你在与皇后进行一场密谋，直到你坐到我现在所坐的这张桌子上，你才会罢休——然后你会发现，你做的事情根本不值一提！"这番话的确非常符合俾斯麦的风格。

为了让阿尼姆下台，俾斯麦向巴黎派了一位自己的间谍，此人便是弗里茨·冯·荷尔斯泰因男爵，他当时是巴黎大使馆的参赞，多年后，在威廉二世统治时期，他成为威廉大街①最有影响力的议员之一。此时的荷尔斯泰因职位不高，是这项不太光彩的工作的合适人选。在阿尼姆接受审判时，荷尔斯泰因正坐在证人席，经历着自己人生中的至暗时刻：虽然他不断拿借口来搪塞、回避问题，但最后也只能承认，自己暗中监视了上司。而这扭转了他的整个人生，此后数年，他都像一个社会弃儿一般抬不起头；他的性格也因此而扭曲，在后来制定德意志政策时，这种性格带来了灾难性的影响。1890 年，也正是荷尔斯泰因第一个抛弃了正在经历低谷的俾斯麦。不得不说，这也算是一种报应。

无可否认的是，阿尼姆确实犯下了严重错误，失去了

---

① 柏林市中心的一条街道，自 19 世纪中叶至 1945 年，这里一直是普鲁士和德国行政中心的所在地，因此也被人们用来指代德国政府。——译者注

皇帝的信任，最终皇帝允许俾斯麦撤了阿尼姆的职，让他永远不得再参与外交事务。然而，俾斯麦对复仇的渴望并未轻易平息，他对阿尼姆执行刑事诉讼程序，打算完全毁灭他的仕途。1874年12月发生在柏林法庭的这场审判是俾斯麦的一大政治胜利，他运用了最高超的政治手腕。他当众宣读了他的一些最出色的急件官报，这些急件给公众留下了深刻的印象，而阿尼姆的信件和笔记相比之下则显得软弱无力。不过持批判态度的观察者也不禁会产生这样一种印象：俾斯麦的个人攻势和庭审策略固然十分高明，但他过于残酷无情、不择手段了。这些批评的声音并没有帮到阿尼姆，他被判处流放；后来他写了一些为自己辩解、同时对俾斯麦进行抨击的小册子，结果却遭到新一轮的指控。最终，法院在他未出席审判的情况下判处他五年劳役拘禁，这项判决是对公义的无情践踏。从俾斯麦的《思考与回忆》中可以看出，就连他也在推卸此事的责任。但是，他还是不忘在回忆录中对这位和自己作对的不幸之人进行新一轮的暗讽——那时阿尼姆早已在流亡时离世了。

五、1875年的战争恐慌

俾斯麦的文化斗争在国际事务中造成了重要影响。只有意大利国王积极赞同他反对教皇的运动，因为年轻的意大利国王也把教皇视作敌人。英格兰也有很多人赞同文化斗争，但英国政府不太可能接受俾斯麦的做法。俄国政府乐于见到文化斗争中反波兰的倾向，但戈尔恰科夫亲王倾向于和波兰的罗马天主教神职人员达成和解。奥地利的自由派政府曾否认和梵蒂冈达成协定，执行反对教会干预政治的政策，但是他们倾向用更加和平有效的方式达成目标，避免对教会的内部事务造成干涉。皇帝弗兰茨·约瑟夫一世是教会的忠仆，当然不乐于见到任何形式的文化斗争。在其他天主教国家，如法国和比利时，主教和神职人员毫不留情地怒斥文化斗争亵渎神明，该遭天谴，鼓励德意志的天主教徒站出来表示反对。俾斯麦对于外国神职人员干预德意志事务一事勃然大怒，于是向巴黎和布鲁塞尔方面发了一封措辞尖锐的照会，并邀请法、比政府全力镇压。但是，在1873年5月，俾斯麦最担心的事情还是变成了现实。当时，法尔克制定了一部对抗天主教徒的法律，被称为"五月法"，此时法国国民议会正好刚刚推翻梯也尔，以麦克马洪元帅接替他。麦克马洪无论从哪一方面看都是保皇派，他希望帮助法国复辟君主制政体，拥戴波旁王室和奥尔良王室的王子为王。俾斯麦十分担心君主制政体在法国复辟，并恢复原先的国际地位，这样新的法国国王就会得到俄国沙皇和其他君主制国家的支持，就像神圣同盟时代，全欧洲都对路易十四的登基表示欢迎一样。此外，俾斯麦还担心，若一位法国国王受到神职人员，尤其是耶稣会士的影响和牵制，便会在民众中产生巨大号召力，吸引人们在文化斗争中反对自己。毫无疑问，麦克马洪背靠法国神权这座大山，在俾斯麦和众多德意志人的眼中，他的政权相当于神职人员的政权，有可能会助长天主教在欧洲各地的反德情绪。

　　早在1874年春，俾斯麦就向法国表现出了自己的不满。德意志报刊向读者揭露，宰相俾斯麦已经给欧洲各国发布通告，声称一旦法国出面维护天主教神职人员的利益，欧

俾斯麦与德意志崛起

244

洲便会面临和平危机。记者们称俾斯麦在给巴黎"泼冷水"。当法国政府全力安抚国内主教的情绪时，德国政府却煽动德意志的记者们，让他们幸灾乐祸地报道俾斯麦"泼冷水"引发的兴奋效应。法国民众十分反感这种做法。

俾斯麦对法国怀有戒心其实还有一层原因：法国的恢复之快超出了他的预期。签订和约时，俾斯麦要求法国的赔款不少于50亿法郎，希望借此压制法国；他以为法国的财政实力要花数年时间才能恢复如初。然而，梯也尔很快便设法还清了这笔巨额赔款，速度之快连俾斯麦也没想到。1873年9月，德意志士兵全部撤离法国，所有被占领的领土得以解放。这一次，法兰西展现出了坚不可摧的经济和财政生命力，取得了一项了不起的财政成就。此后，法国顺理成章地开始重组军队。俾斯麦听说，法国为了重建骑兵部队，还从德国买了上千匹马，于是他在1875年3月发布了一条命令，禁止德意志再出口任何马匹。公共舆论很快意识到，这道命令针对的是法国，很快人们开始担忧起来。当然，这种不安情绪在法国人民中表现得最为突出。

1875年春，俾斯麦心情很糟，那些和他共事的人——其中甚至包括洛塔尔·布赫尔——都抱怨他神经兮兮、烦躁易怒，会突然发脾气，让人措手不及。这种情绪有一次还波及了比利时政府。迪歇纳是一名锅炉制造修理工，来自比利时，是一名天主教信徒，他曾写信给巴黎的大主教，提议谁要是能杀死俾斯麦，就该获得6万法郎的奖赏。我们无法得知这是不是一场恶作剧，但大主教把这封信交给了德意志政府。这个做法是符合外交惯例的，而俾斯麦也要求比利时政府惩罚迪歇纳。然而，比利时的刑法典和德意志相同，没有相关条款可以惩罚未曾实施或者未曾尝试过的罪行。很快，俾斯麦再次写了一封措辞十分强硬的照会，暗讽比利时主教攻击普鲁士的反对教会干预政治的法律，同时要求比利时政府修订刑法典。他不仅将这份照会抄送给了其他欧洲国家，还在德意志的报刊上刊登了，国际形势因此变得更加紧张。

1875年初，法国政府向下议院提交议案，对军队进行重组；几天后，俾斯麦提出禁止马匹出口议案，德国下议院也通过了。法国军队重组议案中有一项最重要的规定，要求法军从原来的每个军团三个营增加到四个营，而这件事的重要性在德意志被过分地渲染和夸大了，连军事专家毛奇也没能免俗。无论如何，这是法国军队做好更加充分的军事筹备的一步。俾斯麦对此也十分看重。

此时，还有一件更令俾斯麦焦虑的事：意大利国王和奥匈帝国皇帝在威尼斯举行了会面。俾斯麦怀疑奥地利、意大利和法国正在筹备三国同盟，与教皇为友，而与反对神权的德意志为敌。于是，俾斯麦像往常一样抢先下手，不是通过常用的外交手段，而是通过新闻报刊敲响警钟。4月5日，《科隆报》刊登了一篇文章，用十分严肃阴沉的口吻谈论欧洲和平所面临的威胁，声称法国之所以对军队进行重组，是为了发动战争。文章还抨击了威尼斯会议，措辞十分严苛尖锐。文章的发布地点是维也纳，但考虑到《科隆报》和威廉大街关系十分密切这一人尽皆知的事实，所有人都怀疑这篇文章是德意志官方发布的。这一猜想完全正确。这篇文章的作者是俾斯麦的首要宣传员埃吉迪，他要求编辑不得对原文做任何改动，因为"文章如同官方政府文件，每个字都是仔细斟酌后写下的"。

两天后，这篇文章很快便被另一篇文章引发的轰动效

俾斯麦与德意志崛起

应淹没了。与德国外交部关系密切的柏林《邮报》发表了一篇名为《战争即将来临？》(*Ist Krieg in Sicht？*)的文章，这个标题足以使欧洲公共舆论为之轰动；文中给出的答案更是引发了公共情绪的高涨，因为文章不仅指责法国重整军队，还毫不掩饰地说："没错，战争即将来临，但凶兆之云或可被吹散。"这位作者是德意志政府新闻局的前任官员，他断言，文章是他个人独立撰写的。但我们很难相信这就是事实。随后俾斯麦自己主办的报刊《北德综合报》(*Norddeutsche Allgemeine Zeitung*)打响了第三枪，该报刊认为奥地利或意大利不具危险性，真正应当警惕的是法国。

这些文章引发了巨大骚动。所有人都认为，俾斯麦在幕后操纵着一切。奥多·拉塞尔在柏林时写道，他见到的所有外交家都心情沉重，他们都预言战争终将爆发。全欧洲的证券交易都受到了影响，人们到处都在议论战争的临近。对此最为震惊、感到不可置信的是年迈的德意志皇帝，他是从他的女儿巴登大公夫人那里得知这些文章的。于是他给俾斯麦写了一封信，表达自己的震惊，要求其解释这些文章的目的。俾斯麦当然不会承认自己和这些文章有一丝一毫的关系，甚至无耻地告诉皇帝，《科隆报》上的文章不过是操纵股票交易的手段，幕后黑手可能是罗斯柴尔德。威廉皇帝似乎相信了俾斯麦的说法，但他的立场仍然十分坚定，明确表示，他绝不会允许再次发生战争。4月中旬，他告诉驻柏林的法国大使馆的武官："有人在各大报纸上挑拨离间，蓄意恶化我们的关系，不过现在都已经了结了，一切都是新的开始。"

一切真的都结束了吗？在国王向俾斯麦致信询问的同

时，俾斯麦又做了什么呢？

就在他们谈话的当天，德意志外交部给驻伦敦大使发送了一份毛奇的报告，并加以批注。报告和那些文章一样造成了巨大轰动，因为它建议所有爱好和平的国家向法国政府明确表示，如果法国准备战争，将会面临多么严重的后果。

几天后，本已离开柏林的法国大使贡陶－比隆伯爵忽然返回，与外交部长冯·比洛展开面谈，一再强调，法国政府热爱和平。他希望给冯·比洛留下积极正面的印象，可在4月21日，他的希望落空了。那天他参加了奥多·拉塞尔举办的一场晚宴，遇见了在德意志外交部有一定影响力的冯·拉多维茨。一年前，拉多维茨曾被俾斯麦派往俄国，所有的外交家都深信，他此行有秘密任务。因此，贡陶对拉多维茨要表达的观点格外留意。拉多维茨宣称，近几周的危机已经完全解除；但他也认为未来仍有不祥之兆。他还说，法国随着经济实力的恢复，以及军事实力的增强，此后将会寻找盟友，开启复仇之战，夺回自己失去的领土。拉多维茨还说了这样一句话："我们何必等到那时候？先下手为强不是更好吗？"这些话，正好与部分有权势的德意志党派领袖的意见不谋而合。拉多维茨还总结道："你不得不承认，从政治、哲学，乃至基督教的角度看，这些观点都是恰当合理的。"

5月1日，俾斯麦告诉奥地利大使卡罗伊伯爵，德意志有义务主动出击，抵御法国的威胁。卡罗伊急忙将此事告诉了英国大使奥多·拉塞尔。第二天，德意志军队总参谋长，陆军元帅毛奇伯爵拜访拉塞尔，表示对当前政治形势十分担忧，还谈到了发动新战争的责任问题，表示主动进攻的国家不是和平的破坏者，只有挑衅他国，迫使他国为保卫

俾斯麦与德意志崛起

248

国家采取防御政策的那一方才需要承担责任。拉塞尔对他的说法进行了反驳，而毛奇则回答说："好吧，如果所有强国都公开立场，与德意志站在同一战线，向法国证明其复仇梦想终将落空，那么战争或可避免，甚至永远不会再发生。"

毛奇在未获得俾斯麦授权的情况下，竟然干预完全不归他管的外交事务，着实不可思议。他们都是当世伟人，又彼此心怀嫉妒，但此前的毛奇从不会越界。

第二天，也就是 5 月 3 日，德意志外交部给驻巴黎大使霍恩洛厄发送了一封正式文件。他们的手段和过去一样，先是重复了俾斯麦的观点：法国正在筹备战争，对于贡陶与比洛谈话制造的和平假象，霍恩洛厄应当致力于将其消除。随后本打算离开的霍恩洛厄推迟了启程时间，他想告诉法国外交部长德·德卡兹公爵，尽管他并不认为战争迫在眉睫，但是法国的举措还是让德意志感受到了威胁。德卡兹公爵明白他的意图，于是给贡陶写了一封信，表明霍恩洛厄的造访其实另有原因：他的目的是让法国意识到冲突尚未结束。

笔者个人认为，上文所述的每一件事，都经过了缜密的思考，出自一个多人共同制订的计划，主导者自然是俾斯麦。他的行动，用今天的话来说可以叫作"心理战"。他千方百计要让法国政府形成一个印象：正是法国军队的重组让法国处于战争边缘。他这样做的目的是恐吓法国，使其放弃军队重整计划。

德卡兹的做法则恰恰相反，他将贡陶对拉多维茨评论的报告复印了一份，送往所有大国，表明法国正受到德意志防御战争的威胁。德卡兹最主要的目标是沙皇，而他也达到了目的。亚历山大二世向法国大使保证，倘若严重危机信号出现，他一定会进行表态，表明俄国不会容忍俾斯麦对法国发动突然进攻的立场。

德卡兹还以伦敦的《泰晤士报》为媒介，在全欧洲挑起公共舆论。他给该报刊驻巴黎的主编布洛维茨先生展示了所有文件。后来，布洛维茨在个人回忆录中以幽默风趣的语气讲述了这个故事。当时，他给《泰晤士报》发送了一封有力的紧急报道，标题为《法兰西阴霾密布》，于5月6日公开出版，引发了巨大的轰动，被全欧洲各大重要报刊争相转载。英国外交部长德比伯爵在读过这篇文章后说道："俾斯麦要么是真的打算开战，要么是故意让我们相信他打算开战。"

就在这时，柏林也期待沙皇和戈尔恰科夫亲王的来访，所有人都希望这次国事访问能够促进和平。英国政府决定，只要沙皇在柏林时表达出对和平的愿望，便对他提供援助。俄国驻伦敦大使彼得·舒瓦洛夫伯爵在柏林时曾和俾斯麦交谈过，他告诉德比伯爵，俾斯麦的神经质状态危及了全欧洲的安全。迪斯雷利将俾斯麦和拿破仑一世进行比较，这种对比也得到了维多利亚女王的赞同。她以个人名义给沙皇写了一封信，同时奥多·拉塞尔也收到了上级命令，要用尽一切可能的办法，化解法国和德意志之间的误解，从而与沙皇步调一致，为实现共同目标一起努力。

5月10日，沙皇和戈尔恰科夫亲王抵达柏林。两人告诉威廉一世和俾斯麦，一旦法国和德意志之间爆发战争，欧洲不会袖手旁观。威廉一世语气诚恳，强调他根本不希望战争爆发，而俾斯麦的态度也是如此。两位总理，也就是俾斯麦和戈尔恰科夫也进行了谈话，两人在部分问题上

俾斯麦与德意志崛起

的讨论十分激烈。俾斯麦询问戈尔恰科夫，他来柏林是否想"表现自我"（Quos Ego），就像海神涅普顿控制狂风暴雨一样。戈尔恰科夫则答道："我的拉丁语词典中没有这些词。"他要求俾斯麦向他保证，无论是现在还是未来，都不会有攻打法国的念头，"我不想要任何书面文件，你的口头承诺对我来说就够了"。

第二天，沙皇告诉法国大使贡陶，和平已经有了保障，除了德意志皇帝和王储那令人信服的承诺，俾斯麦也做出了热爱和平的表态。这让法国再次松了一口气。戈尔恰科夫建议他们不要大肆宣扬所取得的成功，虽然戈尔恰科夫自己也因取得胜利而兴奋不已，但他十分清楚，如果庆祝得太过火，可能会伤了俾斯麦的面子。

戈尔恰科夫的考虑可谓十分周全，无可挑剔，但还是没能平息俾斯麦的怒火。人们普遍认为，俾斯麦才是那个在政治运动中总是以胜利者姿态出现的人，可是这一次他却被打败了。德比伯爵说："这是俾斯麦对欧洲舆论的考验，他现在有了答案。"俾斯麦从未忘记过这次失败。此后，他总是将"对法国开战"否定为无端的诽谤，在《思考与回忆》中，他竭力让读者相信，他所谓蓄意对法国开战，不过是法国大使贡陶-比隆和俄国总理戈尔恰科夫编造的童话故事，后者出于老年人的虚荣心（Vanite Senile），为取得胜利，牺牲俾斯麦，自己则冒充成和平天使。为了说明戈尔恰科夫的态度，俾斯麦还讲了这样一件事：在离开柏林之前，戈尔恰科夫发出了一份电报，还打算将其刊登在报纸上，开头是这样的："此刻，在俄国的说明下，和平得以保障（Maintenant la paix est assured）。"事实上，倘若戈尔恰科夫从柏林发送了这样一封电报，那么他的行为就是傲慢而不礼貌的。现在，我们已经能够得知电报的真实内容，它刊登在德法两国的一份公开档案上："皇帝离开柏林时，深信德意志采纳了调停立场，确保和平得以保障（L'Empereur quitte Berlin parfaitement convainqu des dispositions conciliantes quiy regnent et qui assurent le maintien de la paix）。"笔者认为这段话符合事实，毫无争议。

俾斯麦对戈尔恰科夫从来都没有好感，他反感戈尔恰科夫的爱慕虚荣。此事之后，他的反感更是升级为厌恶，他对俄国的政策不止一次因为个人反感而改变性质。

俾斯麦对贡陶－比隆大使的厌恶也越来越深，因为这位大使深受威廉皇帝和奥古斯塔皇后的敬重。像往常一样，俾斯麦优先攻击奥古斯塔皇后；在帝国议会演讲时，他甚至含沙射影地表示，战争阴霾之所以笼罩着我们，要怪"没经验的外交家"和"位高权重的人物在会客厅产生的影响"。他希望除掉贡陶－比隆，但囿于形势，他又等了两年，直到 1877 年的大选中，麦克马洪失势，法国共和党取得胜利后，贡陶－比隆的外交生涯才终于走向了尽头。离开柏林时，威廉一世告诉他："我真心为你感到遗憾，我会铭记我们之间最美好的回忆，希望你也不会忘记我。"诚然，能让威廉一世说出这种话的人，不可能是俾斯麦口中的阴谋家。在此事上相当有评价资格的奥多·拉塞尔也评价贡陶－比隆是一位品德高尚、智慧非凡的绅士。

对于俾斯麦是否有意对法国开战一事，历史学家们争论不休。在笔者看来，这个问题很难回答，因为该问题本身就有误导性。俾斯麦想要让欧洲，尤其是法国相信，如果法国不撤销由政府提议、并在下议院被采纳的军队重组的措施，他就相当乐意发动一场战争。倘若法国因害怕俾斯麦发动攻击，而放弃军队重组，那么就没有战争的必要了，俾斯麦也会心满意足地继续推行保守的和平政策。倘若法国立场坚定，欧洲也表现出让俾斯麦为所欲为的意愿，俾斯麦又会怎么做呢？恐怕没有人能给出答案。也许连俾斯麦自己都不确定该怎么做。俾斯麦绝不会在走第一步之前就先规划出无法逆转的第二步。在采取确切行动之前，俾斯麦会仔细斟酌整个局势。只要经过官方辟谣澄清，或者在一场愉快的晚宴后，被指控在政策执行上自行其是的某位下属或将军发表几句随意言论，就能让他在新闻报纸上发出的非官方威胁性和武力恫吓全都不作数。这才是符合俾斯麦一贯作风的策略。因此，时至今日，包括德意志人在内的许多历史学家仍然强调，暂无证据能证明俾斯麦说过任何蓄意发动战争的话。他行事谨慎、诡计多端，在不具有绝对的必要性之前，他不会透露个人真实目标。

但是，1875年的恐慌情绪还是蔓延开来，并造成了恶劣影响，这对俾斯麦的声誉造成了一定损害。英国外交政策专家罗伯特·莫里耶爵士曾对当时民众的情绪做出过十分精妙的总结，他曾尖锐批评俾斯麦，但也非常支持德意志统一。他曾长期旅居德意志，比其他政治家都了解俾斯麦面临的政治困境；他与王储私交颇深，两人在危机期间曾有过两次私密谈话。在危机最严峻的时刻，他曾写信给王储："当前深深折磨着欧洲的症结是德意志的沙文主义，这是一种新生的、极其可怕的疾病，比法国的问题更加可怕，沙文主义所导致的并非痉挛或缺乏纪律，而是有条不紊、精于算计、冷血无情……支持德意志的人群……也包括我自己，都坚持主张：一旦德意志完成统一大业，就应当在欧洲范围内摧毁沙文主义……然而，要是公然采取行动，以官方立场向欧洲标榜沙文主义，新闻出版各机构部门公开宣扬'泼冷水'的信条，总是表示时局存在着预期的、假设的和抽象的危险，而非紧迫、显而易见、现实具体的危险，并以此作为强国攻击弱国的开战原因（Casus belli）；如果具体的官方行动中也体现出这样的信条（比如此时的德意志对法国解除军事筹备计划的要求），我就敢大胆预言，在殿下与我的有生之年中，这种纯粹弱肉强食的丛林法则（Faustrecht）都将会成为德意志的一大污点，且无法抹去。"

六、"自由主义时代"的终结

沙皇的关键性访问后，俾斯麦回到乡下的庄园休养了几个月。其实在沙皇造访德意志之前，他就因身体的每况愈下，请求国王允许他暂时回家休养。毫无疑问，此时的俾斯麦已经因为工作劳累而病倒了。戈尔恰科夫亲王曾说过："俾斯麦生病是因为他暴食，过度饮酒，工作又不知疲倦。"我们没有办法去判断这番诊断是否完全符合实际。不过，威廉一世并不愿意让俾斯麦退休，经过一番妥协后，俾斯麦被允许无限期休假。这里我们可以清楚地看到，俾斯麦在德意志政界有着多么重要而独特的地位，他作为德意志帝国唯一负重要责任的大臣，却还能被默许离开公职好几个月。德意志帝国宪法并没有对宰相离职期间的情况进行规定，既没有指派代理人顶替他，又没有规定谁有权在政治行动上和皇帝联合署名。为了解决这个麻烦，俾斯麦强行解释了宪法。然而，黑内尔教授——当时一位重要的进步党议员，宪法问题的重要权威人士——提出抗议，称俾斯麦违反了宪法。这次争议后，1878年3月，代理执法案（Stellvertretungs–Gesetz）通过，对帝国宰相职位的代理问题进行了规定，后文将进行具体介绍。

我们先把技术细节放在一边。一个显而易见的问题是，如果内阁政府首脑缺席或只是偶尔参与政治活动，对事实细节及后果不够清楚的话，政府当然是无法正常运作的。于是，俾斯麦任命鲁道夫·德尔布吕克担任代理宰相，他总能娴熟应对所有问题，在帝国议会也深孚众望。然而，1876年4月，德尔布吕克突然宣布辞职，其辞职申请也很快得到了批准。消息一出，全世界都大为震惊，就连那些消息最灵通的政治家也感到十分意外。德尔布吕克为何突然宣布辞职？俾斯麦给出的解释前后不一，自相矛盾。事实的真相是，德尔布吕克察觉到了一些细微但真实的迹象：俾斯麦想要除掉他。倘若德尔布吕克是个争强好胜的人，他可能会坚守立场，将自己在帝国议会最为坚固的地位作为武器。然而，他从来不曾有过这种想法，他曾相当乐意做这位伟大宰相的副手，可既然这位主人厌倦了他的存在，他也不希望强行阻挠主人的计划。德尔布吕克不愿纠缠于政治和议会活动，行政事务才是他的归宿。

许多敏锐的观察者认为德尔布吕克的退休清楚表明了一个问题：自由主义时代正在走向尽头，俾斯麦也开始寻求其他党派的支持。这当然不是唯一的征兆。几个月之前，俾斯麦向帝国议会提交了一份议案，它或许可以被视为后来针对社会民主党所采取措施的先兆。该议案建议修改刑法典，以便于对反对党的特定类型的煽动行为提出诉讼。议案的针对目标是社会主义党派，只不过措辞上没有表现出明显的敌意，但条款十分灵活而有弹性，以至于没有人能够预测，对反对党的诉讼将如何演变。这些值得深刻讨论的条款被称为橡胶条款（Kautschuk）。自由主义人士认为，这些条款企图削弱法治国家（Rechtsstaat，即受到法律统治、遵守法律的国家），而代之以行政独裁。他们没有看错。拉斯克领导的民族自由党驳回了这项议案。俾斯麦并未因此泄气，但许多人抱怨他的手段措施肮脏不堪。自由党也反躬自问：虽然俾斯麦清楚他的议案会被我们驳回，但他在提出之前，为何连和我们商量一下，哪怕是试着达成共识都不肯呢？

在第三次宣读这项议案时，俾斯麦发表了一次演讲，猛烈抨击容克党主办的《十字军报》，引起了巨大轰动。1875年6月，这份报刊曾刊登一系列文章，主题是"布雷克劳德－德尔布吕克－康普豪森时代"（Bleichroder-Delbriick-Camphausen-Era）。康普豪森是普鲁士的财务部长，布雷克劳德只是俾斯麦的私人银行家。这些"时代"文章臭名昭著，在经济问题方面废话连篇，但是部分暗讽的言论倒值得品读：他们不只针对德尔布吕克和康普豪森，也对俾斯麦个人进行了讽刺。通常情况下，俾斯麦会将受到的抨击当作诽谤并提出诉讼，但这一次他更倾向于直接回应。在帝国议会上，俾斯麦不仅猛烈抨击了《十字军报》，还号召读者都站出来抵制该报。然而，该报的读者大部分都是普鲁士容克，他们回以坦诚公开的"宣言"，拒不接受俾斯麦高高在上，看似举止得体地给他们的训斥。在这份宣言上签字的人被称为所谓"申报人"（Deklaranten），他们不仅被俾斯麦列入了黑名单，还在俾斯麦的妻子的黑名单上待了更久。俾斯麦从未原谅他们中的任何一个人，直到后来他改变态度，姿态谦恭地请求他们的宽恕。不过，俾斯麦认为，这不足以构成他和保守派决裂的原因；他相当清楚，倘若失去政府的支持，保守派必将孤立无援，早晚都会请求和他达成和解。为了将俾斯麦讨厌的人排挤出去，他们在第二年组建了一个新的政党，称为德意志保守党（Deutschkonservative）。在确立纲领之前，德意志保守党的一员还提前将纲领交给俾斯麦审阅，以便删去可能触怒他的条款。

德尔布吕克退休时，除大量自由党人士外，还有很多人也都认为俾斯麦产生了玩弄新的政治结盟的想法。中央党的一位领袖人物讥讽地对自由党发问："你们还没听见，俾斯麦亲王扮演着乐队指挥的角色，对农民发号施令，命他们迈出坚定的步伐吗？"其实俾斯麦也没下定决心要倒向哪一边的阵营。虽然保守党在新一届大选中获得的选票和议员席位大幅增加，但是还是无法在帝国议会上占据多数席位，投票权也无法胜过自由党。只有在中央党的帮助下，他们才能占据新的多数席位，然而，中央党和俾斯麦之间似乎有着一道无法逾越的鸿沟。

此时的俾斯麦正为帝国财政事务的改革问题而深受困扰，现有的税收无法解决日益增长的军费压力。在宪法规定之下，帝国财政事务有着十分奇特的管理方式。自帝国议会采纳普选权开始，对民主怀有疑虑的俾斯麦就一直不愿意将征纳直接税的权力交给帝国议会。俾斯麦希望限制其征收直接税的权力，换句话说，帝国议会无权征收大宗消费品，如啤酒、烟草、烈酒、糖、石油的赋税。然而，这些税收远远不够抵消帝国的开支。为了实现这两个目的，各邦国只能对宪法所规定的商品条目征税，这些税赋被称为分摊款项（Matrikular-Beitrage）。为了能够支付这些税赋，普鲁士、巴伐利亚和汉堡等邦国只能将税赋压力转嫁给国民，由各邦国自行征收直接税。

这套制度既不适合德意志帝国，也不适合各邦国。俾斯麦将帝国比作"烦人的乞丐，总跑到各邦国的门口讨饭吃"。此外，为了满足帝国越来越繁杂的要求，各邦国被迫不断增加赋税。俾斯麦希望帝国大幅提高现有的间接税，从而在财政上独立于各邦国，而这意味着大幅提高烟草、啤酒、烈酒等商品的税。部分自由主义人士，尤其是欧根·里希特领导的进步党都反对征收这些税赋，认为这会给人民造成过于沉重的负担。他们更青睐直接税，因为富人交的税更多。民族自由党则更加支持俾斯麦的提议，只不过他们还有一个重要的宪法问题尚待解决。和英国不同，德意志的间接税不需要每年根据预算案投票，在新的法案通过之前，间接税额永久固定。然而，只有得到各邦国政府代表组成的联邦参议院的批准，帝国议会上通过的议案才会生效并被确立为法律。预算案也是如此。宪法将预算案划分到法律类别之下，而这意味着预算案也需要得到帝国议会和联邦参议院两个机构的同意才会生效。在实际政治活动中，联邦参议院无法投票反对俾斯麦。俾斯麦在联邦参议院中影响力颇为广泛，有权否决任何减轻税负的提议，甚至可以否决预算案。其实，哪怕没有预算案，税收也会源源不断地流入帝国的金库。

大概 10 年前，普鲁士议会就曾爆发过宪法冲突，当时的处理经验正好可以用来指导解决这次的问题。当时议院曾与国王爆发过冲突，预算案因此也没能通过。然而，普鲁士宪法规定，只要没有通过取消税赋的新法律，税赋就应当继续征收；据此，威廉一世仍然提高了税率，将税收用于军费开支。在俾斯麦的"杰作"下，普鲁士宪法在这10年间一直处于被搁置的状态，因此人们根本不会怀疑：倘若俾斯麦在军费预算之类的问题上与帝国议会的多数议员爆发冲突，他就会故技重施，让帝国议会乖乖听任政府摆布。对于这个问题，普鲁士财政部长康普豪森十分清楚，1878年1月，他告诉俾斯麦：倘若议会无权征收税赋，那么它和一具空壳有何差别呢？

因此，民族自由党表示，如果想要他们投票支持俾斯麦要求的高额间接税率，就得提供"宪法保障"作为条件。

此外还有一个值得注意的重点：财政问题和经济、贸易政策密切相关。以英国为例，格莱斯顿的预算案，尤其是1860年的那项举足轻重的预算案，是推动自由贸易最为重要的手段。那么，俾斯麦构想的经济政策又是什么样的？德尔布吕克退休之前，一直受俾斯麦之命，处理经济问题。德尔布吕克的卸任体现出，俾斯麦有意将这些问题掌控在自己手中，那么，他在政策上会因循守旧，还是另辟蹊径呢？

自从1862年和法国签订贸易条约以来，德意志关税同盟和后来的德意志帝国执行的都是温和节制的自由贸易政策。关税所涵盖的大多数温和税赋不具有贸易保护性质，最后一条具有贸易保护性质的税赋还是生铁税。依据1873年的法律，生铁税将于1876年期满失效，税率不再具有贸易保护性质，在这三年里，经济形势发生了重大变化。战后的短暂繁荣很快成为过去式，生铁产量一路下降，市场

第四章 帝国宰相俾斯麦

259

行情也十分萧条。经济萧条给铸铁业造成了巨大损失，忧虑的情绪开始弥漫在这个行业中，一旦生铁税被废除，整个行业也会被拖垮。于是他们试图维护生铁税，中央党领袖温特霍斯特牵头在帝国议会上提出了一项动议，但是被否决了。随后，铸铁工人和纺织工人联合起来，在他们的领导下，形成了一些贸易保护主义者的团体。

俾斯麦并没有表露过他对此事的态度。不过，可以假定的是，在1876年和1877年，俾斯麦尚未确定实行哪一种经济政策。俾斯麦是地主，有着高贵血统和崇高的社会地位，自然会从为地主争取权益的角度看待问题，此时农业相关的税收尚不具有贸易保护性质，而德意志东部每年都会出口谷物。容克们也支持自由贸易，不希望自己的生活必需品因税率提高而涨价。因此，在议会表决时，保守派和主张自由贸易的自由派人士站在了同一条战线上，共同反对温特霍斯特提出的维护生铁税的动议。此时没人想对谷物或农产品征税。

1877年1月，新一届帝国议会展开大选，民族自由党虽然失去了一些席位，但议会权力局势没有出现根本性变化。他们拥有130个席位，仍然是势力最大的党派。俾斯麦只好尝试和他们合作，寻求多数派的支持。中央党大约占据100个议员席位，两个保守党派共占据80席。纵然俾斯麦愿意和中央党达成和解，联合中央党和保守党，他也不能确保自己可以获得多数支持。大选后最重要的变化是：拉斯克和民族自由党左翼的势力被大大削弱，不能再为民族自由党或保守党占据多数席位发挥多大的作用了，因此中央党领袖本尼格森以及民族自由党右翼的地位得以加强。1877年冬，俾斯麦把目光投向本尼格森，试图建立新的联盟。

1877 年 4 月 15 日至 1878 年 2 月 14 日，俾斯麦再次前往乡下庄园休养，但是他这次离开和以往有不同之处。

3 月，俾斯麦忽然在帝国议会上对他的同僚、海军部部长冯·施托施将军进行抨击。这件事令所有人都大吃一惊，因为它毫无征兆，没有什么绅士风度可言。俾斯麦希望通过这次抨击迫使施托施将军辞职，但是，威廉一世十分器重施托施，他没有放任俾斯麦的独断专行，而是驳回了施托施的辞呈。几天后，俾斯麦便公开表示，他要申请退休；同时，他派出自己在新闻界的笔杆子，对自己的死敌，尤其是奥古斯塔皇后发动攻击。布什写了一些文章，以"摩擦"为主题，文章后来被记载在他为俾斯麦写的传记上。这场对皇后发动的诽谤攻势可谓前所未有。俾斯麦给布什提供素材，让他写下了这些文章；普鲁士财政部长康普豪森也遭到了媒体抨击，他曾犹豫是否要向俾斯麦呈递帝国的财政改革计划，最后还是交了上去。人们普遍认为，俾斯麦想要除掉康普豪森。

起初，这些手段没能产生俾斯麦希望的效果。有时，他甚至担心皇帝真的会批准他的辞呈。幸运的是，威廉一世最后还是表态说，他希望这位能干的宰相能永远陪在他身边。二人达成妥协，俾斯麦可以无限期休假。当然，这肯定是无益于改善普鲁士和帝国的局势的，恐慌情绪仍在持续蔓延。

俾斯麦在瓦尔岑和福里德里斯鲁的乡下隐居时，对当前和未来可能出现的实际问题都进行了反复思考。最终他决定，要重塑帝国财政，不再依赖各邦缴纳的税赋。他也意识到，自己不能再违抗帝国议会多数派的意愿，于是开始给自己物色一位既能出色地完成政府事务，又能确保他获得多数派支持的人。他最终敲定的人选便是本尼格森，认为他能够胜任这份工作。

本尼格森不仅是民族自由党领袖，也是普鲁士下议院的议长，俾斯麦好几次邀请他来到瓦尔岑做客。其中最重要的一次访问发生在1877年的圣诞节期间。

最开始，俾斯麦提供给本尼格森的职位是普鲁士内务大臣。但是，本尼格森想要的是财务大臣的职位，而财务大臣在俾斯麦的计划中又是一个十分重要的位置。俾斯麦的内心十分挣扎，他思考能否在普鲁士政府和帝国之间，建立更加密切的联系。1877年12月，他写信给本尼格森，邀请他来瓦尔岑，讨论将两个政府的个人联合体制延伸出来的问题。当时，这种联合制已经实际存在了：威廉一世兼任普鲁士国王和帝国皇帝，俾斯麦兼任普鲁士首相和帝国宰相，同时还兼任战争部长和外交部长。俾斯麦打算将这一联合进一步延伸，让代理帝国宰相和普鲁士首相的大臣也拥有双重身份。普鲁士首相俾斯麦在离职期间，由普鲁士政府部门的一位副首相代行职权，这个副首相应当是财政大臣，此时由康普豪森担任。俾斯麦对本尼格森的提议是，他应当担任自己在普鲁士和帝国的双重代理人。一旦成为普鲁士财政大臣，他的权力就将像过去的德尔布吕克一样大。

本尼格森愿意接受俾斯麦的安排，只不过有一个条件：他不能只身加入内阁政府，还需要有两名政治伙伴陪同。7月，他第一次拜访俾斯麦时，就清楚地提出了这个要求，当时他甚至未曾和党派的其他成员协商过。12月，在他再次拜访俾斯麦之前，他召集民族自由党委员会，告诉他

俾斯麦与德意志崛起

们事情的始末。本尼格森走的这步棋对民族自由党组织及其未来政策和立场的重要性不言自明，作为政党领袖，他需要履行的个人义务不仅是让党派成员完全知情，还要确保他的行动能得到其他成员的一致支持。委员会赞成他进入内阁任职，也同意了他的请求，即加入时带上两名民族自由党的友人。所有人一致认为，最合适的候选人是马克斯·冯·福肯贝克和冯·施陶芬贝格伯爵。福肯贝克是帝国议会的议长，也是普鲁士第二大城市布雷斯劳的市长，他深受年迈的皇帝和王储的信任，威廉一世还曾多次征询他的意见。在巴伐利亚，冯·施陶芬贝格伯爵被视作首个提倡德意志统一的人。他有着极高的个人修养和无可挑剔的人格。从个人层面看，这两个人几乎无懈可击。

本尼格森向俾斯麦建议这两个人选时，俾斯麦表示，他怀疑威廉一世可能不会答应。本尼格森心知肚明，这不过是个借口，真正不愿意答应的人是俾斯麦自己。本尼格森感到，俾斯麦虽然不同意他提出的条件，但也没有立刻拒绝，因此他对谈话的结果持乐观态度，而且他同意俾斯麦的大多数财政理念。我们无法确切得知俾斯麦透露了多少个人计划，可以确定的是，他对帝国烟草垄断权讳莫如深，这个问题后来成为政治争议的焦点。

在本尼格森走后，俾斯麦又经过了怎样的内心斗争？没有人能够知晓。后来，俾斯麦表示，正是因为本尼格森要求让福肯贝克和施陶芬贝格也进入内阁，他的结盟计划才失败了。然而，我们不能肤浅表面地看待俾斯麦的事后发言。在二人会面后，俾斯麦立即给威廉一世写了一封信，在信中，他给读者留下了这样的印象：俾斯麦认为，二人的协商没有取得成果。

威廉一世读完信后勃然大怒。首先，他十分反感本尼格森去瓦尔岑拜访俾斯麦，在他看来，俾斯麦正企图组建自由主义的内阁。威廉一世对自由主义的反感此时已达到了顶峰，他不容许内阁的任何一位大臣被自由主义"玷污"，内阁不应该存在自由主义滋生的土壤。其次，俾斯麦与其他大臣竟然背着他私下协商的行为也是他不能容忍的。再次，威廉一世一直把本尼格森视作眼中钉、肉中刺，因为本尼格森是汉诺威国王格奥尔格五世的臣子，虽然夺走汉诺威王权的正是威廉一世本人，但本尼格森对普鲁士和威廉一世的效忠在他看来无异于一种背叛。这似乎很难理解，但这正是国王们所独有的那套逻辑。

威廉一世的回应令俾斯麦感到十分气愤，他的身体状况甚至也受到了影响。我们不清楚俾斯麦是否采取过什么举措，去说服皇帝接受自己的想法，也不清楚他是否告知本尼格森自己面临了什么样的障碍。相反，他没有停止和本尼格森谈判，仿佛二人的结盟仍然在他掌控之中。

1878 年 2 月 22 日，帝国议会宣告了最终结果。当月，俾斯麦回到了柏林，而本尼格森以政府党派的名义，就德意志在巴尔干地区的政策质询俾斯麦。后面在提到东方危机和柏林大会时我们会对这次质询进行更详细的讲述。在此次会议上，本尼格森看起来仍然是支持内阁的帝国议会多数派领袖。

2 月 22 日，内阁政府起草了一份财政议案，让议员们辩论是否应当提高烟草等商品的税率。起草这项议案的是普鲁士财政部长康普豪森，面对征收新税的批评声音，他清楚表示，政府的本意并不是实行烟草垄断（Tabak-Monopoly，即政府垄断烟草进口、制造和销售）。听到这

俾斯麦与德意志崛起

句话，俾斯麦立即起身，直言不讳地说："我的目标是国家垄断烟草行业，有鉴于此，我认为应将这项议案作为临时措施和实现目标的跳板。"这番话立刻引发了会场的轰动。俾斯麦则继续讲了下去，他将垄断权描述为康普豪森的"终极理想目标"。这无疑是在康普豪森背后扎了一刀。俾斯麦事先埋伏了起来，然后突然袭击，他违背了同僚间应当忠于彼此的原则，行事作风既不正派也不体面，而议案与康普豪森都是他的受害者。几天之后，康普豪森提出辞职申请，而且被批准了。

在这场极具轰动性的大会上，本尼格森问议长福肯贝克："你是否也不同意我们加入这场垄断权的斗争？如果是这样的话，我就去找俾斯麦宰相，告诉他我们的谈判走向了尽头。"福肯贝克同意了，本尼格森于是告诉俾斯麦，他不再盼望成为内阁的候选人了。民族自由党极力反对烟草垄断，一旦本尼格森同意出任财政大臣，他便陷入了两难境地：若是推行这一议案，自己就会站到自己政党的对立面。不过，本尼格森之所以拒绝俾斯麦，明显还有其他个人原因。他是一位绅士，而俾斯麦用一种毫无绅士风度的手段对付一位德高望重的同僚，实在是令人不齿。再考虑到他一年前对施托施将军发动的诡诈攻击，本尼格森认识到，倘若他胆敢不听从宰相的指挥，下场也会一样凄惨。况且，他去瓦尔岑拜访俾斯麦时，对方完全没有提及他想要推出的烟草垄断，不过才过了两个月，俾斯麦便宣称这是他的"最高和最终目标"，这和赤裸裸的欺骗有什么区别吗？

两人结盟本可能使德意志走向完全不同的方向，可现在结盟计划却泡汤了。仅仅一年后，俾斯麦便和民族自由党关系破裂，拉开了保守派掌权的序幕，可以说，他们的反动政策一直持续到俾斯麦倒台。本尼格森是否应当为此承担一定的责任呢？

部分史学家批评本尼格森这位民族自由党领袖不愿意独自加入内阁，还坚持要求两位政治伙伴的陪同。实际上，倘若本尼格森想成为拥有实权的大臣，而非俾斯麦恩赐下为他所用的工具，他提的条件合情合理，也十分必要。谈判期间，俾斯麦和他的枢密顾问冯·蒂德曼谈话时责备民族自由党的领袖不够"顺从"。然而，顺从只是士兵的美德，对于有个人信念的政治家来说，并不是美德。哪怕是特雷奇克——民族自由党极右翼、俾斯麦热烈的拥护者——都写道："俾斯麦眼里容不下独立人格。我不应该对我的朋友提出这等建议，因为这和让他把头颅伸进套索，接受绞刑别无二致。"

俾斯麦为何会竭力唆使本尼格森加入内阁政府？原因很简单，他希望确保民族自由党的议员迫于形势，只能投票赞成他的提案；如果有任何一位议员，在政治信念的驱使下，拒绝随着俾斯麦的指挥棒起舞，本尼格森就必须将此人开除党籍。俾斯麦希望通过这种方式除掉拉斯克和他那群头脑被独立思想占据的朋友，将民族自由党转化为俾斯麦说一不二的政党。倘若本尼格森胆敢不依俾斯麦之令行事，那么很有可能他会是下一个康普豪森，这则先例揭露了俾斯麦对于顽抗不从的同僚的处理之道。

对于这种大型党派的领袖，俾斯麦给出的前景具有足够的吸引力吗？另外，倘若本尼格森在加入内阁政府时，能够带上两位忠诚能干的朋友一同入阁，那么他便有希望影响政府政策，并且在政治伙伴和党派在议会中的地位的

俾斯麦与德意志崛起

帮助下，一旦有人企图分裂政党，或者将政党排挤出内阁，他便可以出手阻止。当然，这就意味着，俾斯麦必须分出权力，交到民族自由党手中。毫无疑问，俾斯麦肯定不会接受。

1878年2月22日在帝国议会上演的这一幕还有另一层值得关注的意义：俾斯麦为何选择这个时间点，揭下面具，与本尼格森决裂呢？1877年圣诞节后发生了什么？

2月7日，和俾斯麦有着不可调和矛盾的庇护九世去世。几年前，俾斯麦曾说过，根据一般规律，一位好争斗的教皇卸任后，他的继任一般都乐于息事宁人。他的预言是正确的。红衣主教团展开秘密会议，选举出更愿意达成和解的教皇佩契登上梵蒂冈圣座，史称利奥十三世。选举时间是2月20日，两天后帝国议会便召开了那场极具轰动性的会议。选举当天，利奥十三世给威廉一世写了一封信，希望能改善教会和德意志帝国之间的关系。我们可以假定，俾斯麦在帝国议会上猛烈抨击康普豪森时，已经知道了这封信的存在。这封信让俾斯麦燃起希望，他认为自己有机会诱导教皇，从而指示中央党投票支持内阁政府。此外，俾斯麦还注意到，贸易保护主义运动引发了中央党内的广泛同情，这为他和中央党达成共识开创了新路径。本来，俾斯麦并没有想到与中央党结盟，但现在机会摆到了他的面前，他有机会利用中央党去对付民族自由党。当然，为了实现这个目标，他必须停止文化斗争，废除此前通过的大部分对付教会的法律。既然文化斗争已经无从获利，他相当乐意换个策略。同年夏天，他和罗马天主教的教廷大使马塞拉开展了第一次对话，试图和教会达成协议。虽然这些谈话没有达成他所期待的结果，但是俾斯麦并未停下

第
四
章

帝
国
宰
相
俾
斯
麦

手中正在纺的线，最终他如愿以偿了。

俾斯麦与本尼格森谈判破裂一事，在笔者看来，是德意志帝国政治历史上的一大转折点。对于自由主义未能渗透进内阁政府这一点，威廉一世感到很高兴；但事实证明，这反倒成为德意志帝国衰落的重要因素之一，阻碍了德意志政治的健康发展，帝国遭到孤立，并引发了连锁反应，经过了一代人的时间后，最终导致帝国走向崩溃。这个时期的民族自由党代表着忠诚、爱国的德意志中产阶级，他们实力强大、体系完善，远胜于今后的任何党派。他们本可以使得帝国和议会和谐相处、团结合作，从而增强双方的实力，稳固帝国的政治生活。俾斯麦倒台后，帝国变得摇摇欲坠。俾斯麦掌权时，帝国稳定性不足的问题尚不够显著，但俾斯麦这种人实在少见，很难再找到和他同样精明强干的人来接替他的职位了；而且无论一个人能力再怎么出众，也无法独自一人撑起整个国家机制。

起初，本尼格森相信，谈判只是暂时破裂，俾斯麦出于形势考量，会再次和他展开谈判。他甚至想过利用民族自由党在议会中的地位，给俾斯麦施加压力。然而，在采取实际行动之前，机会女神再次眷顾了俾斯麦。在1863年12月，丹麦国王弗雷德里克七世去世时，俾斯麦抓住机会大做文章，完成了最为重要的谋划，确立了普鲁士的地位。而这段时期，威廉一世遭遇了两次刺杀事件，这为他带来了新机遇。此次，俾斯麦故技重施，策略同样精湛。

在讨论两次谋杀事件前，我想补充说明一件事。1878年3月，和本尼格森谈判破裂后，俾斯麦向帝国议会提交了一份议案，规定设立一名宰相代理人，作为宰相常务助理，头衔为副宰相。这项措施便是代理法案（Stellvertretungs-Gesetz）。该职位本来是预留给本尼格森的，此时则被交给了维也纳大使施托尔贝格 - 维尔尼格若德伯爵，他是一名保守派官员，而非一位议员。此外，该议案规定，对于属于自身管辖范围的事务，帝国各部门主管都是宰相的代理人。因此，帝国财政大臣是宰相在帝国财政事务方面的代理，有权替宰相签名。不过部门主管的头衔是部长，而非大臣，因为他们并非负有实责的大臣，唯一负实责的大臣从始至终都是宰相；为此，进步党议员黑内尔再次提出赋予帝国大臣实际权责。这也是民族自由党此前的要求，但这次，本尼格森以整个党派的名义，放弃了这项要求，哪怕包括拉斯克在内的整个政党都投票支持该议案。随后，俾斯麦在辩论中再一次对拉斯克进行了猛烈抨击，言辞尖锐且充满偏见，甚至有些无理取闹；但通过这些事情，我们可以得知他和本尼格森谈判的动机之一。

　　随着帝国的立法和行政事务越来越繁重冗杂，部长的数量也在随之增加，出现了外务部长、内政部长、财政部长、海军部长、殖民部长，等等，由于新任宰相影响力不如俾斯麦，这些部长的政治重要性就大为增强。举例来说，在帝国政策上，海军部长提尔皮茨的话语权有时甚至高于宰相冯·贝特曼·霍尔维格。然而，按照规定，他永远无法成为负有实际权责的大臣，只能是宰相代理人，从始至终，对海军事务有最终决定权的人只是宰相。直到君主制垮台，德意志也从未形成过能商讨帝国事务且有权做决定的内阁政府。这便是俾斯麦给德意志宪法留下的独一无二的印记之一。1917 年之前，部长都不能兼任帝国议会的议员。除非进入战时紧急状态，皇帝才会委派帝国议会的议员担任部长，其中一个例子便是进步党领袖派尔，他担任过副宰相一职。可此时，沙漏中的沙子就快要流尽，帝国已经时日无多。

七、对抗社会民主党的法律

1878 年 5 月 11 日，一位叫作赫德尔的管道工朝威廉一世开枪，但是没有射中，皇帝毫发未伤。赫德尔是个没有丝毫价值的无赖泼皮，还是政治阵营中的墙头草。他有一段时间归顺于社会民主党，之后又加入了施特克尔的基督教社会党。施特克尔是个宫廷传教师，煽动反犹主义。可以肯定的是，此次刺杀事件背后没有阴谋，赫德尔也没有同盟。皇帝遭遇刺杀时，俾斯麦还在福里德里斯鲁；但他一听到消息，就立即给自己的外交部代理人比洛发了一封电报，命他以此次刺杀事件为借口，引入反抗社会民主党及该党报刊的法律。

早几年前，俾斯麦和德意志社会运动的发起人拉萨尔私下举行过谈话和协商。普鲁士爆发宪法冲突时，俾斯麦便希望利用拉萨尔对抗进步党。不过后来，他彻底改变了自己的态度。普法战争刚结束的几年里，他提倡君主派政府和保守派政府展开国际合作，发起运动共同反对社会主义人士，尤其是伦敦的卡尔·马克思所领导的社会主义运动，这是他的三皇同盟政策希望实现的一大目标。这一国际镇压措施最终宣告失败，主要原因是英国不愿放弃履行一项古老的惯例：为遭政治迫害的受害者提供避难所。俾斯麦的信念则愈加坚定，他一定要在德意志通过压迫性法律。俾斯麦向自由派议员班贝格祖露了内心想法，其主旨正如班贝格曾写过的一篇和社会主义相关的文章中所说的那样："如果我不想小鸡诞生，就必须砸碎鸡蛋。"

俾斯麦行动的第一步是提出议案，修改刑法典。然而，1876年春，在拉斯克的主导下，议案遭到帝国议会的反对。赫德尔行刺事件后，俾斯麦再次尝试制定镇压法，这是公然反对社会民主党、镇压其骚动情绪和报刊的政府法案，是个十分随意潦草又笨拙怪异的作品。显然，负责拟定议案的大臣不过是为了迎合上级的愿望，随意将几个段落拼凑在一起，读来古怪又不合逻辑。他们可能认为，只要民族自由党拒绝背叛原则，议案就不会在帝国议会上通过。该议案具有歧视性，也就是说，处理措施不会公平适用于所有公民，只属于有着特定政治信仰的人。因此，该法案公然违抗了法律面前人人平等的原则，也侵犯了新闻自由和结社自由的权利，使得法治国家的基本原则危在旦夕。

有的民族自由党议员相当惧怕社会主义，因此支持推行这项议案。他们既非实业家，也非大资本家，而是特雷奇克和格奈斯特这样的大学教授。特雷奇克预言了强权政治，只是个名义上的自由主义者。而格奈斯特则是伟大的宪法律师，推崇英国宪法制度，还是宪政冲突期间的反对党领袖之一。19世纪中叶，德意志大学曾是自由主义思想的大本营，此时却变了味道；这是民主信念发展的一大灾难。不过，大学教授们在民族自由党中还没有占据优势地位，在拉斯克的领导之下，该党派竭力呼吁驳回该议案。领袖本尼格森以全体成员的名义发言后，民族自由党投了反对票。

本尼格森演讲时询问内阁政府，他们是否在早就知道帝国议会将会驳回这项议案的情况下，还是推出了这项议案。这是一个十分合情合理的问题，因为俾斯麦甚至没有返回柏林，为推行自己的措施做一番努力。不过这也是他的策略，他想要离间民族自由党和那些曾支持他们的人，他十分确信，后者对社会主义这个怪物更加恐惧。

1878 年 6 月 2 日，威廉一世遭遇了第二次刺杀，刺客是卡尔·诺比林博士。威廉一世乘坐敞篷马车来到菩提树大街时，诺比林潜伏在一栋房子的窗后，朝他开枪。威廉一世伤势很重，大量出血，他此时已经 81 岁高龄，被抬回了皇宫。

诺比林像个精神错乱的人一般展开了这次刺杀行动。他出身于富裕的中产阶级家庭，在莱比锡大学修读了经济学学位。他显然没有任何政治背景。社会民主党中甚至没有人听过他的名字。我们无法确定他的行动是否暗含政治动机，因为被逮捕时，他便自戕受了致命伤，在接受正式审讯前就死了。对这番神经质的行动，最说得通的解释是，他试图仿效黑若斯达特斯[1]：他们都认为，如果不能青史留名，何不遗臭万年？

皇帝遭遇刺杀时，俾斯麦仍在福里德里斯鲁，他的机密助理兼秘书蒂德曼收到这则消息的电报后，便前去面见宰相，当时俾斯麦正在福里德里斯鲁附近的森林散步。据蒂德曼记述："我走出庭院，就看到明媚的阳光下，宰相在田野里散步，他步履轻柔，身后伴着他的狗。我走上前，和他并肩而行，这是他心情最为舒畅的时刻。过了一会儿，我告诉他：'收到了一则重要电报。'他开玩笑般回答：'当真这么紧急，我们非得在这空旷的原野中处理不可吗？'我回答道：'很不幸，事态万分紧急。皇帝再次遭到刺杀，这次中弹了，

---

[1] 黑若斯达特斯，一名古希腊青年，他纵火烧毁了阿尔忒弥斯神庙，并声称自己的目的是在历史上留名。——译者注

伤势非常严重。'俾斯麦亲王一愣，突然停下了步子。他看起来焦虑不安，把橡木手杖插进前方的土地里，如同被闪电击中一般，又似乎是得到了启示。他喘着粗气说道：'现在我们必须要解散帝国议会！'说完这句话他才开始怜悯地关心皇帝的身体状况，询问行刺的细节。"

这戏剧性的一幕可以和莎士比亚的壮丽作品相媲美了！毫不夸张地说，这则故事让人想起了《麦克白》中的一幕：在因弗内斯城堡，麦克白夫人听到邓肯国王当夜即将抵达的"重大消息"时，几乎立刻做出了决定，不会让他活着离开。同样地，俾斯麦以惊人的速度下定决心，要利用这个新机会毁灭富有独立思想的帝国议会，以至于他对皇帝再次遭遇刺杀的反应慢了半拍。连续好几周，他满脑子都想着如何应付议会的反对派，而此时，这个机会像及时雨一样突然出现在他眼前。作为一个进取心极强的人，他立刻将这两件事联系在了一起，然后下定决心，做出了这一决定。在一次交谈中，他再次提到了"意愿"和"思考"："我常常发现，早在我思考结束之前，我的意愿就一清二楚了。"理论上看，我们只能欣赏这种不寻常的意志力和做出决定的惊人速度。然而，从政治与道德层面来评定的话，我们恐怕很难再对此产生欣赏之情。俾斯麦在做决定时，了解这场刺杀事件的始末、刺客的身份或他的政治背景吗？他一无所知！但是他已经下定决心对此事小题大做，从而镇压社会民主党，因为他从获悉的有限信息看，诺比林可能是社会民主党的坚定支持者。在做出具有如此深远影响的决定之前，仔细斟酌事实，难道不是政治家的道德和政治义务吗？俾斯麦却不受这种义务的约束，他丝毫不关心案件的具体事实，只关心如何煽动群众的感情，以及能从事件中谋得多少政治资本。任何时代都有这类蛊惑民心的政客，俾斯麦便是其中一位，他凭借本能行事，而不是凭借理性审视。他不希望向选民透露自己的真实目标，因为他这番手段的真实目标与其说是要让社会民主党垮台，不如说是击垮民族自由党。不过这并不意味着，他失去了镇压社会民主党的欲望，只不过社会民主党的影响力还不够强，没有像民族自由党一样造成那么沉重的政治负担。另外，这些民族自由党议员投票反对俾斯麦镇压社会主义者的议案。因此，在即将来临的选举斗争中，竞争注定会十分激烈，俾斯麦可以对他们发出责难，指控他们拒绝保卫高贵、年迈的皇帝的生命与健康。俾斯麦告诉自己的亲信："我终于逮住这些家伙了，这正合我意。"有人问他："您是指社会民主党吗？"他回答："不是，我说的是民族自由党。"当时有传闻说，俾斯麦曾说过："我要在墙上狠狠地碾压民族自由党，让他们尖声哭泣，向我求饶。"但在个人回忆录中，俾斯麦否认曾发表过这种"粗鄙、恶趣味的言论"。无论真相如何，这句话正确无疑地总结了他的感情和意图。

宪法规定，只有皇帝同意，同时联邦参议院做出决定的情况下，帝国议会才能被解散。无论是普鲁士内阁，还是联邦参议院，都没能就解散议会的决定达成一致。有人认为，解散帝国议会既无必要，也十分危险：他们十分确信，帝国议会将通过新的反社会主义法案，因为民族自由党报刊也持同样的立场。皇储此时代表父亲处理政务，也不支持解散。不过，皇储没能如愿成为摄政王，在俾斯麦的安排下，他只是被皇帝指定为代理人。两个身份的区别在于，如果当上摄政王，皇储就有权执行个人政策；而作为皇帝代理，他还得依照父亲现有的政策行事，就像皇帝仍和原

俾
斯
麦
与
德
意
志
崛
起

先一样健康。由于威廉一世势必会应从俾斯麦的建议解散帝国议会，皇储也无法反驳。精力充沛、充满干劲的俾斯麦总能跨越前方所有障碍，这是不言而喻的。

最终，帝国议会被解散了，德意志的新一轮大选也就此展开，整个国家陷入了一片喧嚣和骚动不安之中。内阁的报刊用尽一切手段激起民众对民族自由党的愤怒之情，指控他们投票反对反社会主义法案，皇帝的生命因此受到威胁。那么，如果当初通过了这项法案，能否保护皇帝不遭受诺比林的开枪射击呢？谁也说不准。不过没关系，民众感情从来不受那一套冷冰冰逻辑的支配。

当时，英国首相比肯斯菲尔德伯爵恰巧来柏林参加代表大会，当时俾斯麦对他说的话，和民间狂热的骚动情绪对照着看相当有趣。帝国议会解散两天后，也就是6月17日这天，俾斯麦作为代表大会的主席，举办国宴招待所有与会人员。关于二人的对话，比肯斯菲尔德伯爵写信报告给了维多利亚女王：“我坐在俾斯麦亲王右侧……听他发表粗俗幽默的长篇大论：没完没了地揭露那些他不该提及的事情。他给我留下的印象是，永远不要相信君主或臣子；他的疾病并非如外人猜测那样是普法战争导致的，事实上，他所服侍的君主的种种糟糕行径，才是他患病的真正诱因。在他的家庭档案中存有相关文件，其中包括皇帝的信件，皇帝不顾及他的勤恳付出，指控他是个叛徒。他不停地发着这种牢骚，直到我彻底听不下去，并告诉他，虽然很多君主都如他所说‘表里不一’，但我所效忠的女王，就是坦诚正义的化身，受到所有大臣的衷心爱戴。”当然，这番结束语是迪斯雷利惯常使用的奉承话术的鲜活例子。不过，对比俾斯麦在公开场合发表的激烈的长篇演说，和他对那位仍卧病在床的皇帝的评价，我们很难不感到困惑。

选举中，民族自由党仅仅失去了 10 万张选票，进步党失去了 4 万张选票，自由主义思想仍然笼罩着德意志，足见其势力之强劲。但自由主义失去的选区数目更多：民族自由党失去了 30 个议员席位，而进步党失去了 10 个席位。这两个党派加起来也不过 140 个席位，另外两个保守党派的席位则从 78 个增加至 115 个，他们赢得了近 60 万张选票。在前一次选举中，社会民主党赢得了 50 万张选票，此次却失去了至少 6 万张选票。民族自由党仍然占据大量席位，但是大多数议员之所以重新获得议员席位，是因为他们对选民做出了承诺，会支持抵制社会主义者的措施。

内阁此时向新一届帝国议会呈交了新议案，名为"抵制社会主义民主党危险活动的法律"（Gesetz gegen die gemeingefährlichen Bestrebungen der Sozialdemokratie）。在这次大会的辩论环节，俾斯麦频频起身发表演讲，看起来充满活力。在某种程度上，传记作者会对他的演讲格外感兴趣，因为在社会民主党的倍倍尔和进步党的里希特的攻击下，俾斯麦不得不为此前对社会主义者的恶劣态度正名，尤其为和拉萨尔的私下会谈正名（拉萨尔在此不久前去世了）。俾斯麦谈起拉萨尔时，话语间流淌着最崇高的尊敬和欣赏之情，还对和他的谈话致以敬意。他说道："和他交谈太有趣了，每次结束之际，我都不免觉得遗憾。"

在帝国议会上，社会民主党、中央党和进步党都反对该议案，唯有保守党全身心地予以支持。民族自由党再次投出了决定性的一票：大多数民族自由党议员都投赞成票，这一次拉斯克没敢站出来反对，选民感情太过强烈了，他不管怎么反抗都会是徒劳无功，哪怕他弃权或反对，投赞成票的议员仍然占据多数，他最多只能尽量缓和条款的严厉程度。他只能在一个重要问题上实现自己的目标：将该法律的有效期缩短至两年半。内阁希望法律永久有效，但对于这一点，内阁也只能选择让步。

拉斯克奋力争取修改了这项条款，而这直接导致俾斯麦每过两年至三年，都要重新请求帝国议会给法令续期。法令续期了4次，但反对情绪——尤其是自由主义人士的反对情绪——日渐高涨。1889年，俾斯麦最后一次试图争取让法令产生永久效力，但是他失败了。他这次失败主要怪他那奇特怪异的策略，带来了最具灾难性的后果，后文在介绍俾斯麦倒台一事时，会具体介绍。1890年，反社会主义法（Sozialistengesetz）终于走向了灭亡，而且再也没有死灰复燃。

反社会主义法摧毁了所有的社会民主党的报刊及其组织。社会主义者不能集会，发表演讲。法律提供的有限的保护措施也遭到警察无情践踏。城市的社会主义政治家和煽动者遭到最为野蛮残忍的驱逐。然而，这类非人的迫害也没有带来任何好处。法律无法阻止人们投票给社会民主党。政府虽然通过言语和书面形式煽动对社会主义的压迫，社会民主党候选人选票还是不断增加：1884年他们获得了55万张选票，1887年是76.3万张，1890年又增长到142.7万张。法律产生的效果比不上其高远的目标，最终只能宣告失败。无论是对社会主义者还是天主教神职人员的武力镇压，俾斯麦都是一败涂地。败得最惨的则是在运动中支持他的民族自由党，因为他们抛弃原则的做法是党派最深重的罪过。无论如何，他们的牺牲白费了。仅一年后，宰相就弃他们而去，转而和他们的死对头结盟，打压他们在议会和政治活动中的地位。

不过那已经是很久之后的事了，在介绍这段故事之前，我们需要先停下来，审视近东危机背景下的国际形势。

八、1878 年柏林代表大会

1875 年夏，波斯尼亚爆发了针对土耳其暴政的起义，标志着近东危机拉开了序幕。巴尔干半岛的其他地区，如保加利亚，也相继爆发起义。塞尔维亚和土耳其之间也爆发了战争。战火在巴尔干半岛的土地上疯狂蔓延。最关切该地区战争形势的欧洲强国包括奥地利、俄国和英国。俄国自视为信仰基督教的斯拉夫人的保护者，这些信徒绝大多数皈依了俄国国教东正教。奥地利是叛乱爆发地波斯尼亚的邻国。英国的兴趣焦点是君士坦丁堡，不愿眼睁睁看着它落入俄国之手。

近东危机让欧洲开始隐隐担心大国之间可能爆发战争。有的人试图对巴尔干半岛的流血事件进行调停，比如 1875 年 5 月，由俾斯麦、戈尔恰科夫和安德拉希起草的柏林备忘录就提到了此事，但这一举措遭到了迪斯雷利的反对。此外，1876 年 2 月召开的君士坦丁堡大会也试图调解，但是大会上的建议被土耳其拒绝了。1877 年 2 月，俄国和奥匈帝国签订了一项秘密协议，双方达成共识，划定了利益范围，并试图掩盖即将发生的俄土战争。这项协定禁止俄国建立联系紧密的大斯拉夫国家，也就是独立自主的保加利亚国家；该协议甚至允许奥地利皇帝派遣部队，占领波斯尼亚和黑塞哥维那。1877年4月,沙皇对土耳其苏丹宣战。1877年底,俄国部队虽然遭遇了一些挫折,但还是全面击溃了土耳其的反抗势力,直逼君士坦丁堡的城门。1878年3月,苏丹与获胜国俄国签订了《圣斯特凡诺条约》,这项条约让俄国取得了其垂涎已久的几乎所有的利益。其中最重要的一项条款是土耳其将所有的保加利亚领土割让给俄国。眼看独立的保加利亚国家即将成立,奥匈帝国和英国的反对最为激烈。英国首相比肯斯菲尔德全力支持"英勇正义的外交政策",带头反对俄国,还派遣一支英国舰队前往马尔马拉海,两大强国的交锋似乎一触即发。此时,哈布斯堡君主国的外交部长安德拉希提议召开欧洲代表大会,解决整个近东地区的问题。早在1856年,在全欧洲具有效力的《巴黎和约》就已经划定了土耳其帝国的国界线,除非签约国一致同意,国界线就不得迁移,而戈尔恰科夫准备在欧洲代表大会上呈交《圣斯特凡诺条约》。各大国一致同意,在柏林召开此次大会,而代表大会的主持者也顺理成章地应由德意志宰相出任。大会于1878年6月13日开幕,7月13日,俾斯麦宣告大会结束。

在简略介绍完柏林代表大会的事件经过后,我们必须考虑俾斯麦在危机爆发的几年间推行的政策。当然,对于他外交策略中错综复杂的重大细节很难面面俱到,我们只需对他所遵循的原则有一定了解,那就够了。

我们可以从德意志驻圣彼得堡大使冯·施魏尼茨将军的日记中的一个片段切入。在19世纪60年代,施魏尼茨在圣彼得堡期间曾担任普鲁士军事代表一职,代表威廉一世与他的俄国外甥、沙皇亚历山大二世联络,并借此与沙皇建立了亲密的关系。在普法战争期间,他担任驻维也纳大使，之后在 1876 年 2 月，他被委派担任驻圣彼得堡大使，只不过这一次，他属于德意志帝国。一直到 1892 年，也就是俾斯麦倒台后，他才卸任。施魏尼茨的《生平事迹》（Denkwürdigkeiten）在他去世后多年才出版，书中涵盖了一卷信件，其中有着极为有趣的细节，生动刻画了这些信件作者的形象。施魏尼茨是一位典型的普鲁士保守派将军，他的保守思想真诚纯洁、始终如一。他相信，处理政治事务需要指导原则，便宜行事和武力不能作为政策指导。在日记中，施魏尼茨痛心地写道，德意志政府对土耳其叛乱问题的处理没有人道主义色彩，"而只想着利用该事件，将其转化为自身的政治优势，让强国抱团，长期杜绝任何对我们心存敌意的联盟"。

显然，施魏尼茨在此处暗指，土耳其在欧洲对基督教社团的统治是个时代错误，它导致了起义爆发和流血事件，必须早日结束。全欧洲都在密切关注事态发展，毕竟对于所有信仰基督教的欧洲人来说，在良心的驱使下，他们很难不为现实触动。这种观点超越了纯粹的民族主义考量，和古老的保守主义者所信仰的普救说相一致，因此我们无须感到惊讶：这种观点和这一时期的自由主义观点有一定的相似之处。在这一时期，格莱斯顿引领了对自由主义的宣传，他写了一份小册子记述保加利亚发生的暴行，产生了巨大反响和深刻印象；他还发表了极具煽动性和感染力的演讲，宣传自己的观点。不过，俄国政府也出于这些动机，将整件事提交整个欧洲全权处理，重整巴尔干半岛的事务并恢复其秩序，施魏尼茨也对此赞赏有加。

俾斯麦对此事的看法和施魏尼茨截然不同，他在圣彼得堡发来急件的页面空白处所做的批注就清晰体现了这一

俾斯麦与德意志崛起

点。这份急件由戈尔恰科夫起草，其中写道："这既非德意志的问题，也非俄国的问题，而是全欧洲的问题。"俾斯麦批注说："这不是什么欧洲问题，不能从地理角度看（Qui parle Europe a tort, notion geographique）。"这番对欧洲的描述不禁让人回想起梅特涅的话，在两代人之前，梅特涅就曾经说过"意大利是个地理概念"这样的话，从而压制意大利人的民族主义情绪。俾斯麦写道："我发现，每当那些政治家想从外国获利，但又不敢以本国名义索取时，都会脱口而出'欧洲'一词。"这就像当初在普鲁士将自身政治视野封闭在一方天地之时，要是有政治家胆敢以德意志的名义进行索取，都会立即被俾斯麦判定为伪善一样。对于巴尔干局势，俾斯麦和比肯斯菲尔德看法相同；后者认为，对英国来说，相比于拯救土耳其暴政的受害者，分裂三皇同盟更为重要。德意志和英国的主要政治家观点达成一致后，近东危机将何去何从已成定论。

德意志并不盼望从这次危机中获得任何好处，毕竟德意志和巴尔干局势没有直接的利害关系。1876 年 12 月 5 日，俾斯麦在帝国议会发表演讲，再次强调了这一点，还说了一句令人尤为印象深刻的警句作为总结陈词：此事并未危及德意志利益，不值得无数波美拉尼亚火枪手前仆后继地献出生命。在俾斯麦眼中，他的使命仅仅在于确保德意志的国际地位不会受到影响。他主要关心的是，怎么做才能避免在俄国和奥地利之间选择一方作为盟友。然而，倘若德意志的这两大邻国对彼此发动战争，迫于形势，就必须二选一。

1876 年 10 月，这道难题还是摆到了俾斯麦面前，沙皇告诉冯·曼陀菲尔将军，倘若俄国与奥匈帝国开战，威廉一世要像 1870 年一样，为俄国提供援助。这个问题无疑令人难以抉择，而且似乎和曼陀菲尔对威廉一世部分言论擅作主张的解读脱不了干系。俾斯麦的回应是："倘若奥地利在欧洲的地位动摇，或者独立性受到巨大威胁，那么此后欧洲就少了一个确保权力均衡的因素。"这无疑会严重威胁德意志的利益。毫无疑问，这一决断符合德意志的利益，而俄国人则失望透顶，他们认为德意志恩将仇报，明明有能力偿还人情却欠着不还，拒不帮助债主摆脱经济拮据的困境。

还有些政治家怀疑，俾斯麦正在煽动其他国家发动战争。索尔兹伯里把俾斯麦比作谢里丹的喜剧《对手》中的卢修斯·奥特奇爵士，两人都竭力搬弄是非，让两个并不渴望决斗的人攻击彼此。俾斯麦还告诉英国大使奥多·拉塞尔，他打算采取军事措施，激起法国的民族情绪，还问拉塞尔在那种情况下，英国会做何反应。这给英国政府留下了极为恶劣的印象。俾斯麦甚至建议英国吞并埃及，而这显然是想要挑起英法两国的冲突，英国外交部长德比伯爵认为这是俾斯麦的马基雅维利式权术的特征。

不过，在 1877 年 10 月的大选中，甘必大领导的共和党大获全胜，击败了麦克马洪元帅，俾斯麦对法国的态度因此发生转变。新一届共和主义政府急于和俾斯麦改善关系，于是将俾斯麦憎恶的贡陶－比隆大使撤离德意志。新任大使是圣瓦利耶伯爵，他奉命为两国建立和平关系而努力，他受到宰相的青睐，并成功赢得了他的信任，开创了新时代，使两国恢复友好邦交，达成了和解。

签订《圣斯特凡诺条约》之后，欧洲普遍认为，只有召开欧洲代表大会才能维护和平。1878 年 2 月，本尼格森

俾斯麦与德意志崛起

在帝国议会上对俾斯麦质疑问难，俾斯麦不得不解释自己的立场。俾斯麦在演讲时创造了他最著名的术语之一：他把德意志希望在此次大会上扮演的角色比作"坦率正直的中介"，而非将个人决断强加给其他各方的仲裁者。

大会在开展前期准备工作时，英国和俄国也在进行秘密会谈。俾斯麦密切关注着事态进展。英国的谈判代表是1878年3月接替德比伯爵担任外交大臣的索尔兹伯里伯爵，俄国代表是驻伦敦大使舒瓦洛夫伯爵。在索尔兹伯里和舒瓦洛夫签署的议定书中，俄国承诺，不会建立"大"保加利亚，而使其保持分裂状态。这样一来，大会虽然还没开始，最棘手的问题就已经基本解决了。议定书自然处于高级保密状态，可一位抱怨酬不抵劳的外交部职员复印了这份议定书，卖给了《伦敦环球报》，恰好在大会开幕之时出版。此外，英国还和奥地利签订了一项秘密协议，同意奥地利占领波斯尼亚，又在另一项秘密协议中，迫使土耳其将塞浦路斯割让给英国。

比肯斯菲尔德、索尔兹伯里、戈尔恰科夫、舒瓦洛夫和安德拉希齐聚柏林，在俾斯麦的主持下共同议事。俾斯麦这位德意志宰相无疑是精力最充沛的议长，各国政治家都充分认可他的权威。大会对提出的问题依次展开讨论，一旦出现争议，俾斯麦就会将问题交给有直接利害关系的国家，由他们私下谈判。因此，保加利亚问题由英俄两国开展对话来解决，安德拉希也参与了对话。起初，双方的意见分歧很大，以至于几乎无法调和；尤其是在国界线问题和苏丹修筑边防要塞的权利的问题上，双方矛盾更为尖锐。6月20日和21日，谈判陷入了僵局。在这一关键节点，俾斯麦促成了比肯斯菲尔德和舒瓦洛夫的私下对话。俾斯麦竭尽全力推动双方达成协议；要是说该问题之所以能够解决，全要归功于俾斯麦，属于是夸大其词了，不过他确实帮了大忙。6月21日晚，《泰晤士报》特约记者布洛维茨从柏林发电报给报社，称协定达成。保加利亚被一分为二，北部成为土耳其宗主下的自治公国，南部则成为土耳其的行政区，有一定自治权，由基督教徒统治，还被冠上了一个毫无意义的名字——"东鲁米利亚"。比肯斯菲尔德和索尔兹伯里认为这是一个巨大的成就；比肯斯菲尔德在返回英国的途中，仍然十分骄傲，他觉得自己有资格宣告，是他让"光荣的和平"降临人间。然而，仅仅7年后，1885年，保加利亚就结束了分裂状态，南北两地区重新统一为完整的保加利亚公国。此时，索尔兹伯里已经当上首相，虽然保加利亚统一意味着他先前在柏林所做的一番努力竹篮打水一场空，但他还是表示热烈欢迎。此前支持建立"大"保加利亚的俄国政府此刻则勃然大怒。可见，这些政治家也并不是多么远见卓识。

这块绊脚石被移除后，所有问题都迎刃而解。奥匈帝国获得了占领波斯尼亚和黑塞哥维那的权力，俾斯麦以最为直白霸道的手段镇压了土耳其代表挑起的抗议活动。俄国在亚洲地区的野心大多得以成为现实，其中就包括占领黑海沿岸的巴统港。至于达达尼尔海峡和博斯普鲁斯海峡，仍然受《巴黎条约》约束，继续由土耳其管辖，不过这一点的协定只是停留在表面，实则另有真相。的确，俄国和英国同意，苏丹有权决定开放或关闭海峡；索尔兹伯里则宣称，英国尊重苏丹独立自主地做出任何决定。然而，舒瓦洛夫宣称，基本上此类任何决定都代表整个欧洲，对所有大国都有影响和约束力。两人的态度的不同在于，倘若

俾斯麦与德意志崛起

苏丹的决定受到了俄国的胁迫，英国仍然有权不尊重苏丹在这种情况下做的决定。大会采纳了哪一种解读方式？这个问题被略过了，没有讨论，因此至今都没有定论。

大会上许多问题的结论都是如此，只决定了原则，并未处理细节，它们被暂时搁置，留待以后解决。但是，时间紧张，俾斯麦也没什么耐心，他的健康状况更是限制了他。俾斯麦迫不及待地想赶在7月中旬前去基辛根做矿泉疗养，所以他仓促宣布大会落幕，导致欧洲法庭此后数年都要忙着制定相关条约。1880年，格莱斯顿重新掌权后，发现有的问题到那时仍然悬而未决，于是开始以自己的方式着手处理——虽然俾斯麦对此嗤之以鼻。

俾斯麦宣布大会闭幕时，发表了一番简短讲话，表示大会"尽可能做了全部工作，为欧洲保持和维护和平做出了贡献"。

这个说法经得起历史的考验吗？诚然，大国间的和平得以维护，但真正的友谊与和谐状态永远无法实现，条约在实际应用方面仍然遗留了许多问题，欧洲各国使馆间的热烈讨论也从未停止。柏林和圣彼得堡之间也爆发过一次至关重要的论战，后文将详细介绍，它的导火索是《柏林条约》的解读和执行出现的分歧。

至于"代表大会为巴尔干地区带来和平"的说法，显然是罔顾事实的。哈布斯堡王朝的军队占领波斯尼亚和黑塞哥维那的方式十分血腥残暴，而且代价巨大。近东地区其他国家的人民奋力抗争了许多年，才终于从《柏林条约》的桎梏中解脱，这也揭示了该条约最主要的问题。一位法国外交官年轻时曾在大会秘书处工作，他在个人的回忆录中写道："大会丝毫不顾及塞尔维亚和土耳其的意愿或反对，擅自分配他们的领土，或拒绝将领土还给他们，摆出高高在上的态度，对他们的意见漠不关心。"公正地说，大会上的政客对待巴尔干人民就像随意摆弄棋盘上的小卒一样，俾斯麦也差不多。他一再宣称，他根本不在乎这些人的幸福（Le bonheur de ces gens la-bas），也漠不关心他们的命运，除非该问题对大国之间达成协议至关重要，否则，他都不屑一顾。在这一问题上俾斯麦也缺乏远见，他未能预见到此时在意大利和德国开始的民族主义运动，将在东欧的斯拉夫人中发挥出最大的影响力。在这一点上，同时代的大多数政治家也没好到哪里去，尤其是比肯斯菲尔德，他们都一样目光短浅，没有先见之明。格莱斯顿在谈到"为自由与正义奋力斗争的人民"时，表现出的眼界和视野远远胜过了俾斯麦。

然而，俾斯麦后来说的一句话，很难不让人对他在巴尔干半岛采取的政策增添一层更加阴险的解读。1878 年 11 月，大会闭幕 4 个月后，俾斯麦写信给此时代表父亲执掌王权的皇储："如果我们成功使东方这块土地的溃疡无法愈合，让其他大国纷争不断，以确保本国的和平，这将是我们政治才能的伟大胜利。"这种马基雅维利式的权谋之术无法带来持久和平，无论是巴尔干半岛，还是欧洲，都是如此。

这一时期俾斯麦对巴尔干半岛的政策操纵播撒下了一颗灾难性的种子，这颗种子生根发芽，最终诱发了第一次世界大战。这颗种子便是奥匈帝国占领波斯尼亚。在帝国议会召开前，俄国和英国就对安德拉希做出了这一让步，因此相比之下，俾斯麦虽然同意奥地利的政策，但是责任没有俄英两国大。事实上，大会召开前，他就建议安德拉希占领波斯尼亚，对方却予以拒绝，俾斯麦还嘲弄了奥地利的笨拙粗陋。他说："我听说，有的人不吃鸽子，除非有人为他们把鸽子射死，烤熟了端上餐桌，他们才肯吃。但我从未听说过有的人不愿吃鸽子，是因为没有人撬开他们的嘴，把鸽子肉放到他们嘴里，再推入他们的喉咙。"对于后来发生的致命后果，俾斯麦在一定程度上也负有责任，最终，欧洲和平不在，他制定的在德意志主持下调解奥俄冲突的政策也受到挫败。不过，法国大使圣瓦利耶并没有批评俾斯麦的政治手腕，反而对他十分崇敬。1881年12月，他写信给时任法国总理，同时兼任外交部长的甘必大说："俾斯麦致力于做三皇同盟命运的最高仲裁者，他认为，奥地利若和俄国结盟，在巴尔干半岛产生的利益冲突会威胁其同盟关系。这一冲突是无法避免的，但冲突的根源正是俾斯麦亲王煽动维也纳内阁进攻波斯尼亚和萨洛尼卡市（Bismarck tient à conserver la situation d'arbitre suprême des destinées des trois Empires, et il sail que leur alliance demeure toujours exposée à un danger, celui d'une collision d'intérêts entre l'Autriche et la Russie dans la péninsule du Balkan; cette collision est inévitable dans I'avenir, et c'est le prince lui-même qui l'a rendue telle en poussant le Cabinet de Vienne en Bosnie et vers la Salonique）。"诚然，俾斯麦成功推迟了冲突的爆发，但他只不过是把麻烦留给了自己的继任者，这些继任自然无法和伟大的俾斯麦相媲美。

波斯尼亚遭到占领后，奥地利的德裔自由主义内阁倒台了。他们之所以反对占领，不仅仅是因为民族主义，还因为他们担心斯拉夫人口增加。一位曾担任过首相的发言人表示，对奥地利的占领，为俄国针对东方政策形成的竞争拉开了序幕，从今以后，奥地利的荣誉将岌岌可危，可惜奥地利却没有力量维护自己的荣誉。这个预言准确无误。弗兰茨·约瑟夫一世垂涎帝国威望，却没能抵御住诱人而虚伪的言语的引诱，高估了国家的力量，导致国家面临过于沉重的负担。

然而，俾斯麦却把批评的矛头指向了奥地利的德裔自由主义内阁，而非弗兰茨·约瑟夫一世。在一次帝国议会的演讲中，他嘲笑这些自由主义者，指责他们迫使皇帝为了王朝的利益，寻求其他政党和民族主义的援助。如今，我们才了解到，弗兰茨·约瑟夫一世曾将忠实的德裔臣民放逐到荒野，仅仅是因为他们反对占领波斯尼亚。王朝的土崩瓦解是他咎由自取。

九、民族自由党内部分裂

柏林大会一闭幕，俾斯麦就去基辛根进行矿泉疗养了，期间他接见了一位教皇特使，两人有过几次交谈。俾斯麦希望和梵蒂冈在结束文化斗争这个问题上达成共识，但二人谈判未能产生任何结果，梵蒂冈提出的条件令俾斯麦无法接受和让步。此时，法尔克仍然在职，但他已经敏锐地察觉到，自己的地位岌岌可危。民族自由党人不禁感到，一场政治变革正在酝酿之中。

1878年12月，宰相写给联邦参议院的一封信被发表出来，其中详细阐述了他的经济和关税改革方案，局势愈发明朗起来。俾斯麦极力反对征收直接税，建议征收贸易保护主义关税，提高间接税。对有的行业来说，征收保护性关税看似是合理的；但他也提议，对进口商品一律征收一般关税，而这完全颠覆了此前关税同盟和德意志帝国所遵循的贸易政策。一直以来，德意志的贸易政策都缺乏完全的自由主义色彩，根本无法与皮尔和格莱斯顿在英国推出的贸易政策相提并论。不过，过去几十年间，自由主义的趋势已经显现：保护性关税的数量和规模在不断萎缩，和世界上其他国家交易货物和商品的障碍也在尽可能减少。然而，宰相此时却发布正式声明，他将实行与自由贸易完全相悖的政策。

但是，他的政策中还有一项更令人震惊的改革：除了进口工业品外，玉米等农产品也该征收保护性关税。在此之前，从来没有人想过对农产品施加保护性关税；没有人觉得有这种必要，也没有任何农民或地主提出过这种要求。可以预见的是，城市居民自然极力反对保护性关税措施，认为这样做既会导致物价上涨，还会增加生活成本。俾斯麦却对此格外上心，极力推动通过保护性关税。他还成立委员会，制定新的关税标准。委员会成员主要由保护主义者组成，保护派领袖冯·瓦恩布勒担任委员会主席，他以前是符腾堡大臣，是普鲁士的反对者。他们建议对每100公斤玉米征收半马克的关税。此后不久，俾斯麦又将一封写给一位农业贸易保护主义领袖的信公开发表，信中认为，施加这一种关税远远不够，因此他还鼓励农民们发奋图强，联合抗议，在帝国议会上提出动议提高玉米的关税。

于是帝国议会开始就保护性关税法案进行议会辩论。在辩论中，俾斯麦积极发言，成为贸易保护主义措施的最积极有力的卫士。一场漫长的议会斗争拉开了序幕。两个保守党派和中央党支持推行贸易保护主义关税，社会主义者和进步党则持反对意见，进步党领袖欧根·里希特还展开了积极有效的行动。民族自由党内部则出现分裂，西部工业选区的代表们强烈支持对工业采取贸易保护措施，而拉斯克和班贝格领导的左派势力则极力反对。德尔布吕克此时是帝国议会的议员，在这场保护性关税斗争中，他站在反对一边，极力捍卫此前推行的所有关税政策。可惜的是，作为议员的他影响力和从前担任大臣时已无法相提并论。以本尼格森和米克尔为首的大多数民族自由党成员赞成征收适度温和的保护性关税；他们希望走中间路线，也就是和俾斯麦各让一步，双方达成妥协。

本尼格森并非唯一希望与俾斯麦达成妥协的党派领袖，温特霍斯特也相当乐意和俾斯麦谈判，他表示，如果希望自己支持保护主义关税，政府就得对天主教教会让步。和本尼格森相比，温特霍斯特的处境更加有利，他党内的绝大多数成员都是贸易保护主义者；而本尼格森就不一样了，他的党内仍有少数成员支持自由贸易，因此免不了和他们展开一番斗争。

而且，本尼格森还有一个亟待解决的麻烦，虽然他愿意支持提高关税和间接税，但他不能不坚持"宪法保障"。此前帝国议会之所以能够影响预算案，是因为议会必须对各邦国的分摊款项进行投票表决，如果议会没收到这些款项，就会出现预算不足的问题。从今往后，如果帝国对烟草、啤酒和烈酒征收新关税，提高税率，充盈帝国国库，就不再需要依赖各邦国上交的分摊款项了。与此同时，因为普鲁士可以继续征收现有税种，也无须向帝国缴纳任何款项，普鲁士也会国库富足。这样一来，普鲁士政府就能在财政上独立于帝国议会。换句话说，俾斯麦就再也不用在治理国家时考虑议会的反对意见，而将钱袋子永久从议会手中夺过来，牢牢握在自己手中。这种情况当然是自由主义者完全无法容忍的，无论自由主义思想多么温和。因此，本尼格森要求政府提供"宪法保障"，恢复议会的财政权力，使之适应新的财政状况。为了获得宪法保障，其中一个办法是对某些税种"配额化"处理，即效仿英国下议院的做法，每年在帝国议会上，根据当年的实际财政状况对征税额度进行投票表决。

俾斯麦当然不会同意。他宁愿和中央党交易，毕竟中央党要求的保障只停留在表面，没有实际效力。根据中央党的方案，数百万马克的关税收入只有一部分流入帝国国库，其余则流入各邦国的国库。这样就能在财政预算中伪造赤字现象，由各邦国投票通过分摊款项来弥补赤字。这种情况下，帝国议会必须继续为分摊款项投票表决，但势必只会流于形式。倘若帝国议会胆敢驳回分摊款项，俾斯麦是否会毫不犹豫地将税收资金用于军事目的呢？答案显而易见：他的手段会和此前普鲁士宪法冲突期间自己下议院发表的宣言相一致："拿到钱哪有不用的道理"以及"如果我们认为有必要开战，无论你们同意与否，我们都会按计划发动战争"。

最后，俾斯麦同意了中央党的提议。本尼格森原本仍在和俾斯麦谈判，却突然得知俾斯麦和温特霍斯特订立了协议，这不免令他大吃一惊。一年前，这件事看起来还不太可能，现在却变为事实：俾斯麦这位铁血宰相几年前还抨击中央党"向国家开炮"，是"帝国的敌人"，现在却与其握手言和。他曾带着私人恩怨，用最刻薄尖锐的口吻攻击温特霍斯特，现在却和他站在了同一个阵营。俾斯麦所做的一切不外乎是想证明，他比自己表面上的朋友本尼格森技高一筹，讽刺的是，仅仅一年半以前，他还提出让本尼格森加入内阁。

俾斯麦战术的大转变让本尼格森的处境有所改善，大多数民族自由党议员都全力支持他，投票反对贸易保护主义关税；只有十几名民族自由党议员以不合宪法为由，支持保护主义措施，和保守党与中央党站在同一立场，投票支持内阁政府的法案。这十几人随后便与民族自由党断绝了关系，虽然此时民族自由党内部还没有产生分化，但也只是时间问题了。

对于民族自由党如此狂妄地和自己站在对立面的做法，俾斯麦自然不会忍气吞声。关税议案提交初审时，俾斯麦集中火力抨击拉斯克，希望借此将民族自由党的左翼成员与该党分离出来，让他们无条件服从自己的命令。在攻击拉斯克时，俾斯麦的言辞激烈程度不亚于当初他在"文化斗争"时抨击中央党和温特霍斯特的言论——那时他的演讲不仅激烈、不留情面，甚至还充满了谩骂。本尼格森是个正直而有良心的人，而这也导致他无法顺利融入这个无条件支持内阁决策的政党；因此，俾斯麦也就能轻松愉快地对这个小人物发起攻击了。

俾斯麦忘记了所有此前拉斯克向他提供的帮助。其实，拉斯克和他的朋友班贝格不尽相同，他没有无条件支持自由贸易，只是强烈反对征收谷物税，在他看来，如果普通人吃面包都得收税的话，将对社会造成严重危害。俾斯麦抨击拉斯克的方式具有鲜明的个人风格，不符合民族自由党议员的作风。他谴责拉斯克执行穷人（Besitzlose）的财政政策，称他是《圣经》中描述的"不种不收""不劳作、也不纺线"的那种人，嘲讽他是"除非散步时忘了带伞，否则不晒太阳、不淋雨的公子哥"。这顿谩骂多么怪异而荒唐啊！实际上，俾斯麦想要表达的是：倘若一个人和国家经济政策的结果没有直接利害关系，就无须听取他的意见，他也没资格参加辩论。俾斯麦本人就是一个与政策直接相关的人，他名下拥有大片土地和森林，森林生产的大量木材可以用于销售，倘若对进口木材征收关税后，国内木材的价格便会水涨船高。木材关税被列入议程后，俾斯麦没有丝毫犹豫就加入了关税委员会，还发表演讲，极力提高税率。倘若有人批评他为了一己私利而影响立法过程，就会被斥责为"教条主义"。俾斯麦竭力撇清和这些骂名的关系，他表示："正因为名下有大面积的森林，我才清楚地知道，木材生产商面临经济困难，因此我更有资格为他们发声。"一定程度上来说，这一观点十分幼稚，而其他容克们也与他相似，将个人利益置于其他阶层的利益之上。在俾斯麦看来，没有利益牵扯不意味着就能公正地看待问题；相反，没有利益牵扯的人在理解问题、得出结论时，会面临重重阻碍。奇怪的是，俾斯麦的说法并没有激怒那些没有经济利益相关的人；这些人——尤其是学生和学术界成员——是俾斯麦最虔诚的信徒。

民族自由党并未出手保护拉斯克，使他免受俾斯麦的谩骂。关税议案第二次宣读时，本尼格森领导的派系原本是俾斯麦最坚实的后盾，现在他却以全党名义宣布反对俾斯麦的关税措施，而俾斯麦也像此前抨击拉斯克一样，对民族自由党展开猛烈进攻。在演讲中，俾斯麦还提到一件事：

福肯贝克此前在大区代表大会上呼吁抵制即将到来的反动行为，随后便爆发了示威游行活动；这样的事和社会民主党的行为一样，是对帝国权威的动摇，对帝国来说，他们也是具有毁灭性的力量。俾斯麦公开宣告，他的目标是把"异端"成分——也就是左翼——从民族自由党中剔除，只不过他没能实现这个目标，于是他对民族自由党失去了信心。对于党派和政府的关系，他的看法是，迄今为止支持政府的三个政党就像三个步调一致的军营，只在制服上有细微区别。这个比喻准确反映了俾斯麦的想法：政府（也就是俾斯麦本人）是指挥官，各党派是受他掌控的部队，必须服从他的命令；但凡有人拒绝服从，就是不忠。

对于俾斯麦抨击自己从前的盟友造成的局面，温特霍斯特的描述相当准确：俾斯麦耀武扬威地宣告自己的胜利，自由主义时代已经破产，他和自己的政党现在是帝国和各邦国最亲密的朋友，政治形势已经完全逆转。

法尔克此时只能离职，还带走了另外两位部长。法尔克的继任是冯·普特卡默，一位文化极端和政治反动势力的代表，也是普鲁士容克地主的原型。

自由贸易和保护主义哪个更好？这个问题争论不断。经济问题批评家在这两派之间摇摆不定，人们对俾斯麦的关税政策也存在意见分歧。抛开这个问题不谈，在当时的形势下，自由贸易者的忧虑的确有不合理之处。我们都知道，德意志在1879年后经济迅猛发展，很大程度上是要归功于贸易保护主义的。可以说，多亏了俾斯麦的贸易保护主义政策，德意志农业才免于同美国和俄国的廉价谷物进行竞争，相比于推行自由贸易的英国，德意志农业拥有更可靠的保障。不过，要完整看待该问题，还需要补充下文的额外信息。

俾斯麦与德意志崛起

倘若俾斯麦和他的保守派盟友希望通过贸易保护主义政策保护德意志农业，使其保持主导地位，那么后来的实际结果恐怕要令他们彻底失望了。德意志工业化程度不断提高，取得的成果也在预料之中，其中最为重要的是工业无产阶级数量不断增加，工人运动蓬勃发展。按照德意志当前的形势来看，社会主义运动是大势所趋。1878年，俾斯麦通过了反社会主义法律，但是在1879年贸易保护主义措施推出后，这部法律的影响便被抵消了。

此处尤其需要强调：俾斯麦的保护性关税措施以谷物税为基础。只有农民和工人结成政治联盟，才能完全实现贸易保护主义。在工人眼中，施加谷物税相当于对他们每天吃的面包征税，这自然会引起他们对政府的进一步敌视，从而引发对政府的毁灭性影响。

谷物关税还引发了另一个同等重要的政治影响。大地主获利颇丰，中产阶级农民和小农场主却未必能够获利。只有一点是无可置疑的：大部分利润都流入了大地主，也就是玉米大生产商的口袋。另外，马铃薯蒸馏提取的酒精也要征税，这对大地主来说尤其是个好消息。这些地主往往生活在德意志东部，他们都是普鲁士容克，因为生活在易北河以东，他们也被称为东易北人（Ostelbier）。对他们来说，农业保护主义措施和农业税就是他们的经济救星，如果没有这些措施，许多容克将被迫把土地分割出去。进入新的经济时代后，小农仍然和大地主家族及其雇工生活在同一片区域。这样一来，贸易保护主义不仅稳固了容克阶级的经济地位，也为他们的政治地位撑起了一把保护伞。信奉自由主义的中产阶级夹在容克和快速崛起的社会民主党之间，生存空间被不断挤压，最终被挤得粉碎。如果说

20世纪初德意志的政治结构与西欧有显著不同，那么贸易保护主义，特别是农业保护措施，要为此负很大的责任。

有一点值得我们特别强调：德意志的贸易保护主义进一步强化了民族主义风尚。他们以"保护民族劳动者"为口号，猛烈抨击自由贸易是英国人的发明，其目的就是要剥削欧洲，其行为则缺乏民族感情，而且崇洋媚外。其实通常情况下，德意志自由贸易者与科布登、约翰·布莱特这种伟大的英国自由贸易者不同，没有那么强调和平非战，但他们依然希望各国能够自由交换商品，促进相互了解，创造更加和平的环境。随着贸易保护主义顺利推行及俾斯麦与自由主义的决裂，德意志大学的民族主义情绪和反犹太主义运动开始大行其道。这并非偶然，此前特雷奇克就成功预言了反犹太运动的兴起，他曾在帝国议会上发言反对征收谷物税，但在投票环节，他还是站在了支持保护主义关税的这一方，其中也包括支持谷物税。民族自由党投票反对谷物税时，特雷奇克脱离了政党，捍卫俾斯麦和中央党达成的协议；当时他将俾斯麦的处境与英国威廉三世相比较，还引用了威廉三世的一句名言："我活着时，他们咒骂我、诽谤我，等我死了，他们又要不辞辛劳把我从坟墓里挖出来，将我捧上神坛。"

俾斯麦发起的贸易保护主义运动的一大目标，是停止收取分摊款项，从而让帝国在财政上独立于各邦国。不过，他的目标未能成为现实。相反，他接受了温特霍斯特提出的条件，增强特殊神宠论者的势力，遏制德意志统一时的盟友的影响力。拉斯克指出，俾斯麦在为自己和中央党达成的协议正名时，引用的论据和他此前使用的论据自相矛盾。他说得十分正确。

俾斯麦与德意志崛起

这次贸易保护主义运动产生的最重要的影响是，物质利益为导向的政策完全取代了遵从原则的政策。以共同政治理想为根基的政党招架不住利益为先的专制主义，党派分裂是必然结果。更糟糕的是，遵循政治理想被等同于"教条主义"，而操纵政治来谋取物质利益的做法则被拥护为现实政治。俾斯麦的这些做法体现了他极力谋取物质利益的原则：他呼吁农民积极进取，团结一致，提出更多的利益要求；他利用一般税则煽动各个利益集团，为和他们有利益相关的商品提供保护措施，争取更高的税率；他还无休止地苛责谩骂拉斯克等人，称他们不播种，也不会有收获。

在这股新潮流中，首当其冲的是民族自由党。在对保护性关税问题进行辩论期间，本尼格森强调，自由主义纲领不一定包括自由贸易。这一点他说得没错，有些国家的自由主义党派存在强烈的保护主义倾向。著名的《民族经济体系》一书的作者弗里德里希·李斯特的立场就是一个明证，他在政治上属于自由主义阵营，但他也是德意志贸易保护主义的忠实信徒。本尼格森错误地认为，自由贸易者和保护主义者可以在同一个政党内和平共处。但是，如果政党被因关税政策的争议而被划分为两派，且两派的立场、宣告和要求都完全相反的话，这样的政党是无法持续运行的。对自由主义者来说，最大的障碍就是谷物税问题，为了谷物种植者的利益，就要对普通人日常吃的面包征税。这个问题无论是现在还是未来，在政治上都极为重要。像拉斯克这样的人虽然不完全是自由贸易者，但要让他心甘情愿地待在支持谷物税的政党中，他也很难做到。

但经济问题不是导致民族自由党分裂的唯一原因。俾斯麦积极推动向天主教会让步，普鲁士下议院中民族自由党的右翼议员虽然十分不情愿，但还是同意让步，对此民族自由党许多成员都表示强烈反对。不过，造成分裂的最重要的原因，还是俾斯麦的进攻令该党处于两难境地。此前，俾斯麦已经正式抛弃了民族自由党，表明他的观点与一切自由主义思想有着无法逾越的鸿沟。民族自由党本以为俾斯麦遵循自由主义原则，双方便有了合作基础，但俾斯麦的背弃使双方合作化为泡影。

1880年夏，民族自由党正式分裂。福肯贝克、班贝格、施陶芬贝格和拉斯克等最具影响力的议员宣布，他们决定脱离民族自由党，组成一个议会团体，该团体被广泛称作"分离派"。班贝格写了一本名为《分离》（Die Secession）的小册子，向公众解释脱离党派的动机。这本小册子是为数不多的过了许多年仍值得阅读的德意志政界宣传册之一，俾斯麦就是它的"忠实读者"，还大肆批评，在页面空白处用又粗又重的铅笔印写下了充满怒火的评注，有的批注十分典型地体现了他的个人风格。

俾斯麦终于达成了自己的夙愿：将民族自由党左翼从党派中分离出去。但1881年的帝国议会大选的结果令俾斯麦大失所望：分离派和民族自由党席位相同，都是50个，而俾斯麦在演讲中毫不留情地谴责为万恶之源的进步党却获得了将近60个席位。民族自由党从大党的神坛跌落，即便和两个保守党联合起来，都无法占据多数席位。俾斯麦在关税辩论时曾把他们比作服从他指挥，在议会中步调一致的三个军营；现在，民族自由党已经缩减为少数派，在议会中只占据三分之一的席位。

1883年6月，民族自由党领导人本尼格森辞去了他在帝国议会和普鲁士邦议会的议员席位，民族自由党的衰退趋势越来越明显。他之所以选择退休，是因为对俾斯麦和德意志人民都失望至极。此外，他还发现一件重要的事：要想和俾斯麦长远合作，就不能拥有一丁点的独立思想。

十、与奥地利结盟

柏林大会损害了德俄关系。俄国人认为，大会剥夺了他们与土耳其人作战的胜利果实，俾斯麦作为大会议长，应当对此负责。此外，戈尔恰科夫认为，自己在柏林时没有受到良好接待。俾斯麦公开支持俄国第二代表彼得·舒瓦洛夫伯爵，希望他能接替年事已高的戈尔恰科夫的职位。因此，戈尔恰科夫竭力让沙皇亚历山大二世反对他这位竞争对手，一年后，舒瓦洛夫便从伦敦被召回，只能退休。许多俄国人认为，舒瓦洛夫被俾斯麦愚弄了，他越是宣称俾斯麦在大会上竭尽全力地为俄国争取利益，就越会失去人们的信任。其实在这件事上，舒瓦洛夫的观点反而是正确的：俄国没能从这次大会获得什么好处，应当为此负责的是整体国际形势，而非俾斯麦个人。

实际上，俄国人，尤其是沙皇感到如此失望的原因是：自 1870 年战争爆发以来，他们便希望在自己陷入危机时德意志能伸出援手，结果他们发现这只是一厢情愿。亚历山大二世认为，普法战争爆发时，他为自己的舅舅，也就是普鲁士国王威廉一世不遗余力地提供帮助，而后者也十分热情响亮地表达感激之情；他以为，至少德意志会提供些回报。因此，在希望落空后，普鲁士的形象在圣彼得堡一落千丈一事也就不足为奇了。

随后的一件事更令俄国人感到愤怒。俾斯麦与安德拉希签订了条约：奥地利皇帝弗兰茨·约瑟夫一世同意废除1866年《布拉格和约》的第五项条款。这一条款规定，石勒苏益格北部居民有权通过自由投票决定，他们应受普鲁士还是丹麦政府的管辖。这项条约自签署以来已经过去了12年，但第五项特殊条款从未实际执行过；此时奥地利和德意志达成的新条约更是完全废除了这项条款。俄国人认为，德奥签订新条约，是为了报答俾斯麦在柏林大会期间为奥地利提供的帮助。俄国一家报刊略带讽刺地对此事进行了生动的形容："有这样一位正直诚实的经纪人，在大笔佣金的诱惑下果断出击。"

国际委员会负责落实《柏林条约》的众多条款，但是德意志代表团对委员会的态度令沙皇怒不可遏。沙皇注意到，在通常情况下，德意志代表团在投票时都不会与俄国人站在同一条战线上。沙皇认为是俾斯麦从中作梗。另外，俾斯麦以俄国爆发流行病为借口，禁止德意志进口俄罗斯商品，这在俄国政府看来也是对本国的挑衅和侵犯。

起初，沙皇选择向德意志驻俄大使冯·施魏尼茨将军直接表达个人感受，而后者则表示自己真诚地希望两大帝国友谊长存。对于他的表态，沙皇回应说，德意志总是与奥地利站在一条战线上，若施魏尼茨真的希望过去一个世纪里两国的友好关系能够延续，那么他就应当改变这一局面。在对话中，沙皇还提起了一句新闻界常用的话："这将带来严重后果（Cela finira d'une manière sérieuse）。"施魏尼茨不想让沙皇的话听起来太过刺耳，于是在报告中，施魏尼茨竭力强调沙皇语气温和，绝无胁迫之意——但俾

俾斯麦与德意志崛起

斯麦并没有赞同他的意见。作为回应，俾斯麦准备重新定位德意志的对俄政策。

此后局势变得越来越糟糕。德意志代表团的态度触怒了沙皇，1879 年 8 月 15 日，沙皇因此以个人名义给德意志皇帝写了一封信，表达自己的不满。但沙皇的表态显然过于草率了：他竟在信中提及俾斯麦对戈尔恰科夫怀有个人敌意，影响了他的政治态度——这种暗示自然会令俾斯麦火冒三丈。沙皇还写道："情况令我担忧和恐惧，恐怕我们两国会受到致命后果的波及（Les craintes qui me préoccupent et dont les conséquences pourraient devenir désastreuses pour nos deux pays）。"

俾斯麦在加施泰因看到沙皇的信后，立刻抓住这句话大做文章：他写信给威廉一世说，倘若这封信公之于众，沙皇的这番话会立刻被人们解读为战争宣言。俾斯麦用邪恶的视角解读这封信的意图，认为这是厌恶德意志的俄国战争部长的阴谋。他告诫威廉一世不要按照俄国的意愿行事，而应当和俄国的两大敌对势力，也就是奥匈帝国和英国建立更加密切的关系。不过，俾斯麦并不是简简单单地提出建议就作罢了，在信中，他还向威廉一世宣布，自己期望安德拉希能前往加施泰因与自己会面，他也会去维也纳作为回访。威廉一世马上便意识到：俾斯麦想要与安德拉希商议同盟事宜，并订立同盟条约。对于俾斯麦的想法，惶恐不已的威廉一世在来信中的空白处写道："绝对不能这么做，否则俄国恐怕会解读为我们要同他们决裂。"

威廉一世坚决反对俾斯麦的打算。在他眼中，德意志和俄国的友谊可以追溯到德意志解放战争中反对拿破仑一世的年代，是父母那一辈留给自己的圣洁遗产。他也将沙皇这位外甥看作自己最亲近的朋友，他无法想象，要是同他决裂情况该多么糟糕。自1862年以来，他一直试着摆脱俾斯麦对自己的控制；于是威廉一世用自己的方法，试着消除两国之间的误解，派遣曾经的和平信使冯·曼陀菲尔陆军元帅前往俄国。很快，沙皇亚历山大二世便邀请威廉一世前往阿列克塞洛夫会面，这里是离德意志边境最近的车站，俾斯麦发电报试图阻止，但威廉一世还是赴约了。在阿列克塞洛夫会面时，两位皇帝都做了最大的努力希望重归旧好，亚历山大二世甚至表示，自己为信中的内容感到十分懊悔，愿意为此承担全部责任，这让威廉一世感觉很好，他相信，自己已经扭转了局势。

然而，威廉一世猜错了。俾斯麦之所以转变路线，并非因为沙皇的信，那只不过是争取皇帝支持的借口；早在这封信之前，俾斯麦就打定了主意与俄国为敌，他交代给法国大使和施魏尼茨的事便表明了他的心思。他选择继续按计划行事，仿佛两位皇帝不曾在阿列克塞洛夫会过面一样。他甚至没有费心去说服威廉一世，反而故意躲着皇帝，避免在一切成为既成事实之前与皇帝进行私下接触，这样老皇帝就没有别的选择，只能点头同意了。他已经在加施泰因和安德拉希见过面，就等着去维也纳和安德拉希谈判、签订协议了。

虽然他向安德拉希提议两国结盟，但盟约还需要两国议会同意才能正式确立。根据盟约，任何一方遭受第三方可能的攻击时，另一方都有义务提供援助。安德拉希虽然愿意结盟，但他不希望将盟约上交议会，因为他担心奥地利的非德意志民族会提出异议。此外，他也不希望受到上述盟约条款的约束，因为倘若法国与德意志交战，奥地利要是出兵，就得和法国为敌——这可不是他所希望的事，哈布斯堡王朝与法国没有分歧，他当然不会签署这样的盟约。他只同意德意志受到俄国侵略时，才会予以援助。对俾斯麦来说，这样的两项改动会让盟约的价值受损，但他还是乐于接受这样的提议。

对俾斯麦而言，安德拉希的这两项改动使得两国结盟没有那么高的价值了，尽管如此，俾斯麦还是乐于接受安德拉希的提议。而对威廉一世来说，这一盟约没有将德法战争的解决方案考虑在内，这令他产生了反感与憎恶之情；而单独针对俄国的盟约更是叛国行为。因此，年迈的老皇帝拼尽自己最后的精力，拒绝做出任何退让。俾斯麦在自己的备忘录中对自己的这些行为进行了辩解，在论证艺术的角度上，这些备忘录堪称杰作。但如果读者带着批判的眼光重新审读的话，就会发现俾斯麦提供的论据只适用于俾斯麦已经做过的决定。在德奥结盟这个问题上，俾斯麦早已下定决心；对他来说，借口并不难找。

最终，威廉一世做出了让步，但说服他让步的并非俾斯麦的论据，而是俾斯麦的辞职威胁。起初，威廉一世意志十分坚定，声称宁愿退位也不会在这种反俄同盟上签字。但是，就算他真的退位，又能改变什么？皇储是相当乐意与奥地利结盟的。最终，威廉一世只能屈从于俾斯麦钢铁般的决心。1879年10月，他批准两国订立盟约。在签字时，他加了一句话："上天将会惩罚那些逼迫我做这件事的人。"——在最后审判日，这些人的责任会一一清算。他写信给外交部长冯·比洛："我的道德力量已经破碎不堪。"比洛也是对俾斯麦的政策持批评态度的人。

俾斯麦的第一个目的达到了。不过，在俾斯麦最初的计划中，他还有另一个目的，那就是和英国达成和解。其实，他早已和英国首相比肯斯菲尔德开始谈判，但是二人的谈判过程存在许多令人费解之处。9月16日，俾斯麦对德意志驻伦敦大使明斯特伯爵发布指令，让他和比肯斯菲尔德伯爵接触，了解"倘若德意志和俄国发生冲突，英国会采取什么政策"。9月26日，明斯特前往休恩登，在比肯斯菲尔德的乡间别墅和他会面。关于二人对话，双方都有报告记录，但二人对一个关键问题的记述有所不同。在详细对比两份报告后，笔者认为，比肯斯菲尔德提交给英国女王的报告更具准确性，报告上是这么写的："明斯特说，俾斯麦提议德意志、奥匈帝国和大不列颠结盟。"比肯斯菲尔德的回应是，他十分乐意接受俾斯麦的提议。而在明斯特的报告则表示，三国结盟是比肯斯菲尔德的提议。不过，两份报告在一个观点上是相同：比肯斯菲尔德表达出了与德意志和奥地利结盟的积极意愿。两人此次会谈后不久，明斯特就发电报通知俾斯麦，一切都称心如意。

但明斯特没想到的是，俾斯麦在收到电报后的态度不是高兴，而是大发雷霆。10月8日，俾斯麦通知明斯特，自己并不满意他的工作，因为比肯斯菲尔德没有完全回答这一重要的问题："倘若德意志与俄国在东方问题上产生冲突，英国会怎么做？"更严重的是，明斯特被勒令禁止继续谈判。

根据明斯特的报告内容，俾斯麦反对的理由似乎不太合常理。明斯特在报告中说得很清楚，比肯斯菲尔德有意愿与德意志结盟，这就相当于他已经尽可能用最令人满意的方式回答了俾斯麦的问题。而且，如果俾斯麦对结果不满意，正常的做法也是更清楚地进行一遍提问，而非终止

俾斯麦与德意志崛起

谈判议程。如果只从表面来看俾斯麦的态度，我们恐怕就无法理解他的想法。最合理的解释是，从9月16日俾斯麦派明斯特去接触比肯斯菲尔德开始，到10月8日让明斯特不要继续谈判，这段时间里他改变了政策。那么，这段时间里发生了什么？答案是，10月7日，就在俾斯麦通知明斯特收回此前命令的前一天，奥地利和德意志签订了同盟条约。如果对俾斯麦来说，和英国达成非正式协议就是为了争取和奥地利缔结同盟条约的话，和英国继续谈判就显得毫无必要了。其实，这不是俾斯麦最开始的想法。他的原计划是与英国结盟，与奥匈帝国结盟只是附带结果。那么，他此时为何放弃这项计划了呢？

在笔者看来，起决定性影响的是俄国和沙皇的新手段。9月28日，也就是明斯特和比肯斯菲尔德结束会谈两天后，两位俄国外交官前去拜访俾斯麦。其中一位是俄国驻巴黎大使奥尔洛夫亲王，他的妻子凯瑟琳·奥尔洛夫在世时在比亚里茨度假，并与当时也在那里的俾斯麦结识。俾斯麦告诉奥尔洛夫这位旧友，威廉一世和弗兰茨·约瑟夫一世都希望延续两国和俄国的多年友谊。

此后俄国驻伊斯坦布尔大使萨布罗夫的造访意义则更为重大。在沙皇来信之前的那年夏天，他和俾斯麦在基辛根进行过长时间交谈，还一再强调，与德意志的友谊是俄国政策最有力牢固的根基，俾斯麦也直言不讳地表达了自己对俄国宫廷的不满。回国后，萨布罗夫便将自己的个人观点记录在一份极为详尽的备忘录中，在里瓦几亚的夏季行宫中将它呈交给了沙皇后，他便再次启程前往柏林。亚历山大二世十分赞同备忘录中对形势的评估意见，还要求萨布罗夫一定要说服俾斯麦，表达自己希望建立友谊，维护和平的意见；而萨布罗夫也打算告诉俾斯麦，未来沙皇的政策将是纯粹的防御，一切都是为了执行《柏林条约》。9月28日，萨布罗夫见到了俾斯麦，会谈结果十分令人满意，谈判结束后，俾斯麦还亲自提笔写下了与俄国新协定的纲领草案。其中草案的第一条就写明，如果英俄开战，德意志帝国有义务保持中立。萨布罗夫当时已经明白德奥即将结盟，而草案也没有违反德奥同盟的规定，但它显然与英德同盟的规定相违背。

次日，也就是9月29日，俾斯麦写信给安德拉希，在信中他透露了自己对这次会谈的印象。俾斯麦告诉安德拉希，沙皇行宫直接传来的消息（他此处显然指萨布罗夫传达给他的信息）表明他和萨布罗夫达成一致的决策是正确的。沙皇冷静看待奥地利和德意志的结盟，视其为既定事实，开始全身心投入于恢复三皇同盟；而俾斯麦也接受了这个计划，放弃了与英国结盟的想法——这正是他在10月8日勒令明斯特放弃谈判的真正原因。至于"对答复不满"，只是个借口而已。

1879年的外交政策转变产生了两个极为重要的影响，塑造了下一个时代的欧洲政治。德奥同盟的缔结产生的影响是积极的，德意志帝国与哈布斯堡王朝结盟后，1882年意大利王国也加入同盟，同盟的规模得到了扩大，但盟约本身的力量并没有进一步强化。这一同盟确定了德意志外交政策的基础，直到1918年为止。而没能缔结英德同盟则产生了消极影响，因为只有在那个时间点上，英国才有同德国结盟的意愿，而俾斯麦拒绝谈判的态度造成了两国的巨大分歧；最终，英国选择与法国、俄国结盟，共同对抗德意志。当然，三国协约的成立并不是俾斯麦拒绝英德结

俾斯麦与德意志崛起

盟所导致的必然结果，但如果在 1879 年，俾斯麦选择另一
条路线的话，德国就能在后来免受英国及三国协约的攻击。
我们并不能确定德国是否真的能与英国结盟，毕竟英国女
王和外交部长索尔兹伯里伯爵对比肯斯菲尔德的报告表现
得都不是很热情，因此对于盟约能否缔结一事，谁也无法
给出准确答案。但毋庸置疑的是，如果 1879 年英德同盟能
够缔结的话，20 世纪的历史就将被彻底改写。

　　我们都知道，俾斯麦外交政策的一个指导方针是，确
保德意志无须被迫在两大东部邻国，即俄国和奥地利之间
进行抉择，他个人的说法是不做这个"选择题"。那么，
他做这个"选择题"了吗？他有在这两大帝国之间抉择吗？
一般的观点都认为，俾斯麦做出了这个选择，但实际情况
恰恰相反——他是在俄国和英国之间做了选择，最终与俄
国站在同一战线。

　　俾斯麦与奥地利缔结同盟，不仅拉近了奥地利与德意
志的关系，同时也扫清了与圣彼得堡方面接洽的障碍。
1881 年，德奥俄三国缔结了新的三皇同盟。1884 年，同盟
续期成功，但由于俄国和奥地利在东方政策上存在不可调
和的矛盾，同盟关系最终于 1887 年废除。

　　那么问题来了：俾斯麦 1879 年的政策是明智之选吗？
他选择奥匈帝国为盟友，却不和英国结盟，来维护和俄国
的关系，他的选择是对的吗？德奥俄三国只能是暂时的盟
友关系，因为奥地利和俄国存在利益冲突，不可能是永久
盟友。此外，1879 年，英国与德意志、奥地利之间都不存
在无法克服的利益分歧，当时德意志舰队的实力无法和英
国海军相匹敌，也没有殖民地，而且俾斯麦也不在乎增强
海军实力或是扩张殖民地的事情。至少从表面上来看，德

意志、奥匈帝国、英国三国是有可能建立永久同盟关系的，而这一同盟还有利于维护欧洲和平。

如今，我们可以显而易见地看出这两种同盟的内在差异。俾斯麦这样的人有着非同凡响的敏锐和前瞻性，他难道会对两种同盟的稳定性毫无察觉吗？倘若他清楚两种同盟的区别，为何还是选择了这条路呢？为了回答这一问题，我们需要参考俾斯麦回忆录《思考与回忆》的第二十九章，这一章的名字是"三国同盟"。俾斯麦在这一章的开头便指出，他相信，欧洲的两大主要势力早晚会爆发一场斗争，一方是以君主制为根基的秩序体系，另一方是社会主义和共和制。俾斯麦认为，唯一虔诚奉行君主制的国家只有德意志、奥地利和俄国，在部分情况下，也包括意大利（俾斯麦没有把英国算进去，因为"英国宪法不承认确切可靠的同盟关系"）。奥匈帝国和俄国在东方问题上的利益冲突也对永久同盟关系造成了阻碍，但是，俾斯麦用一句话轻描淡写地带过："相比于加入巴尔干半岛上民族分裂的斗争……对于维护君主制奠基的秩序体制这项重任，当前强大的君主制国家负担更多。"

任何一个了解真相的人，都会为这段话的歪曲事实而震惊。倘若俾斯麦死后有知，被他视为君主制原则支柱的国家都已不存在君主，而被他视为"君主制流于表面"的英国的君主地位却最为牢固，他会说些什么？显而易见，在旧时代，对国内事务的考量——更准确地说，国内事务产生的偏见蒙蔽了俾斯麦制定外交政策的视野。更奇怪的是，俾斯麦通常被人民视为兰克口中"外交政策置于首位（das Primat der Aussenpolitik）"信念的主要倡导人，也就是外交政策应当先于国内政策来制定和考量。

俾
斯
麦
与
德
意
志
崛
起

影响俾斯麦决策的还有另一个原因：他的性格。这位伟大宰相但凡考虑结盟，就一定要当领导人。毫无疑问，1864年普鲁士和奥地利联盟时，他就一直占据主导地位，通过结盟，他为普鲁士赢得了石勒苏益格－荷尔斯泰因，目的一达到，他就撕毁了盟约。我们没有理由怀疑，在和哈布斯堡王朝新订立的盟约中，他也要担任领袖。奥匈帝国的政治家中，谁能和他匹敌？安德拉希此时正准备辞职，他的继任者更是孱弱，无法从俾斯麦手中夺取主动权。俄国的戈尔恰科夫82岁高龄，年迈体弱，退休只是时间问题。前几个月的事件表明，沙皇本人也无力抵抗俾斯麦长期的强势进攻。俄国未来的外交大臣格尔斯为人正直诚恳，工作尽职尽责、勤勉细致，却没什么地位，在上级眼中，他与其说是个大臣不如说是办事员。俾斯麦对他更是不屑一顾。因此，对俾斯麦来说，选择奥地利和俄国作为结盟对象也合情合理了。

若英德同盟结成，俾斯麦就不可能指望英国遵从他的指示选择政策。俾斯麦十分清楚，大英帝国领土遍布全球，规模庞大，不可能甘愿受任何其他国家的领导，无论对方多么优秀。他还清楚，对英国政策影响最大的是英国公众舆论，而舆论通常是不可控的，不会被外国政治家的暗示所左右。实际上，1880年的英国议会大选，便是英国公众以举行大选的方式对本国外交政策产生影响的一个证据。在大选中，公众表现出了对比肯斯菲尔德"激进"外交政策的反感，再次将国家命运交到了格莱斯顿手中，而后者代表自由主义和民主精神，这正是俾斯麦希望在德意志竭力压制的，因此俾斯麦对他完全没有好印象。1879年，俾斯麦很可能并不希望比肯斯菲尔德下台，而他又十分清楚公众舆论和大选会对外交政策产生影响，这都为可能的英德同盟缔结带来了巨大阻力。

在笔者看来，正是以上的这些原因，令俾斯麦排除了德奥英同盟的选项，而是选择回归古老的三皇同盟。我们有理由怀疑，他在晚年时，可能对这个"选择"不完全满意，因为这个"选择"和他的说法互相矛盾：他后来告诉奥地利皇帝，1879年后，他的目标是拉拢英国加入三国联盟；在他执政的最后阶段，他又曾试图与索尔兹伯里伯爵重新举行缔结同盟的谈判。当初在迫使威廉一世与奥地利结盟时，俾斯麦曾在备忘录中写下了这样一句话：机不可失，时不再来。可以看出，俾斯麦在无奈之中，最终意识到了真相的残酷。在这段时期，俾斯麦还做了许多可以引起英国人反感的事情，这些内容会在后面介绍他的殖民政策时提到。

俾斯麦对自己在1879年的工作成果是相当满意的，他在关税问题上大获全胜，和奥地利结盟也让他的声望上了一个台阶。施魏尼茨曾经这样描述当时俾斯麦的个人地位："柏林可以说是举国同心，一切事务都仰仗俾斯麦一人，俾斯麦施行的专制统治史无前例，人们的服从不仅出于对他的畏惧，也源于对他的敬仰和崇拜，因此心甘情愿地听从他的指挥。"

十一、俾斯麦的殖民政策

1884年至1885年期间，俾斯麦的殖民政策具有极高的政治影响力，传记作家也对这段历史非常感兴趣，原因在于，在此前的几年里俾斯麦还曾断然拒绝所有的殖民政策，到了他执政的最后几年，他又重回对殖民政策的反感。俾斯麦曾在帝国议会上的最后几次演讲时疾呼："我不是殖民主义者（Kolonialmensch）。"普鲁士内阁的一名成员曾在日记中写道，1889年8月，总理办公厅（Staatsministerium）开了一次会，在会上俾斯麦大声谴责"德意志殖民政策是个谎言"，怒斥殖民政策打乱了自己的计划。因此，我们可以说，俾斯麦只在那么极为短暂的一段时间里对殖民政策怀有热情。然而，正是这段时间里他的殖民热情产生了重大影响，并对德意志与其他国家，尤其是英国的关系发生巨大转折，也影响了德意志人民对未来的整体展望。因此，揭开俾斯麦殖民政策的神秘面纱会是一件十分有趣的事，许多史学家也热衷于发掘这些事情背后的原因。

在俾斯麦对殖民政策感兴趣时，世界只给德意志留下了两片区域：非洲南部和南太平洋诸岛。不过在这两个地区，英国都占据了最重要的地理位置：南非的开普殖民地和南太平洋的澳大利亚。在一定程度上，德意志殖民政策能否取得成功取决于英国及其殖民地的态度。在那时，英国是最强大的海上霸权，堪称"海洋统治者"。然而，1882年英国占领埃及改变了国际形势，由于世世代代的法国人都将埃及视为自己的势力范围，英国的举动自然引发了两国尖锐的政治冲突。这一结果自然也被俾斯麦预见到了。他曾多次建议英国"拿下埃及"，其中自然也考虑到了法国的反应。英国在埃及的地位并不如其他殖民地那样稳固，因为埃及的许多行政和财政问题都有国际性质，想在埃及地位稳固，就必须获得其他强国的认可，而法国的态度又是最为关键的。

此前我们提到，1877年10月，共和派战胜麦克马洪元帅；在1878年1月麦克马洪辞职后，俾斯麦与法国的关系便发生了重大变化，他开始倾向于与法国进行和解。这一政策一直持续到1885年3月30日，那天法国下议院群情激愤，在克列孟梭的攻击下，茹费理下台。用法国史学家的原话来讲，茹费理倒台是因为他"为了成为东京人，将孚日山脉的蓝线忘得一干二净"。这句话是说，茹费理为了让法国成为东亚的殖民帝国，竟然和1870年国家的仇敌联手。俾斯麦本希望让法国人谅解色当的惨败，就像半个世纪前谅解滑铁卢惨败那样；但是，茹费理的倒台是当时法国民心所向，他一倒台，俾斯麦的计划也只能宣告失败。

1884年11月，俾斯麦告诉法国大使库塞尔："自1871年夏开始，我始终希望法国可以原谅色当惨败，就像法国谅解1815年的滑铁卢之败一样（Mon soin constant à partir de 1871 a été de me conduire de telle sorte que je pusse l'amener à pardonner Sédan comme elle en est arrivée après 1815 à pardonner Waterloo）。"随着时间流逝，法国人或许会谅解色当之败；但是他们可能不会忘记，也无法谅解德军占领斯特拉斯堡和梅斯这件事。

俾斯麦结束对法国的和解政策后不久，他对殖民地也没什么兴趣了，转而把精力放在和英国建立友好关系。

由于英国在埃及处境尴尬，德意志和法国关系改善，这种背景下的特殊结盟形式赋予俾斯麦对殖民政策进行实验的机会。然而，笔者并不认为这便是他的动机，更有可能的原因是德国国内的政治状况。

1881年帝国议会大选中，保守党和剩下的民族自由党

俾斯麦与德意志崛起

议员加起来也只占少数。倘若中央党与民族自由党的分裂派以及进步党联合起来形成多数派，俾斯麦就不得不正视他们的反对意见。中央党虽然支持保护主义关税，但他们仍然对许多政治意图持反对意见。到了 1884 年夏天，离新一次帝国议会大选还有 6 个月时，民族自由党分裂派和进步党宣布合并，组成了一个更为激进的自由主义党派：德意志自由思想党（Deutsch-freisinnige Partei）。该党派最开始有 100 多位议员代表，其中不乏许多地位显赫的议员，如进步党的欧根·里希特和黑内尔，以及分裂派的班贝格、福肯贝克和施陶芬贝格。

此时还发生了一个插曲。去美国参观新大陆的拉斯克在纽约猝然离世，而俾斯麦的反应则体现了他对敌人的冷酷。美国众议院通过决议，对这位卓越而富有爱国情怀的德意志议员表达惋惜；然而，俾斯麦没有将这项决议上交国会，而是退给了美国。后来，拉斯克的朋友在帝国议会上提起这件事时，俾斯麦还发表演讲，谴责这位已故之人的政治活动，言辞丝毫不留情面。我们若将俾斯麦的这次演讲与英国议会党派领袖告别已故对手的习惯做法进行对比，就会发现，英德两国之间的政治文化存在显著差异。此处仅需引用一个例子：格莱斯顿离世时，索尔兹伯里侯爵在演讲中表示，这位和他斗了一辈子的人是"伟大的信仰基督的政治家"。

德意志自由思想党的成立令俾斯麦感到不安，因为这个党派可能是皇储党（die Kronprinienpartei）。有传闻说，皇储给福肯贝克发了一封电报，表示乐见激进派自由主义人士联合，对他们成立新党派表示祝贺。俾斯麦担心皇储即位后，会从这个新党派中选人组成内阁，从而取代自己的地位。俾斯麦还为这个自己想象出来的内阁取了一个名字："德意志格莱斯顿政府"。这样的戏称彰显了他对新党派的厌恶。威廉一世此时已经 87 岁高龄，皇储的继位已经指日可待。对于俾斯麦来说，当下最紧急的事情，就是摧毁德意志自由思想党，并将"格莱斯顿政府"扼杀在摇篮之中。为此，他需要制订一个政治计划，提高自身威望和反对派的势力，从而让对手不得民心。1881 年，俾斯麦提出了社会改革纲领，为疾病、遭遇意外事故和年迈体弱的人群提供社会保障。为工人阶层提供疾病保险的法律通过后，这部纲领的部分计划成为现实。然而，这份纲领没能在民众中取得如俾斯麦预期那样的欢迎，他试图通过这部纲领诱使选民离弃社会民主党的希望也落空了。

此时，对于中上层阶级部分人群，尤其对汉堡和不来梅的居民来说，殖民政策可以说是相当诱人，很多人甚至将其视为民族政策。而俾斯麦清楚，殖民政策会招致自由思想党的激烈反对，该党的一位领袖路德维希·班贝格就以激烈抗议殖民政策而闻名。班贝格表示，殖民对帝国没有任何实际好处，因为所有值得占领的领土已经被其他国家瓜分控制了；这样的政策反而可能引发德意志与其他国家的冲突。综合以上信息，俾斯麦设想，在即将到来的大选中，他可以利用殖民政策削弱自由思想党，控诉他们漠视民族感情。此外，他或许希望借此引发该党派和皇储之间的冲突，因为皇储对德意志扩张海外殖民地一事持赞同态度。

俾斯麦还有一个更深层的动机。当时，他的长子赫伯特正担任他的私人秘书，赫伯特曾说过一句十分耐人寻味的话，正是这句话暗示了俾斯麦的动机。1890 年 3 月，冯·施

俾斯麦与德意志崛起

魏尼茨将军和赫伯特·俾斯麦有过一次交谈，交谈中施魏尼茨问道，俾斯麦为何对殖民政策抱有热情，毕竟他此前的言行显然是不愿意执行殖民政策的。赫伯特回答说："采取殖民政策是因为，我们提前想到，皇储未来会长期统治德意志。到时候，英国将极具影响力，甚至占据主导地位。为了防止此类情况的发生，我们只好开展殖民政策，这是民心所向，也能方便我们和英国在特定时刻发生冲突。"我们很难相信这么一位伟大的政治家竟会说出这样的话，但这句话看起来是赫伯特从他父亲口中亲耳听到的，因此我们不必怀疑其真实性。

俾斯麦实行殖民政策时，时任英国首相是格莱斯顿，在德意志自由主义人士眼中，他是当代自由主义政治家的先驱，而俾斯麦则对其怀有敌意。可想而知，若俾斯麦能击败格莱斯顿，他将会有多高兴。然而，利用殖民问题让格莱斯顿垮台并不是件容易的事，格莱斯顿很愿意默许德意志的殖民扩张战略，不会宣称英国在殖民问题上拥有特权，也不认为阻止德意志在其他大陆上开拓殖民地会给英国带来任何实际利益。但是，对于俾斯麦的要求和抗议，格莱斯顿过了很久有了个人认识；通常情况下，这些外交事务都是交给对应的大臣处理的。当德意志发出的外交照会抵达英国外交部后，自然要先由时任英国外交部长格兰维尔勋爵处理，但在他做决定时，还要事先咨询殖民部长德比伯爵的意见，而殖民部长又要咨询殖民地内阁。比方说，如果俾斯麦的要求与非洲事务有关，格兰维尔就得咨询开普殖民地的意见。这套流程十分冗长，假如流程涉及的大臣们不能加速推进本职工作，工作就可能被耽搁。不巧的是，格兰维尔和德比都是慢性子，导致俾斯麦提出的一个重大问题过了 6 个月都没有答复。

俾斯麦大发雷霆，迅速开始拿英国政府的失职大做文章。他的这些做法本身是可以理解的，也不令人感到意外；但他怪罪格兰维尔对德意志怀有敌意就是无中生有了。格兰维尔绝对不会对德意志抱有敌意，俾斯麦自己也十分清楚这点；与此相反的是，格兰维尔本人希望与德意志达成友好关系，当初赫伯特在德意志驻伦敦大使馆秘书处工作时，就曾受到格兰维尔的热情招待。

俾斯麦之所以会与英国政府产生误解，首要原因是英国政府对于"俾斯麦对殖民扩张感兴趣"一事知道得太晚了。此前，他们以为俾斯麦反对德意志进行殖民扩张，驻柏林的英国大使奥多·拉塞尔——此时已经被封为阿帕斯尔勋爵——发送回国的报告进一步加深了这种印象。拉塞尔于1884 年 8 月去世，但造成他误判局势的不是健康状况恶化，而是俾斯麦对他隐瞒了自己在殖民政策上态度的转变。在那几个月里，格兰维尔本可以顺应俾斯麦的心愿改变态度；然而无论是驻柏林的英国大使，还是驻伦敦的德意志大使明斯特伯爵都对他只字未提，后者本可以提示他留意俾斯麦的打算。当然，俾斯麦也未曾告诉明斯特伯爵自己的意图。德意志外交部长哈茨菲尔德曾建议俾斯麦，通过高度机密文件告诉明斯特自己的计划，然而，1884 年 5 月，俾斯麦下令计划必须保密。

受篇幅所限，我们无法面面俱到地介绍俾斯麦的殖民政策，也无法对他复杂的操纵手段做细节性陈述，但此处可以列举一个影响深远的例子。

1907 年 1 月 1 日，艾尔·克劳爵士为外交部长爱德华·格雷子爵起草了一份当时被视为"最有价值"的文件，这就

俾斯麦与德意志崛起

是著名的德意志外交政策备忘录。艾尔·克劳是外交部常务副部长，他的观点具有重大的现实意义。他曾在备忘录中写下这样一则旁注，为自己批评德意志殖民政策给出理由：当初，俾斯麦曾发出一份"幽灵文件"，他假意将文件发给英国政府，实际上却从未发出去。对此，他评论道："对俾斯麦的这种做法，除了'欺骗'没有其他合适的词了。"这份"幽灵文件"指的应该是俾斯麦于1884年5月5日应当寄给明斯特的文件。虽然艾尔爵士的记述细节不是很准确，但他的话的确反映了这次事件在外交部心中的印象。

这件事情的真实情况是：1885年1月，俾斯麦和接替奥多·拉塞尔大使一职的爱德华·马利特有过一次会谈，两人讨论了俾斯麦为何在埃及争端中改变了立场。俾斯麦痛斥英国政府在殖民问题上表现出恶意的反对意见。他提及1884年5月5日的一份文件作为论据支撑，他在文件中指示明斯特告知英国政府，倘若英国拒绝自己的殖民要求，德意志出于被迫，会去寻求法国援助。马利特立即将此事报告给格兰维尔，外交部下令搜寻这份引起争议的文件。结果，他们没能找到文件，便叫明斯特来外交部解释。格兰维尔在写给格莱斯顿的信中讲述了这件事："我和明斯特谈过了，他被吓得不知所措，立刻奔回了家，去档案中找这份文件，最后找到了这份著名急件和一封电报，命他不用照急件指令行事。他央求我对此保密。"

很快，这份急件以及电报都被公之于世，可见明斯特说的话是真的。急件的主要内容是，俾斯麦建议英国政府用最清晰、尽可能最友好的方式表达对德意志的善意，也就是将黑尔戈兰岛交到德意志手中。明斯特对这个提议很高兴，写信告诉俾斯麦，相较于"不切实际、不成熟的殖民方案"，他的提议挺不错的。俾斯麦对他的回复不置一词，没有反驳他对德意志殖民政策的隐晦批评。这一次，他同样没有告诉这位德意志驻伦敦大使，他已经决定实施殖民政策。

明斯特对格兰维尔谈及黑尔戈兰岛时语气充满了自信，请求他暂时不要对其他同僚透露此事。他承诺几天后再讨论这个问题；但实际上，他再没有提过这个问题。为什么呢？答案是，俾斯麦给他发了一封电报，命他再也不要提起黑尔戈兰岛。

俾斯麦为何撤销指令呢？答案必然不是他在电报中提到的那样；他给的理由和事实完全沾不上边。在笔者看来，以下事实可以作为参考。就在5月25日俾斯麦给明斯特发电报这一天，德意志外交部长哈茨菲尔德伯爵给他俾斯麦发了一份报告，其中记录了和皇储的谈话内容。皇储问哈茨菲尔德伯爵，德意志煽动法国让埃及脱离英国的传闻是否有事实根据；而哈茨菲尔德则将5月5日的文件内容进行了复述，但他没有提到黑尔戈兰岛的事情。他询问俾斯麦，是否将此时一并告知皇储，而俾斯麦的回复则是"不要"；随后，俾斯麦发电报给明斯特，停止与英国政府谈判。

通过上述事实，以及赫伯特·俾斯麦对施魏尼茨的解释，我们可以得出如下结论：俾斯麦之所以叫停谈判工作，不是因为谈判可能会失败，而是谈判如果继续下去可能会成功。他对黑尔戈兰岛没有特别强烈的占有欲望，不希望英国和德意志之间的关系过于亲密友好；他也担心，倘若皇储腓特烈·威廉继承帝国皇位，英国对德意志政策的影响会进一步增强。

另外，在他对明斯特发布命令，停止黑尔戈兰岛谈判

俾斯麦与德意志崛起

的几天后，又命他通知格兰维尔，德意志将不会承认开普殖民地吞并西南部非洲海岸。格兰维尔接到指令后十分震惊，他根本没想到，开普殖民地的扩张怎么会冲撞了俾斯麦；而他的反应恰好说明，俾斯麦成功地伪装了自己的意图，要是英国事先能够得知俾斯麦的想法，他们当然愿意，也有能力按他的意图行事。

我们已经可以确定，1884 年 5 月 4 日俾斯麦发给明斯特的那份文件，毫无疑问是俾斯麦自己要求明斯特不得向格兰维尔透露的。因此，在俾斯麦 1885 年 1 月和马利特面谈之前，格兰维尔对整件事完全不知情。我们当然也可以假设，在面谈期间俾斯麦"忘了"自己下过这样的反对命令；但即便他真的"忘了"，俾斯麦也没有采取过任何补救措施，哪怕是格兰维尔在议会上声明从未收到过这份文件，俾斯麦也没有为消除误会多说哪怕一个字。不过，对于格兰维尔向议会呈交蓝皮书，公布马利特的报告和他引人注目的回应一事，俾斯麦感到十分愤怒，便在自己名下的报刊《北德总汇报》上发表一系列文章，言辞尖锐地抨击这份蓝皮书，直言英国外交部损害了两国之间的信任，却对"幽灵文件"一事只字不提——实际上，他在报纸上的描绘反而给人这样的印象：他发出了文件，这是不容争议的事实。

与此同时，俾斯麦还在帝国议会上公开抨击格兰维尔，推动这次论战达到高潮。在和平年代，他的演讲或许是一国宰相对另一国外交部长抨击得最凶狠的一次。诚然，格兰维尔在上议院提及俾斯麦建议英国政府"拿下埃及"时，言论不大妥当，为俾斯麦对他进行抨击拉开了序幕。虽然俾斯麦断言自己"没说过这件事"显然是在说谎，但格兰维尔事前未经俾斯麦同意便将此时公之于众也不合外交惯例。

俾斯麦的演讲引起了轰动效应，许多人认为德英两国即将决裂。那么，俾斯麦又做了些什么呢？第二天，俾斯麦派遣长子赫伯特前往伦敦，向英国政府提出和解；很快，两国达成了和解。和解如此之迅速并非因为赫伯特有什么与众不同的谈判才华，而是格莱斯顿一开始就打定主意要与德意志和解。他亲自和赫伯特商定事宜，清楚表明，他愿意竭尽一切可能满足德意志的公正请求，不过要是德意志旨在敲诈勒索，英国就很难顺遂其心意了。毫无疑问，赫伯特亲耳听到了"敲诈"这个词，但他在这份充满着傲慢的报告中，并未提到过"敲诈"这样的字眼。相反，他在写给父亲的报告中厚颜无耻地写道："和格莱斯顿先生讨论大国外交政策的本质毫无用处，他没能力理解。"这种谈论格莱斯顿的腔调很合俾斯麦的心意，虽然格莱斯顿被其同胞称为"伟大的长者"，俾斯麦却习惯称呼他为"格莱斯顿教授"——他用"教授"这个头衔称呼格莱斯顿，表现自己最深刻的蔑视。俾斯麦十分圆滑地处理了与格兰维尔的论战，而这为英国政府留下了最糟糕的印象。1886年，格莱斯顿第三次组建内阁后，做出将主要精力投入到殖民地事务的选择，正与此事相关。

通过这些手段，德意志占领了许多殖民地，但也为德英两国的关系带来很大影响，其代价不禁让人怀疑这么做是否值得。此处，笔者将引用一封在德意志出生的英国人写的一封信，在时局动荡的这一年接近尾声时，阅读这封信总是会让人陷入无限的愁思。这封信的作者是伟大的东方学专家麦克斯·缪勒教授，他在牛津大学担任梵文系主任，他的名号"牛津大学的麦克斯·缪勒"在德意志可谓家喻户晓。他热爱自己居住的英国，但更热爱自己出生的祖国，

俾
斯
麦
与
德
意
志
崛
起

衷心希望两国友谊能够长存。信的收件人则是德意志驻罗马教廷公使施勒策，他的文化修养极高，和缪勒是朋友。在信中，缪勒向施勒策保证，英国人民对德意志没有丝毫厌恶之情，某些德意志报刊的言辞羞辱也没给英国人留下恶劣印象。不过，他告诫德意志人不要低估英国尚未挖掘出来的巨大实力，信中说："英国人一旦被逼至绝境，他们第二天就能蜕变成战士。""德意志和英国并肩而行是两国未来的唯一选择，只有这样我们才能终结当前可怕的野蛮局势。现在的我们生活得像是史前时代的野兽。如果一个国家把安全感寄托在储备更多枪支上，欧洲会变成什么模样？30年来，我们的欧洲几乎一直处于战争状态。"

麦克斯·缪勒请施勒策将这些考量告诉自己"年长的上司"，也就是俾斯麦。但我们无法确定施勒策是否真的照做了；他一定清楚，俾斯麦只会回一句，这是"博爱的垃圾话"。

此处有一则值得一提的殖民政策方面的小插曲，它清楚地表明了俾斯麦的手段。1885年秋，德意志与西班牙在南太平洋的加罗林群岛上发生冲突。一位德意志船长在这些岛上升起了德意志国旗，西班牙则认为这些岛屿是本国财产。两国经过一番讨价还价后，同意找一名仲裁员解决争端。俾斯麦提议由谁担任仲裁员呢？是教皇利奥十三世！俾斯麦选择教皇作为仲裁员是对他的恭维，这是俾斯麦深思熟虑后的选择，教皇也因得到委任心怀感激；德意志所有的反教权主义者却感到失望透顶，曾经在君主和教会的权力斗争中，他们衷心跟随俾斯麦的步伐，然而，俾斯麦此时却带头倒戈。

教皇仲裁的决定对西班牙有利，但他给俾斯麦写了一封信，信中充斥着精美巧妙的花言巧语，还授予他基督教的骑士头衔，他是获得这种殊荣的首位新教徒。然而，俾斯麦知道如何以更赏心悦目的恭维作为回应。他回信时，用专属于在位君主的称号来指代教皇，称教皇为"陛下"！还告诉教皇，在他眼中，教皇仍然是现世统治者，即便他已经失去了世俗权力。

十二、1887 年开始的七年期之争

1886 年 9 月，俾斯麦向帝国议会提交了一份新的军队法案。其中提议从 1887 年 4 月开始采取政策进一步增强军队实力，法案效力持续 7 年，直到 1894 年 3 月结束，也就是开启新的七年期。上一个七年期投票通过的时间是 1880年，直到 1888 年 3 月底才期满失效。俾斯麦希望，旧的七年期到期前一年，新的七年期就要开始生效。

俾斯麦为何如此着急？该法案给出的官方理由是，外国军队在扩张，法俄两国的军队尤其如此。

自从茹费里垮台，法德两国关系再次恶化。其实，法兰西共和国总统朱尔·格雷维是爱好和平的人，总理弗雷西内及其继任戈布莱和外交部长弗鲁昂也是如此，就连俾斯麦也不曾怀疑他们对和平的向往。然而，他却断言，戈布莱和弗雷西内阁的战争部长布朗热正准备发动战争。

布朗热的名字和法国的复仇运动绑定在了一起。确实，在 19 世纪 80 年代末，法国的确爆发了一场"复仇运动"，由保罗·戴鲁莱德和他发起的爱国者同盟领导，十分活跃的布朗热一度被视作这场运动的偶像。

　　然而，在1886年3月，在对"布朗热即将发动战争"一事进行任何必要的证明前，俾斯麦就把矛头对准了布朗热。在谈到布朗热时，俾斯麦将他与社会主义思想联系在了一起，称他的社会主义思想正随着法军的旗帜高高升起，令人回想起法国的革命战争。俾斯麦将这些罪名冠在布朗热头上，唯一的依据是德意志驻巴黎陆军武官的报告，报告中称布朗热是企图复仇的战争部长。然而，俾斯麦和他的报刊对报告内容的诠释甚至令这位陆军武官和德意志驻巴黎大使明斯特（刚刚从伦敦调往巴黎）都感到惊讶万分。总参谋长毛奇的副手、军需局长瓦德西将军称，俾斯麦对战争的担忧不过是一个笑话，任何一个清楚法国局势的人，都知道法国绝不可能对德意志发动进攻。

　　而俾斯麦则强调说，倘若德意志和俄国之间爆发敌对行动，法国将受引诱加入战争。此时的俄国统治者是沙皇亚历山大三世，1881年，在父亲亚历山大二世遇刺身亡后，亚历山大三世继承了皇位。他与自己的父亲不同，对德意志及其皇帝并不抱有任何友好的感情，而他成长过程中又受到了在俄国上流社会广泛流行的泛斯拉夫思想的影响。不过在他执政的第一年，他还是与德意志和奥匈帝国缔结了新的三皇同盟，并在1884年延长了同盟的有效期。至少在名义上，他是德意志帝国和哈布斯堡君主国的盟友。

　　不过，巴尔干半岛的事情还是让俄奥两位盟友剑拔弩张。1885年，在巴腾堡的亚历山大亲王的领导下，保加利亚实现统一；亲王对塞尔维亚人开战，从前的敌对情绪死灰复燃。亚历山大二世对巴腾堡亲王青睐有加，可亲王的表弟亚历山大三世却对其恨之入骨，这使得局势进一步恶化。新任沙皇将亲王视为叛徒，因为他统治保加利亚为的不是俄国自身的利益，而是为了保加利亚的利益。德意志很多人都非常同情巴腾堡的亚历山大亲王的处境，但俾斯麦并不这么想：他用极不友善的话批评了亲王的行动。亲王想娶皇储的女儿维多利亚公主为妻，皇后也十分赞成这桩婚事，俾斯麦却火冒三丈；在他的怂恿下，皇帝否决了此事，皇后也只好作罢。

此时，保加利亚还发生了一件令俾斯麦更加不快的事情。1886 年 8 月 20 日至 21 日夜间，一伙保加利亚军官绑架了巴腾堡的亚历山大亲王，把他带出了国。亚历山大最后设法成功回国，全国上下都热情欢呼他的回归。然而沙皇发来电报，用十分激烈的措辞谴责他，还说他不该回去。于是，亲王辞去王位，离开保加利亚，此后再也没有回去。

亲王倒台在全欧洲引起了巨大轰动。所有人一致认为，绑架他的军官是俄国雇来的。1886 年 11 月 9 日，英国首相索尔兹伯里侯爵在市政厅发表演讲，称这群绑匪"被外国黄金收买而堕入深渊"。德意志普遍为俄国的手段感到震惊和愤怒，主要原因是，亚历山大战胜了塞尔维亚人，所以是"德意志的英雄"。然而，有一个德意志人却选择心怀敌意而头脑清醒地看待此事——那个人就是俾斯麦。他命令名下的报刊唱反调，结果该报刊被激进刊物抨击为"俄国的走狗"。虽然俾斯麦视图淡化这种愤慨的情绪，将其弱化为简单的党派斗争，实际情况却是连不激进而又不敌视政府的群体（比如军官们）也开始表达自己的不满。比如声名显赫、此时正被派往君士坦丁堡训练土耳其军队的冯·德·戈尔茨将军就表示，德意志政府不应该如此急不可耐地向俄国俯首称臣。

在老皇帝即将迎来统治终点的几周后，俾斯麦向新皇帝提交了一份关于巴腾堡亲王的报告，对他为何讨厌亲王提供了重要说明。俾斯麦不仅攻击亲王，还把他描绘成敌视帝国和皇帝并觊觎俾斯麦宰相职位的德意志反对派候选人。他写道："一旦当上帝国宰相，亲王将会得到目前帝国议会上多数人的支持。"这群人就是自由思想党、中央党和社会民主党组成的多数派，他们众志成城，一心想要扳倒俾斯麦。

最令俾斯麦憎恶的政党是德意志自由思想党，他认为该党派以皇储马首是瞻。腓特烈·威廉继承即位的时间正在无情靠近。威廉一世已90岁高龄，1885年又得了重病。1885年5月，俾斯麦与法国大使库塞尔谈到了这个问题，当时俾斯麦情绪激动，无法克制，下巴不停地抽搐，脸颊绯红，满眼泪水。库尔赛尔写道："我看到他下颌止不住地颤抖，脸颊通红，双眼含泪(Je vis son menton s'agiter d'un tremblement convulsif, sesjoues s'injectèrent de rougeur, sesyeux se mouillèrent de larmes)。"

虽然后来老皇帝的身体状况逐渐好转，但德意志改朝换代的一幕还是不停地在俾斯麦脑海中浮现。他的命运将何去何从？被他嘲弄，又令他恐惧的"格莱斯顿内阁"将会问世，自由思想党的能干领袖将大张旗鼓地走进内阁，深受皇后青睐的巴腾堡亲王将担任领袖。新皇帝将会热情扶持这一届内阁的发展，帝国议会多数议员也会随时对这届内阁伸出援手。

俾斯麦这样的人自然不会束手就擒，任凭"格莱斯顿内阁"问世，这是所有人公认的事实。他像斗士一样，在敌人做好准备之前就会发动进攻。在他建立的德意志政治体系之下，只要他能得到君主或议会的援助，他就能得到他需要的权力。改变继承顺位并不在他的考虑范围之内，但这位雕塑大师可以通过敲打凿子准确发力，赢得帝国议会的多数支持。倘若俾斯麦能够成功改变帝国议会的成员组成，为自己所用，那么新皇帝将被架空，俾斯麦就能永久确立个人政权。

为了实现这一目标，俾斯麦需要解散帝国议会，喊出对政府最有利的口号，重新组织大选。俾斯麦知道，军队问题容易激起选民的爱国热情，当人们认为战争迫在眉睫时，这个问题尤其好大做文章。

此时，我们就可以解释俾斯麦为什么不愿意等到1880年七年期结束后再实行新的七年期了：老皇帝很可能会离世，而俾斯麦不能等到新皇帝掌权再行动。

新议案中的扩大军队规模的提议并没有为俾斯麦提供解散帝国议会的借口。温特霍斯特怀疑俾斯麦的动机，于是呼吁大多数议员听从政府要求，投票支持军队全副武装，就像在民众中十分流行的口号"一个人，一分钱（Jeden Mann und jeden Groschen）"一样。而真正引发斗争的，则是最新确立的应征入伍人数的适用期限问题。政府希望有效期为7年，但过去这个期限从来没能得到充分落实。俾斯麦很清楚，自由思想党无论如何都不会同意七年的有效期：在1884年进步党和民族自由党分裂派合并后，双方达成妥协，倘若军队议案要求有效期超过三年，也就是一届议会的期限，他们会投票否决。

在俾斯麦不想达成某个协议时，他就会祭出一套自己惯常的策略。帝国议会召开的10天前，俾斯麦隐居到福里德里斯鲁，无论是议案初读、议会辩论和非常重要的委员会讨论环节他都选择待在那里。同时，他给战争部长写了一封简明扼要而言辞激烈的信，否决了任何和解可能。他的计划是迫使反对者坚定自己的立场，坚持反对七年期限，直到他们骑虎难下。

俾斯麦还特意与教皇进行了一场谈判。这是一场十分耐人寻味七年期限问题。很快，普鲁士驻罗马教廷大使发来报告，称只要政府发布声明，修改与教会相关的法律，教皇就愿意答应俾斯麦；俾斯麦则严词拒绝了教皇的要求，还发了一份十分无礼生硬的电报，表示如果中央党驳回议案，对政府来说反倒更加有利。他还直言不讳地说："无论情况如何，就算没有中央党的支持，我们都要扩充军队，如果必要的话，我可能会让帝国议会不复存在。"不过，他还是从韦尔夫基金拨款贿赂罗马教皇，促使其照他的意愿行事。

直到帝国议会否决七年期限之后，俾斯麦才返回柏林，他确信他的法案已经度过了危险期。议案二读期间，他发表了几次强势而又有趣的演讲。

在谈到国际形势时，俾斯麦坚决否认自己想要发动预防性战争，还说出了一句著名言论："我看不出上苍的旨意。"俾斯麦并不否认法国政府和大多数法国人民维护和平的倾向，但他也断言，在法国，做决定的权力掌握在少数热衷战争的人手中，其中就包括布朗热将军。俾斯麦声称一旦他成为法国政府首脑，就会对德意志发动攻击。他表示："法国极有可能发动战争，我们必须为此担忧；只是战争过 10 天，还是过 10 年才会爆发，还不好说。"他还用最可怕的描述来预言这场战争：战争会一直持续到流干了血（bis zum Weissbluten）才会结束。

俾斯麦发表演讲之前，收到了一份驻法大使明斯特呈交给皇帝的报告。报告中指出，没有任何迹象表明法国会进攻德意志。俾斯麦立刻提出，明斯特必须马上撤回报告，万一皇帝听信了他的观点，政府就无法在帝国议会上促使军队法案通过了。这是一个俾斯麦利用外交策略操纵国内政策的典型案例。不过，如自由思想党所说，无论俾斯麦所强调的法国威胁论是否属实，都和七年期限问题没什么关系。温特霍斯特的发问一针见血："宰相何苦费这么大力气，拿这一番冗长的推论证明扩军的必要性？议会绝大多数议员已经准备好投票赞成'一个人，一分钱'了。"对此俾斯麦也心知肚明，但实际上，他发表这篇演讲，只是为即将到来的大选做的一场戏。

　　最终，帝国议会决定，军队法案有效期只有三年。投票结果一宣布，俾斯麦就立即起身，从文件夹里取出解散帝国议会的诏令，在议院当场宣读。俾斯麦没浪费一分钟的时间，完全不给温特霍斯特向内阁提出新的让步条件的机会；双方没有任何达成妥协的可能。

　　在大选中，俾斯麦用尽浑身解数，不择手段地达成目标。他的手段和他在帝国议会演讲时的暗示相一致，他不断恐吓诱导选民，法国可能发动侵略战争。他不惜一切手段制造这种印象：法国进攻迫在眉睫，布朗热正在筹备战争，唯有一件事可以力挽狂澜——军队法案的七年有效期。1875年，一家报刊曾发布一篇名为《战争迫在眉睫吗？》的文章，令全世界都大为震惊；此时这家报刊再次发布题为《在危难关头》（Aufdes Messers Schneide）的文章，声称布朗热在法国占据主导地位，法国不会回归和平路线。在俾斯麦的影响下，许多英国报刊驻柏林的通讯员都顺应

（竖排书名）俾斯麦与德意志崛起

了俾斯麦的心意，帮他操纵公共舆论。为确保投票环节的胜利，俾斯麦诱使三个政府党，即保守党、自由保守党和民族自由党组成联盟，史称卡特尔（Kartell）政党同盟。联盟结成后，为确保在第一轮投票中获得全数政府票，三个党派在每个选区中只需要选出一位候选人。德意志选举法规定，只有票数位居前两位的候选人才有资格参加第二轮投票（Stichwahl）。通过卡特尔同盟，政府候选人获得了进入第二轮投票的机会。不仅如此，俾斯麦还成功诱使已经退休的本尼格森出山，参加帝国议会的大选；当时担任法兰克福市长的米克尔也参加了大选。

最终，俾斯麦在大选中大获全胜，自由思想党则遭遇重大打击。他们并没有损失太多的票数，却失去了一半的议员席位。另外，尽管俾斯麦成功让教皇的枢机主教秘书写了一封信，表示教皇不赞同中央党对七年期投反对票，但中央党仍保住了100个议员席位，席位并未减少。规避这封信的邪恶影响，将船只安全地停靠在海港中，是温特霍斯特最卓越精湛的成就之一。不过，温特霍斯特本人对未来的形势并不乐观，大选结束后，他对自己的朋友说："德意志任凭自己最亲密的朋友遭到无端诽谤，而坐视不管，我不禁为她的未来感到绝望。"

而民族自由党则取得了分裂之后的最大胜利，战果之大连他们自己都没能想到。不过，他们的胜利并不等于自由主义复兴了——事实恰恰相反！班贝格是这么形容的："民族自由主义精神等于虚伪浮夸的顺从，这便是中产阶级的感受。"他还悲伤地补充道："自由主义精神在德意志议会中如同昙花一现。"的确，自1866年以来，民族自由主义就一直在走下坡路！在班贝格身上，1848年的精神尚未泯灭，然而，在俾斯麦统治下伟大的德意志帝国，自由主义如同风中残烛，他便不再抱幻想了。这些年里，他曾多次碰见革命时期的老朋友卡尔·舒尔茨，两人在革命失败后都过上了流亡的生活，只不过班贝格在1866年回到祖国，为建设新帝国效力，舒尔茨则留在美国，成为美国公民，取得了显赫的地位。班贝格比较了两人的命运，写下了这么一句话："倘若我们不曾经历这些倒霉事，被迫生活在这种狗窝，我们也能像舒尔茨那样创造精彩人生！"

班贝格很精明，看出了俾斯麦解散帝国议会和摧毁多数派势力的真正目的。他写道："皇储被迫按照俾斯麦的要求行事。"俾斯麦终于降服了困扰自己已久的皇储政党和"格莱斯顿政府"。哪怕威廉一世第二天就离世，他也能让新皇帝乖乖地依从自己。

然而，接下来发生了一件堪称有史以来最具讽刺性的事：俾斯麦费尽心思赢得大选，控制了未来的皇帝，结果没过几个月，新皇帝便病入膏肓，甚至没能登上皇位。俾斯麦这最后一次伟大胜利，一直笼罩在此事产生的悲剧性阴霾之下。

十三、《再保险条约》

俾斯麦利用人们的战争恐慌情绪，获得了1887年大选的胜利，却给法国人留下了深刻印象：法国人十分恐惧德意志会发动进攻。在选举结束后，法国人还在担心这个问题，几周后的一件事就恰好说明了法国民众的普遍情绪。在正常时期，此事甚至都不值一提，但在这个特殊节点则很难不引起重视。1887年4月，德意志警察逮捕了一位名叫施纳布莱的法国边境检查站警官，控告他是法德边境线上的间谍。这件事的奇怪之处在于，一开始是一位德意志官员借口要解决细枝末节的公务，诱使施纳布莱越过边境的。法国人认为，这是俾斯麦设下的陷阱，他想伤害法国人的民族感情，蓄意挑起战争。然而，没有事实根据可以支撑这种猜想。很快，俾斯麦意识到，德意志的逮捕说法站不住脚，只好下令释放施纳布莱；当时，人们的愤怒情绪已经愈演愈烈，甚至到了危及欧洲和平的程度，俾斯麦不得不出面。但是，即使事情过去，两国人民的敌意还是没有消退，哪怕布朗热后来被撤职也没能让人们心向和平。

俾斯麦一直坚持要在外交和政治事务上孤立法国。在与奥地利、意大利和英国的一系列谈判中，他精心设计了众多条约，从而确保德意志地位稳固。此时是1887年，俾斯麦已经72岁了，这个年纪还能取得这么多成果，着实很不容易，也非同寻常。他充沛的精力和非凡的才能，很难不令人惊叹。

这一系列条约中，最有趣的是俾斯麦于1887年6月18日与俄国缔结的秘密条约，该条约以《再保险条约》而闻名。条约的保密工作做得很好，德意志，乃至全欧洲都被蒙在鼓里，在俾斯麦亲口宣布后，这项条约才得到披露。披露时的环境也极为特殊。1896年秋，沙皇访问巴黎，亲自宣告了法俄同盟的缔结，法国举国欢腾。那时的俾斯麦已经被撤职，只是个挂名宰相；他对自己的继任者和当时在位的威廉二世怀恨在心，于是便在自己喜爱的一份报刊上指责继任者和皇帝应对法俄同盟负责，正是他们没能延长德意志与俄国密约的期限，才导致德意志无法阻止法国与俄国恢复邦交。这时，人们才从俾斯麦口中得知这项顶级国家机密。人们不禁要想，如果俾斯麦继续掌权，他就会不断利用《再保险条约》，许多事情就根本不会发生。那么，事实的真相确实如此吗？

1887年，《三皇盟约》尚未失效，奥地利政府、俄国外交部长格尔斯都希望条约在1887年6月到期前续约。然而，沙皇却表示反对，俾斯麦也没有采取任何措施改变沙皇的想法。

彼得·舒瓦洛夫伯爵是俄国前任驻伦敦大使，也是柏林会议上最受俾斯麦青睐的俄国代表。1887年1月，他来到德意志首都柏林，建议撇开第三个盟国奥地利不管，单独让德意志和俄国结盟。俾斯麦十分支持他的意见，但俄国政府则表现犹豫，这令俾斯麦十分恼火。彼得·舒瓦洛夫和他弟弟俄国驻柏林大使保罗·舒瓦洛夫在沙皇身边享有很高的话语权，受他们影响，沙皇也坚定地反对续签三皇同盟。最后，在这兄弟二人的努力下，沙皇与德意志单独缔结了盟约。1887年5月，保罗·舒瓦洛夫带着条约草案回到了柏林。

但在俾斯麦与保罗·舒瓦洛夫进行第一次接触时，俾斯麦举措失当，破坏了盟国奥地利对德意志的信任。当时，俄国人一脸惊讶，看着他逐字宣读德意志和奥匈帝国签订的秘密同盟条约。俾斯麦想向俄国人证明，为了和俄国建立友好的邦交关系，德意志愿意做出多么大的牺牲；他还明确表示，倘若俄国对奥地利发动侵略战争，德意志永远不会援助奥地利；他愿意做出任何让步。显然，俾斯麦希望以此为交换条件，令俄国在未来法德发生战争时保持善

俾斯麦与德意志崛起

意中立。因此，第二次会谈时，舒瓦洛夫告诉俾斯麦，倘若德意志进攻法国，俄国不认为自己有义务保持中立，这令俾斯麦感到万分失望。其实，沙皇早就对他强调过这件事。最后，两国签订新条约，条款规定，一方和第三国爆发战争时，另一方将保持中立。双方虽然都做出了承诺，但也存在一则双重限制性条款：倘若俄国攻击奥地利，或德意志攻击法国，这项条款则不再适用。除了这则主要条款外，德意志承认俄国在保加利亚的主要利益，还承诺，倘若沙皇希望在黑海的入海口设置防御军队，德意志不仅会善意中立，提供道义和外交援助，还会采取措施守卫帝国大门手中的钥匙（pour garder la clef de son Empire）。这把打开俄罗斯帝国的"钥匙"显然是指博斯普鲁斯海峡和达达尼尔海峡，这两个海峡守卫着地中海通往黑海的大门。

这部条约签订于 1887 年 6 月 18 日，就在这一天，《三皇盟约》期满失效了。

这就出现了两个问题：（1）这部《再保险条约》能否和现有的德意志其他条约兼容？（2）这部条约能否实现其最初的目的？能否保护德意志不与俄国开战？倘若法德战争爆发，能否阻止俄国援助法国？

第一个问题涉及国家法律和政治道德，第二个问题涉及政治效力。考虑第一个问题需要特别注意《德奥同盟条约》。此时这部条约尚未被废除，还是德意志官方认可的帝国外交政策的永久性基础。条约规定：德意志承诺，倘若俄国进攻哈布斯堡君主国，德意志会对后者提供援助。而新条约规定，倘若哈布斯堡君主国攻击俄国，那么德意志将保持中立。有人竭力维护这部新条约，他们认为这两部条约可以相互兼容。然而，两部条约的区别在于：谁是侵略的那一方？这个问题是政治学中最复杂、最有争议的问题。每到战争爆发，或是战争结束后，这个问题都会被人们讨论一遍又一遍，甚至到了令人感到厌烦（ad Nauseam）的程度。在七年战争、普法战争或第一次世界大战中，谁是侵略者？以这个问题为主题的书多到可以塞满一座图书馆了。

　　还有一个最为紧要的问题：假设俄奥开战，那么俄奥两国都会搬出条约，要求德意志履行义务。这个问题十分紧迫，德意志不可能像后世历史学家那样悠闲惬意地花20年，乃至100年时间找到答案；他们至多只能用24小时做出判断。谁来决定谁是侵略者？当然是德意志皇帝！若是俾斯麦还在掌权，德意志宰相也有权做出这一决定。做出决定后，这个人还要决定是开战还是保持中立。诚然，德意志既然和奥地利签订了同盟条约，德意志皇帝必须对这个问题给出自己的答案，他有权说："在这场战争中，奥地利是侵略国，我得立即拔剑进攻。"然而，缔结《再保险条约》却让局势有所变化：在条约签订之前，只要德意志仍然受与奥地利同盟条约的约束，奥地利皇帝就可以指望德意志皇帝秉承盟友精神做出有利于自己的决定；然而，自俾斯麦缔结秘密的《再保险条约》那一刻起，奥地利就无法这么指望德意志了。此时此刻，德意志要权衡利弊，判断履行哪个条约对自己更有利。德意志态度完全取决于对自身利益的考量，而不是条约对自身的约束。换句话说，缔结《再保险条约》后，奥地利与德意志的同盟条约不再具有任何实际价值了。

　　《再保险条约》是一部保密条约，但倘若出于偶然，条约内容在奥地利公开了呢？奥匈帝国的政府和人民会觉得自己被盟国出卖了，他们不会是被责怪的那一方。设想一下，两国签订了同盟条约，但是其中一个国家背着盟友，和盟约所敌对的国家签订协议，这部条约还具有效力吗？恐怕没有任何人会给出肯定的答案。以笔者之见，就算是在日常生活中，也不会有什么能让大部分人都轻易接受的答案。

这些猜测并未简单停留在理论层面。根据公开文件，新条约签订后的几个月里，实际情况就变得十分微妙了。

对于德意志的条约义务，还有以下的因素存在冲突：俄国在保加利亚的主导利益得到了认可；在更大程度上，俄国也被认为有权占领海峡。从国际法和政治道德的角度来看，《再保险条约》是站不住脚的，对此我们已经解释得很清楚了。

那么，回到第二个问题，这部条约的效力高吗？

支持现实政治，即纯强权政治学说的人或许会说，这部条约至少暂时让法俄无法结盟，这十分重要，重要性甚至胜过法律和道德的反对意见。或许，在他们看来，俾斯麦的继任愚不可及，竟然放弃《再保险条约》，法俄才得以结盟。事实上，在1890年，卡普里维终止了这部条约；1891年8月，法俄签订《友好协定》；1892年8月，两国签订军事协定，为这部条约注入活力。不过，故事讲到这里，还没有结束。

我想简单地谈谈这个论点：正如德意志不顾及和奥地利订立的盟约，和沙皇签订《再保险条约》那样，沙皇自然也可以不顾及与德意志签订的《再保险条约》，和法国建立防御性同盟关系。很显然，倘若德意志进攻法国，沙皇俄国有充分的自主选择的行动权。不过这还不是要点。

关键问题是，《再保险条约》是否帮助德意志和法国恢复友好邦交，暂且不谈人民感情，两国政府对彼此的感情是否更加友好善意？毫无疑问，答案是"不"。

《再保险条约》缔结没几天，德意志媒体就尖锐抨击柏林证券交易所交易的俄国国债，表示其没有价值。俄国的财政以及整体的经济状况不佳，急需外国贷款，而柏林证券交易所是交易俄国国债的主要市场。此时，德意志媒体宣称，俄国债券偿付能力很不可靠，因为就在 1887 年 5 月，也就是《再保险条约》谈判期间，沙皇发布了一道敕令，禁止外国人在俄国拥有农地产权。众多德意志人在俄国拥有地产，这道命令对他们来说是个沉重的打击。沙皇之所以颁布这道命令，是为了报复俾斯麦在 1885 年的一道命令，当时三万名受俄国管辖的波兰臣民遭到驱逐。

对于报刊抨击俄国债券的做法，俾斯麦没有采取任何行动。相反，他还从官方层面表示赞赏，在他的煽动下，德意志帝国银行和普鲁士国家银行于 1887 年 11 月正式宣布，从今往后，它们将不再担保俄国债券作为贷款抵押品（Lombard-Verbot）。德意志所有银行都会经常从这两家中央银行借款，因此，它们也只好拒绝为俄国债券做担保。这就意味着俄国债券被柏林证券交易所扫地出门，在德意志投资者眼中它就是一张废纸。而俄国如果没有外国贷款就无法生存。该从哪里筹集贷款呢？俄国债券能够进入，也具有足够金融吸引力的唯一市场就是法国，法国的银行家们早已做好准备，续上俄国的资金链。早在 1888 年春，他们就来到了圣彼得堡，和俄国协定贷款事宜，到了秋天，巴黎证券交易所全额认购俄国债券。随后，俄国获得了越来越多的贷款。法国公众热切地对俄国债券进行投资，没

俾斯麦与德意志崛起

336

过多久，法国就取代德意志，成为俄国债券交易的主要市场。

这个变化具有重大的政治意义。法俄两国凭着金融纽带走到了一起。俄国也更加关心法国的繁荣与命运，就连沙皇也摒弃了原先对法兰西共和国的漠视乃至蔑视的态度，毕竟法兰西共和国的公民为他的军队、铁路和帝国的经济发展筹集了数百万卢布。财政联系为法俄联盟铺平了道路。俾斯麦曾认为，政治关系独立于商业、金融或经济关系；此时事实证明，他这句话错得有多离谱。

《再保险条约》是否让沙皇亚历山大三世对德意志和俾斯麦的态度更加友好？答案依旧是"否"。1887年11月，他访问柏林，但他显得十分不情愿，他对德意志及其宰相的态度显而易见。当时，俾斯麦从乡间别墅赶来求见。他很紧张，担心沙皇不愿意见他。为什么呢？答案是，沙皇怀疑他在保加利亚的问题上搞两面派。俾斯麦拿出了相关文件，试图打消亚历山大的怀疑。从这个角度看，他可能认为，这次和沙皇的会晤取得了成功。然而，本应巩固两国友谊的《再保险条约》才签订了几个月，沙皇就怀疑俾斯麦要花招，难道不应该觉得奇怪吗？1887年12月，就连参与谈判，签署这项条约的保罗·舒瓦洛夫也告诉法国大使："你不必担心。我们不会容许德意志控制俄国，那是纯粹的幻想，而且这一时代已经成为过去时。自由行动有多重要，我们都心知肚明。"

1887年12月，俾斯麦再次向帝国议会提交的新的军队法案，可以看出，他根本没有信心维护德俄两国的友谊。这部法案规定，为了防止战争爆发，需要大幅扩张德意志武装军队的规模；法案还要将战时后备军（Landsturm），也就是将民兵纳入部队。这部法案标志着：从此以后，战争时期的军队规模会增加至数百万人。或许，从现在的视角看，这部法案拉开了"极权主义"战争的帷幕。

俾斯麦为这部法案辩护时发表过一番讲话，他的意思很明显，法案是为了抵御俄国。几天前，俾斯麦公布奥德同盟条约，向全世界表明立场。这次为法案辩护时，他的立场更加鲜明。俾斯麦说："我们不会再因爱法国还是俄国这个问题进行争论了。任何人都不能再牵着我们的鼻子走了。长期来看，一部和本国实际利益有冲突的条约无法支配强国的选择。"俄国当然不会误会这句话的含义，听到这句话，沙皇可能会开始反思《再保险条约》的可靠程度。帝国议会一致通过了这个法案，这倒不是因为军国主义的反对者一夜间消失了，而是全体议员都相信，俄国可能对德意志发动战争。

虽然签订了《再保险条约》，沙皇还是不信任俾斯麦。1888年4月，他的亲弟弟弗拉基米尔对赫伯特·俾斯麦说的这番话体现了沙皇的想法："他（沙皇）总是害怕被俾斯麦欺骗。"亚历山大三世眼界有限，但这位德意志宰相智力过人，手段也过于高超。沙皇很清楚俾斯麦欺骗奥地利皇帝的来龙去脉，所以格外担心自己会有同样的待遇。倘若俾斯麦玩弄诡计，让俄国人民知道了条约，会发生什么？结果已经清晰地摆在了眼前：俄国人民希望沙皇反对德意志，沙皇自己也清楚这一点。正如施魏尼茨所言，沙皇认为对条约内容保密具有毋庸置疑的必要性，这不仅利于提高他的声望，还能保证他的个人安全。

对这部条约的签约国来说，一方要对盟国保密，一方要对本国人民保密，那条约能有什么实际好处呢？条约名义上提供了保险，却永远无法保障两国期望获得的安全，

俾斯麦与德意志崛起

既虚伪又毫无意义，还完全不可靠。一旦危机真正爆发，条约完全经不起考验，之所以有的历史学家还会推崇这部条约，只能说是因为危机从未出现，它才侥幸逃脱了考验。然而，这部条约和真正的现实政治政策完全是两码事，几个零星的夸大其价值的段落不过是废纸一张。

俾斯麦当然能洞察事实，不会"对条约的作用抱有不切实际的幻想"。1896年，俾斯麦倒台后，他无疑夸大了条约的作用。不过，这没法证明他在1887年也这么想，只能说，俾斯麦被撤职后，没有任何后顾之忧，于是用手边能找到的所有武器攻击皇帝。而在1887年，俾斯麦对改善德英关系的迫切心情，则暴露了他的真实想法。1887年11月，在沙皇造访柏林四天后，离缔结《再保险条约》只有6个月不到的时间，俾斯麦给索尔兹伯里侯爵写了一封信，这封信十分著名，当之无愧是俾斯麦曾写过的最耐人寻味的书信之一。信中俾斯麦对欧洲局势的看法做了一番概述，将德意志和奥地利、英国归为饱和国家，还说法国和俄国是搅乱欧洲和平的永久性危险因素。然后他说："德意志很可能被迫同时对抗势力最强大的两个邻国，我们虽然不乐见这场战争，但必须为此做准备；我们的政策目标就是尽可能建立更多的同盟关系。"我们暂且不谈俾斯麦是否隐晦地抛出了和英国结盟的橄榄枝，但假如真有一个政治家认为，通过自己主张签订的一系列条约，就能确保国家边境的安全的话，他肯定不会说出上述这番话。

仅过了一年零两个月，即1889年1月，俾斯麦又迈出了新的一步。在此期间，威廉一世和腓特烈·威廉三世两位皇帝相继去世，威廉二世成为新任德意志皇帝。《再保险条约》的确签订了，但俾斯麦对它的作用没什么信心，他计划和英国结盟。和 1879 年不同，这一次他誓要和英国结盟，不再反悔。当年，俾斯麦改变想法，叫停了德意志大使和比肯斯菲尔德的谈判，是因为当时他认为德意志更有可能恢复与俄国的古老友谊，和英国的友谊相比，俄德同盟更具吸引力。10 年来，俾斯麦在没有与英国结盟的情况下勉强控制住了形势，但他用于维护和平的权宜之计显得愈发不可靠了。他努力缔结了一系列复杂条约，但仍然感到十分焦虑。德意志的将军们称，和俄国开战是无法避免的，因此希望战争尽快爆发，而俾斯麦成功地让这些人闭上了嘴。不过，他也没有特别强烈的维护和平的愿望。因此，俾斯麦将目光投向了英国，命令驻英大使哈茨费尔德向英国首相提议，签订英德协议，抵御法国侵略。然而他下的这步棋为时已晚，索尔兹伯里侯爵不赞成英德结盟。1879 年时，索尔兹伯里还在比肯斯菲尔德的内阁中担任外交部长，自那时起，他便一直对英德结盟持怀疑态度。在此期间，俾斯麦政策和他的那套"盟友"概念，只是让他愈发厌恶。他告诉赫伯特·俾斯麦，现在还不是组建联盟的时机。"我们姑且先把它摆在明面上，但不要拒绝或否定。很不幸，这是目前唯一能做的。" 实际上，最终的答案是"否"，说"是"的时机也从未到来。

　　这次提议英国结盟是俾斯麦最后一项重要的外交举措。一年后他遭到撤职，不再掌权。俾斯麦作为德意志外交政策领导人，在漫长的职业生涯中创造了许多丰功伟绩，却在这最后一刻留下了失败的阴霾。

俾斯麦与德意志崛起

十四、腓特烈三世的悲剧

　　1888年，威廉一世皇帝漫长的统治生涯走到了尽头。这一年3月9日，俾斯麦在帝国议会向台下的议员宣布，他们年长的国家领袖去世了。那时，这位铁血宰相双眼噙着泪水，心情沉重而哀伤。

　　这是俾斯麦一生中最重要的时刻之一。他知道，老皇帝一走，他也就没了靠山。无论谁坐上帝国宝座，都无法像威廉一世那样，给他充分的自主权，赋予他同等权力，全力支持他的行动。新皇腓特烈三世登基时已经病入膏肓，他的统治时间只能用月，乃至周来计算。他患有喉癌，在一次手术后，嗓子已经发不出声音了。实际上，自登基那天算起，他的寿命只有99天了。

　　如果命运给他健康的身体和正常的寿命，将没有人能预测腓特烈三世将如何统治德意志帝国。不过，有一点可以肯定：他具有自由和人道主义思想，他和妻子成为帝国的皇帝和皇后之后，也不会把这些思想抛诸脑后。他出于本能地弥补帝国发展的缺口，这个缺口至关重要，直到今天它仍未被弥补。他们是经历过1848年的年轻人，当时普鲁士宪法冲突和德意志统一运动正开展得如火如荼，他们是沐浴在自由主义思想下成长起来的一代，在历经风云变幻后，他们谢幕了，新的一代人登上了历史舞台，他们将国家辉煌和军事荣誉看得高于一切。新的德意志皇帝登基了，他是个青涩懵懂的年轻人，愚蠢蒙昧，竟对着士兵大声咆哮：只要皇帝说句话，他们就得服从，必要时他们甚至得射杀自己的父母。倘若换一个懂得自由价值、富有人道主义关怀的人坐上他的位置，德意志历史将走上多么截然不同的道路啊！

无论是在皇宫还是军队，那些有权势的人都不太喜欢腓特烈三世。德皇本人已经够不受欢迎了，皇帝的妻子即英国女王之女维多利亚皇后竟比他还要不得人心。他们对皇帝的指责丝毫不留情面，说他受到妻子的蛊惑，说他无论是精力还是智力都完全比不上他的妻子。这或许是一种夸张说辞，但维多利亚皇后的确智慧超群，这一点不容置疑。她父亲阿尔伯特亲王很早就知道女儿很聪明，所以特别重视对她的教育和培养。

皇后的政治观非常鲜明而坚定，和俾斯麦在政见上截然相反。丈夫去世后，她在给朋友的一封信中说："这么说吧，我们为什么表示强烈反对？答案是我们有一片赤诚的爱国之心，希望见证祖国伟大繁荣，希望拥抱权利与正义，坚守自由与文明，实现个人的独立自主，让每一个德意志人、欧洲人乃至全世界的人都能进步发展。自我完善、进步与崇高是我们的座右铭。和平、宽容与仁慈是人类最宝贵的财产，可现在，这些高尚的情操遭到无情践踏和嘲笑，我们却无能为力……铁和血被拥为德意志强大和统一的唯一功劳，以民族名义实施的恶行却被标榜为爱国主义！"

显而易见，维多利亚这些话的矛头指向俾斯麦的铁血政策，还顺带批评了儿子威廉二世。他们母子的关系非常紧张，维多利亚十分不满儿子的傲慢无礼，认为他的政治观点将给德意志带来灾难性的影响；而俾斯麦和儿子赫伯

俾斯麦与德意志崛起

特常常火上浇油，进一步恶化了这对母子的关系。威廉二世总摆出一副无条件崇拜俾斯麦的姿态，还说了很多不合时宜的话表现自己对宰相的偏爱。俾斯麦试图利用威廉二世反对德皇夫妇，尤其是维多利亚皇后；而维多利亚可能也不够圆滑老练，在遭到围攻的处境下，她举步维艰。那时的她感到自己孤立无援，被敌人和间谍团团包围，又无法获得无私公正、具有经验的顾问的援助。

　　腓特烈三世只好尽可能巩固俾斯麦地位，与他合作。1888年4月5日，一家与外交部联系密切的报刊突然报道了一则新闻：俾斯麦和皇帝夫妻私下发生争吵，濒临辞职。全国人民都感到震惊不已。报道称，造成三人争执不下的源头是保加利亚前统治者、巴腾堡的亚历山大亲王，皇后维多利亚女王想把女儿维多利亚公主嫁给他。

　　事实是这样的：俾斯麦听说皇帝邀请亚历山大亲王来柏林，打算授予他高级军衔，让他在德意志军队官复原职，便发出了最强烈的抗议，声称倘若照皇后想法行事，德俄两国的友谊将受到威胁。还威胁道，倘若皇帝不听从自己的建议，他将辞去宰相职位。皇帝让步了，给亚历山大亲王发送电报，取消了邀约。在俾斯麦即将辞职的新闻爆出来前，这一切便发生了。因此，在俾斯麦用这个耸人听闻的新闻激起民愤前，他已经成功说服了皇帝听从自己的想法。当然，俾斯麦预见到了这一不可避免的后果：德意志民众奋力声讨皇帝夫妻，尤其是对被广泛称为英国女人（die Engländerin）的皇后，称她任性妄为，德意志最伟大的政治家可能因她而无辜牺牲。

　　当时英国驻德累斯顿公使乔治·斯特雷奇爵士给维多利亚女王的私人秘书亨利·庞森比爵士写了一封信，十分生动地介绍了这场骚乱。"莱比锡这座城市过于俾斯麦化，民族自由党受他影响太深，德累斯顿又表现得极端保守；这两座城市对于德皇和女王都表现出了极端仇恨。俾斯麦常常操纵莱比锡的《国外消息》（*Grenzboten*）报，以实现自己的目的；几天前，该报发表长篇大论，斥责两位皇室夫人，其无礼谩骂和恶毒批评的程度甚至比普鲁士'爬虫'更加强烈。这些文章之愚昧粗俗几乎令人难以置信。萨克森的自由思想党势力尚且弱小，他们的呼吁仿佛在辽阔的沙漠中哭泣，无人问津；但他们奋不顾身，一如往常坚定支持皇帝、皇后和女王，在德累斯顿的政府部门，他们日日夜夜为这三人唱着最高贵圣洁的颂歌。柏林的激进派政治水平只能称得上我国的托尼党，他们表现得赤胆忠心，俾斯麦的拥护者却表现得像是无政府主义者。"

"目前看来，'爬虫'似乎受到暗示，为阵地变换做准备。俾斯麦帮派中甚至有人大言不惭地表示'帝国宰相忠心爱戴帝国主人，他的爱毫无保留，令人触动'。或许，这表明俾斯麦认为皇帝有可能恢复健康。

"萨克森国王过生日时，曾举办了一场盛大的官方晚宴。当时我注意到，现场所有政治首脑一致认为，俾斯麦应该为制造道德'混乱'（Hetze）的局势负主要责任，尽管在场的大多数人都是'掘墓人'；把责任推到俾斯麦身上来缓和负面情绪虽然不太得体，但我没什么异议。"

不过，在这个故事中，最有趣的要数俄国是如何被卷入其中的。俾斯麦断言：倘若沙皇仇视的巴腾堡亲王成为德意志皇帝的女婿，沙皇就会对德意志政府失去信心。这句论断毫无根据，但彻底激起了俄国民族的怒火。当时，俾斯麦试图让俄国政府发布声明，支持他的说法，结果却

俾斯麦与德意志崛起

令他大失所望：他失败了。

德意志新皇登基时发布的一篇公告给沙皇亚历山大三世留下了很好的印象。施魏尼茨向柏林报告称，在腓特烈三世即位前，他从没对俄德两国的关系如此满意过。格尔斯曾竭力与俾斯麦保持友谊，此时也忍不住说，柏林除了语气，不会在别处改善了，况且这已经是柏林愿意做出的巨大变化了 (Excepté le ton, et ce sera déjà beaucoup)。施魏尼茨曾按照俾斯麦的指示与格尔斯接触，并引诱他宣称：在俄国看来，巴腾堡亲王访问柏林相当于宣告与俄国敌对。而格尔斯则在仔细斟酌后回应道："我们十分遗憾，但始终相信，无论是皇帝陛下还是俾斯麦宰相，都不会改变德意志对俄的友好政策。"也就是说，亲王造访柏林对沙皇没有任何政治影响，无论俾斯麦如何向人们暗示亲王访问柏林等于侮辱沙皇，俄国的反应和俾斯麦的预期恰恰相反。但即便如此，俾斯麦还是对他在新闻界的亲信布什表示，和巴腾堡亲王联姻可能引发俄国战争，十分危险，可能白白让英国坐收渔翁之利。

俾斯麦告诉布什英国可能坐收渔利，主要原因是他想要煽动人们反对维多利亚女王。据说维多利亚女王原本打算前去探望女儿和女婿，可是她现在病得很重。俾斯麦甚至想要说服英国大使，让英国政府建议女王取消柏林的行程。然而，索尔兹伯里侯爵给马利特的回信中写道：

"很遗憾，我不能满足俾斯麦亲王的心愿，他要求我协助他挫败他效忠的皇帝和我所效忠的女王，以实现俄国皇帝的恶毒想法。显而易见，这不属于我的职责范围，倘若要与德意志合作就得承担这种代价，我们宁可不合作。"

女王称俾斯麦行为"不够忠诚、居心叵测，又愚不可及"。

女王抵达柏林时，受到了德意志首都人民的热情接待，这表明反英情绪只在少数朝臣、官员和将军中盛行，这群人和外交官、报刊联系密切，借此冒充为德意志民意的代表。

俾斯麦放出新闻界走狗为自己制造声势前，巴腾堡亲王访问柏林的问题就已经解决了，他为何还是煽动人民，激烈反对皇帝夫妻呢？我们可能得从1886年他交给老皇帝的报告中寻找其中缘由。报告中俾斯麦提到，亚历山大亲王在帝国议会反对派的支持下，可能成为德意志宰相。在此期间，俾斯麦通过1887年大选，成功让反对派溃不成军。然而，钟摆已经朝着另一个方向摆动。递补选举结果表明，选民不再因战争恐慌情绪而困于时局。在笔者看来，俾斯麦的想象似乎过于天马行空，乃至走入了歧途，在他脑海里，皇后正在密谋让巴腾堡亲王担任宰相，解散帝国议会，并开展新一轮选举，从而恢复从前自由思想党、中央党和社会党占据多数派的旧时代。这些人会拥护亲王，导致俾斯麦垮台。实际上，亲王和皇后从来没有过这种念头。每当俾斯麦的个人权力受到威胁，他都会疑神疑鬼。

面对狂热民族主义情绪的爆发，皇帝和皇后几乎无能为力。凡是有人想和他们关系走近一点，都会引起俾斯麦的怀疑，所以皇帝夫妻二人一直没有独立自主、精明能干的顾问可供咨询。在当时德意志的局势下，他们只能在暗中想办法获得有用的建议。欧内斯特·冯·斯托克马尔若干年前是皇储的私人秘书，他的遗孀冯·斯托克马尔男爵夫人和维多利亚皇后是朋友。欧内斯特·冯·斯托克马尔的父亲是著名的斯托克马尔博士，后者曾经是英国女王丈夫阿尔伯特亲王的秘密顾问，他智慧超群，富有远见，深受维多利亚女王敬重。冯·斯托克马尔男爵夫人和自由激

俾
斯
麦
与
德
意
志
崛
起

进派议员路德维希·班贝格博士的关系很亲近，两人的住所在一条街上。男爵夫人会拜访班贝格时，将这些令皇后感到困扰的问题告诉了他，而班贝格则给出他自己的建议。两人的交流必须完全保密，不能走漏任何风声，尤其不能让俾斯麦听到只言片语。通过男爵夫人，皇后得以给班贝格写信，从而获得班贝格的建议和支持。作为那个时代最优秀的议员之一，班贝格学识最为渊博，智慧过人，经验丰富，比任何人都更了解俾斯麦和他的行为手段，每当俾斯麦的手段可能让皇帝夫妇上当时，他就会及时提醒皇帝提高警惕。在腓特烈三世极为短暂的统治中，他采取的政治行动并不多，唯一一项重要行动就是听取班贝格建议，撤去普鲁士大臣的头号反动派——冯·普特卡默的职务，因为他厚颜无耻，企图干扰选举，违抗皇帝信仰的公平竞争观念。6月8日，普特卡默被解职。一周后，腓特烈三世便驾崩了。

在大限将至时，腓特烈三世召见了俾斯麦，让俾斯麦握住皇后的手。此时的他已说不出话，便用这个举动告诉俾斯麦，想把妻子托付给他；皇帝十分确信，他死后，没有了自己的保护，皇后将身陷困境。他也知道，儿子威廉即将登基为德意志皇帝，他不仅会走上一条与自己期望完全相反的道路，也不会体贴地照顾好母亲。腓特烈三世以为俾斯麦会伴在皇后左右，保护支持她，只可惜，他的希望落空了。

更令皇帝没想到的是，在他离世后，给他的回忆造成最沉重打击的就是俾斯麦。这就是皇帝的日记事件。

1888年9月，腓特烈三世去世后几个月，赫赫有名、深受敬重的德意志评论刊物《德意志评论报》（*Die*

Deutsche Rundschau）匿名发表腓特烈三世在普法战争期间的日记摘录，介绍当时的普鲁士为建立德意志帝国、拥立德意志皇帝而在凡尔赛的指挥部所做的努力。这些摘录片段表明，当时的王储极为热情地支持和拥护民族主义思想，相信自由主义的光辉将洒满整个帝国。王储也在部分段落中批评俾斯麦瞻前顾后，不够有决断力。然而，但凡公正客观地看待王储的日记，都会意识到，王储认可俾斯麦开创的丰功伟业，认为他的功劳是无可置疑的。在史学家看来，王储的日记非常宝贵，可以纠正某些错误印象，能够对德意志这个伟大的历史时期有相对公正客观的看法。

　　然而，俾斯麦看到这些片段时勃然大怒，而激进自由派报纸刊登并点评王储日记的摘录的行为更是火上浇油。他发现，是皇帝生前的好友格夫肯教授从他的日记中摘录了一些片段，送交给《德意志评论报》的，于是立刻对格夫肯发起刑事诉讼，指控他伪造日记，并将他逮捕。格夫肯是无辜的，因为俾斯麦清楚，这些日记绝对真实可靠，他对自己的新闻代理人布什也是这么说的。然而，盛怒之下他被蒙蔽了双眼，以至于将十诫中第九条戒律"不可做伪证陷害人"忘得一干二净。

　　俾斯麦给威廉二世的报告全篇都是对腓特烈三世日记的不满。这份给皇帝的报告被称作直接报告（Immediat-Berichte），在俾斯麦的煽动下，年轻的威廉皇帝同意将报告公开出版。这份报告给人们留下了一个强烈的印象：一旦激怒俾斯麦，他将毫不顾忌地将所有人拖入深渊，哪怕是已故的腓特烈三世皇帝都是如此。皇帝尸骨未寒，俾斯麦就公开对他进行诽谤和攻击；更可悲的是，报告中的第一句话就是："威廉一世陛下不让我和王储讨论任何机密

俾斯麦与德意志崛起

政策，国王陛下担心王储行事冒失莽撞，会将机密信息泄露给英国宫廷，那里遍地都是同情法国的人。"作为19世纪最杰出的政治家，竟然亲笔写下这些造谣诽谤的话，还公开出版，简直令人难以置信。有一位曾十分推崇俾斯麦的保守派政治家曾愤怒地写道："即便那是事实，也不应该说出来，这不仅是对已故皇帝回忆的中伤，还势必会动摇德意志民族对帝国的信心。"虽然俾斯麦暗示，他针对的目标是维多利亚皇后，但这无疑是俾斯麦蓄意制造的假象——即使他从维多利亚皇后的副官的一封信中得知皇后与日记出版没有任何关系。还记得腓特烈三世的临终遗言吗？这就是俾斯麦的回应。

帝国法院对此案进行了审理后，判决俾斯麦败诉，同时将拘押了三个月的格夫肯无罪释放。这件事还产生了对俾斯麦不利的政治影响：年轻的威廉二世意识到，俾斯麦的建议并不总是像他想象的那样明智正确、大公无私。对于已故皇帝的日记，他的确听从了俾斯麦的建议来行动，尤其是放任他刊登直接报告的内容。然而，倘若有人指出，报告出版后，霍亨索伦家族的权威受到损害，他会如何回应呢？此时，他身边已经簇拥着许多人，他们急于对叱咤风云的俾斯麦展开攻击。

十五、俾斯麦倒台

威廉二世当上德意志皇帝和普鲁士国王时，还不到30

岁。作为一个伟大帝国的统治者，这个年纪还算不上成熟。不幸的是，威廉的心理年龄要更加幼稚。他父亲腓特烈三世对此很清楚，在老皇帝威廉一世和俾斯麦想要让心智尚不成熟的小威廉管理外交事务时，腓特烈三世表达了强烈抗议。1886年腓特烈三世给俾斯麦写信说："我的长子心智还不成熟，也缺乏经验，总是高估自己。我必须这么说：现在就让他接触外交问题太危险了。"本来，小威廉应该像他父亲一样，先从国内事务入手，避免意气用事，避免做出错误判断后再循序渐进的。然而，腓特烈三世的建议却被置若罔闻，后来发生的事证明，他说得非常正确。

在腓特烈的这封信写下几年后，王子仍没有学到太多东西。负责向他教授本国宪法和行政事务的格内斯特教授向法国大使抱怨，王子以为他什么都懂——其实什么也没学。他父亲的病情使他有机会把自己推到台前，把自己扮成民族情绪的捍卫者。他的虚荣心被他的军事随从们的掌声所激起，他更喜欢波茨坦警卫队的军官们的陪伴。他们称赞他是军事美德的化身，甚至俾斯麦也断言他是德国的希望，正是因为他具备普鲁士卫队军官的素质。

但是，小威廉倾向于高估自己和自己的地位有更深刻和更强烈的原因。俾斯麦的整个政治努力都是为了提升普鲁士国王的地位，使他成为德意志的真正统治者。俾斯麦的整个体系都是建立在一种普鲁士国王和德意志帝国皇帝拥有自主决策权的假象之上的。他甚至曾在议会上说，普鲁士真正的宰相是他的国王陛下。俾斯麦想要采取的任何政治步骤都会被他称为"皇帝的政策"，而反对他的人则被贴上"敌视皇帝"的标签。当然，每个有经验的政治家都知道，这只是一种话术，但是，我们能怪一位年轻而有

俾斯麦与德意志崛起

雄心壮志的皇帝，在第一次尝到权力的滋味后，就把这些话术当作字面真理，并坚定不移地相信"皇帝的政策"实际上必须是由他本人制定的政策吗？

此外，对霍亨索伦皇室的崇拜已成为爱国主义信条的一部分。从中学到大学，上千位教授都在宣扬这种思想。不仅是老皇帝本人受到赞美，而且几乎每一个曾经占据王位的霍亨索伦都受到赞美。特雷奇克或许就是这种霍亨索伦崇拜的大祭司，他甚至把平庸而木讷的腓特烈·威廉三世捧为伟大的政治家；历史学家鲍姆加滕对特雷奇克描绘德意志历史的方式与倾向表示抗议，结果却被他的许多同事贴上不爱国的标签。

这样的气氛解释了这位年轻皇帝如此傲慢的原因。只有一个坚强而老练的性格，才能抵抗长久的掌声和崇拜带来的潜移默化的影响。威廉二世显然不够成熟老练，但他确实拥有一些优点，能给那些了解他的人留下深刻的印象。毫无疑问，他是一个能够很快看到问题关键的人，表达能力也十分出众。但是，对小威廉来说，拥有这些品质反而更危险，因为他不愿认真而持久地从事一项工作。瓦德西将军在热情地欢迎威廉二世登基后，很快就在日记中写道，皇帝总是忽略他的部长或将军的口头报告，因为他们让他感到厌烦。其实，早在1889年2月，俾斯麦就向部长们抱怨，陛下宁愿开车去波茨坦参加一次军队晚宴，也不愿听他的建议，每周召开一次部长会议，以便熟悉他的新任务。

这样的人不可能接受他祖父在俾斯麦身边扮演的角色。的确，当俾斯麦与他的父母发生冲突时，他曾把俾斯麦夸得天花乱坠。在那段时间，俾斯麦利用年轻的王子来达到自己的目的，对于帝国家庭的内部矛盾，俾斯麦和儿子赫伯特从没试过从中调停，而是不停地激化矛盾。尤其是赫伯特·俾斯麦，他热衷于煽风点火，导致威廉和父母的冲突带来了最悲哀的后果。赫伯特在36岁时就被任命为外交部长，显然是父亲俾斯麦有意让他继承自己的职位。只可惜，无论是政治事务，还是处理人际关系，赫伯特都无法和父亲比肩。他傲慢而缺乏智慧。在俾斯麦父子俩对皇帝家事的干预之下，小威廉更加自命不凡。

此时，威廉周围的人低声在他耳边说，他只是强大的宰相的工具，他永远不会成为一个伟大的统治者。他们说，如果腓特烈大帝任俾斯麦驱使，他就永远不会成为他所成就的伟大君主。宰相并不知道这一切，但他怀疑瓦德西将军在反对他。这位将军是一个非常有野心的人，俾斯麦认为他觊觎着自己宰相的职位。宫廷牧师斯托克写过一封臭名昭著的葬礼之信（Scheiterhaufen-Brief），挑拨威廉和俾斯麦之间的关系，这便是瓦德西将军野心的一则例证。斯托克是一位保守党极右翼议员，也是一位强烈的煽动者，他将反犹太主义作为政党口号引入德国政治生活。保守党机关报《十字军报》的编辑巴伦·冯·哈默斯坦是一位有才华但放荡不羁的人，最终以刑事罪被关押。以斯托克和哈默施泰因为首的保守党极右翼憎恨自由主义，无法容忍哪怕是最温和的民族自由主义，他们还试图摧毁卡特尔政党同盟。斯托克曾是威廉和他的妻子早期的宠儿，他希望在俾斯麦被赶下台后控制威廉二世。早在1888年8月，斯托克就给哈默斯坦写了一封信，建议他使用威廉二世注意不到的手段，离间皇帝和宰相。这封信中有几句话格外出名："我们必须在卡特尔周围点燃柴火，将其烧为灰烬。""倘若皇帝察觉到，我们试图离间他和宰相的关系，恐怕会心生不快。但是如果我们在他本能地站在我们这一边的事情上培养他的不满，我们就可以在不激怒他的情况下，从原则上加强他。"然后他引用威廉二世的话说："我会给这位老人6个月的时间，让他有喘息的机会。随后，我将把统治权牢牢掌握在自己手中。"哈默斯坦在《十字军报》上实施了他的计划，举例来说，他批判俾斯麦公开出版直接报告是对君主感情的冒犯与不尊。

此时，俾斯麦的影响力仍足以轻松挫败这类阴谋。在他的怂恿下，皇帝向斯托克提出了要么辞去宫廷职位，要么停止煽动的选择。斯托克只想保住自己的职位，因此放弃了他的新闻宣传活动。但皇帝则进一步表态，公开批判《十字军报》，支持卡特尔同盟。随后，俾斯麦任命国家自由党的领袖本尼格森为汉诺威省的首席长官，并向米克尔提供了类似的职位，因为米克尔以其迷人的谈话打动了皇帝。但米克尔知道，俾斯麦既不喜欢也不信任他，因此拒绝了这一提议。他在等俾斯麦下台，等待可以大显身手的那一天。

以俾斯麦的洞察力当然看得出来，围绕着皇帝的许多势力都在反对他。为了维持自己的优势地位，他本应不顾麻烦，尽可能在柏林待久一点，从而随时见到皇帝，用他老练的政治智慧为他出谋划策。可他却恰恰相反，在瓦尔岑或福里德里斯鲁一待就是几个月。他可能想着儿子赫伯特能够影响皇帝，做出对自己有利的决策；但赫伯特根本不能胜任这项任务，而通常是最敏锐的人物评判家的俾斯麦，却完全没有看出自己儿子的缺点。

但是，导致俾斯麦下台的不仅仅是个人问题，政治困境和政见分歧也导致年轻的德皇和年迈的宰相分道扬镳。

1889年5月，二人第一次爆发严重分歧。当时威斯特伐利亚的矿工们展开大规模罢工，对于矿工们的痛苦，俾斯麦没有表示出丝毫同情。他作为容克，内心倾向于维护雇主的利益。然而，威廉二世从非官方渠道对矿工的生活状况有所耳闻，十分担忧他们的困境。放到今天，看到威廉二世如此同情劳动者，没有人会表示责备；不幸的是，他表达同情的方式太过于笨拙莽撞，有失分寸。他在俾斯麦主持的大臣政务会上突然现身，发表了一番激烈演讲，对雇主表示抗议；他以为发布一道皇家敕令，就能解决全部冲突。在皇帝离开后，俾斯麦挖苦道，年轻君主的见解有着腓特烈大帝的父亲——专制独裁的腓特烈·威廉一世的风范；他还补充说，为阻止他的任性冲动，得保护好他。

发生这件事后，俾斯麦意识到，皇帝看待社会问题的方式和自己不同。不过，更糟心的事还在后头，它们围绕着反社会主义法展开。

1887年七年期之争后，帝国议会重新举行了选举，新一届议会称为卡特尔帝国议会。这是自1881年以来，对俾斯麦统治来说最有利的一届议会，跟随俾斯麦走过无数困境的卡特尔议员占据了绝对的多数席位。反对派毫无招架之力。此时的俾斯麦急于利用空前强大的地位，将反社会主义法永久化。他讨厌每隔一两年或三年，就得去找帝国议会延长法律有效期。他从不认为，这部法律只能在紧急情况下临时使用。其实，该措施显然没有发挥实际作用，但俾斯麦没有吸取教训。

虽然反社会主义法已经推出了10年，社会主义派议员的选票还是在不断增加。对此，俾斯麦得出的结论是，该法律应该具有永久效力。卡特尔同盟党形成的多数派相当愿意对这项政策表示支持，因此内阁在1889年秋提出的法案完全有可能通过。民族自由党也没有提出什么异议，只是提出了一项改动。他们批评，法案中警察将煽动社会主义的人驱逐离开居住地的权力太容易被滥用，而警察们的手段又十分野蛮，就连从前和社会主义者完全没有联系的人，都感到十分愤慨，为他们打抱不平。因此，民族自由党反对让驱逐权永久化。1889 年 12 月，在帝国议会委员会的审议环节，民族自由党投票反对驱逐权条款。保守派曾为这项条款展开最激烈的抗争，他们宣布，倘若不恢复该条款，这部反社会主义者法就是一纸空文。于是，委员会进行了第二次审议，民族自由党和其他反对党派成员再次投票驳回了这项条款。随后，保守党决定直接反对整部法律，认为这部法律很可能在委员会审议阶段就被否决掉。

此时温特霍斯特注意到，卡特尔同盟的两党存在分歧，可能对反对党派有利，尤其有利于即将到来的议会大选。为了诱使他们在帝国议会的全体会议上发生内讧，尤其要被全体德意志人民看见，温特霍斯特和朋友都投票赞成这个经过几番修改的残缺法案，并在全体议员出席的议会上讨论。帝国议会的全体会议计划于 1890 年 1 月召开，同年 2 月就将举行新一轮帝国议会大选。因此，这次选举将在反社会主义法斗争的背景下召开，势必会受到其影响。

在委员会讨论阶段，保守党领袖冯·赫尔多夫前往福里德里斯鲁与俾斯麦讨论保守党的态度。他知道，如果政府坚持驱逐权，这项法案注定会失败；他愿意在没有这一条款的情况下投票赞成，只要政府明确表示，就算这则条款被删去也可以接受，那么他愿意投票支持这种形式的法案。然而，俾斯麦没有给他承诺。晚年时，俾斯麦断言，赫尔多夫误解了自己的意思，甚至暗示，赫尔多夫与自己的敌人站在一起。但其实问题很简单：只要俾斯麦愿意，赫尔多夫就能给出明确直白的答复。可俾斯麦没有这么做，原因他自己也知道。

反社会主义法的命运仍悬而未决时，又出现了另一个问题，这个问题注定会让德皇和宰相的关系更加疏远。威廉二世对社会问题越来越感兴趣。非官方顾问告诉他，保护劳工尤其是妇女和儿童的利益相当必要，应该保护他们免受过度劳累和其他形式的剥削。当时，这种剥削手段已经不是新鲜事了，德意志也不例外。多年来，帝国议会的各个党派从未停止过争取劳工保护的措施，帝国议会也通过了这方面的决议。

只有一个绊脚石：宰相本人。俾斯麦在这些问题上有着最陈旧的想法，这些想法是曼彻斯特经济学派在半个世纪前就有的，可是这些看法早已过时。对俾斯麦来说，这种措施等同于人道主义垃圾（Humanitätsdusel）。事实上，晚年的俾斯麦反对任何方向的改革。许多改革早就该进行了，大臣们也心知肚明。举例来说，普鲁士的所得税就亟须调整。无条件崇拜俾斯麦的普鲁士财政部长起草了一份改革议案，德皇也签名表示赞同。然而，在上交议会进行辩论之前，俾斯麦就宣布普鲁士邦议会落幕，于是这部法案被扔进了废纸篓，无人问津。

此时的威廉二世开始对社会立法感兴趣，任何公正的观察者都可以看出，这一天迟早会到来。无论是帝国议会，还是德皇，都终将战胜宰相俾斯麦的反对阻力。帝国内政大臣冯·伯蒂歇尔是俾斯麦在帝国和普鲁士政府中的副手，他清楚认识到，如果俾斯麦不及时回心转意，就必定在这场战役中失败。

伯蒂歇尔前往福里德里斯鲁，建议俾斯麦改变想法。但俾斯麦坚决不变。这次访问只产生了一个效果：俾斯麦开始怀疑伯蒂歇尔暗中和自己作对，会转而投靠年轻的德意志皇帝这轮冉冉升起的旭日，并渴望成为总理。当然，这最后一点在俾斯麦眼中是最糟糕的罪行。无论何时，一旦产生这种怀疑，他的思想就会走入歧途。这次，它有双重刺激：对他来说，一个竞争对手的出现不仅意味着他自己的位置受到威胁，还意味着他的儿子赫伯特的危险，在他心中，赫伯特就是宰相之位的继承人。俾斯麦认为，伯蒂歇尔试图走自己的路，甚至提出自己的建议，不仅是傲慢无礼，而且是忘恩负义。他帮助伯蒂歇尔摆脱了财务困境，通过韦尔夫基金会的捐赠，假装对伯蒂歇尔说这是老皇帝的私人捐赠。这笔钱属于遭到废黜的汉诺威国王，俾斯麦认为自己用这笔钱拯救了伯蒂歇尔，后者欠了自己的恩情，自然应该心怀感激。

9月1日，伯蒂歇尔再次前往福里德里斯鲁。同一天，帝国议会重新召开会议。反社会主义法案的第二次阅读定于1月23日进行。很显然，俾斯麦需要立即返回柏林。不仅是伯蒂歇尔，俾斯麦最亲密的合作伙伴——宰相府主管冯·罗滕贝格也建议这么做。然而，俾斯麦却一律拒绝，他听从了赫伯特的建议，留在了福里德里斯鲁。

直到1月24日，俾斯麦才听从德皇的心愿回到柏林，德皇当天下午召集枢密院会议。枢密院是在国王主持下，普鲁士政府指定召开会议的官方机构。

枢密院会议定于下午6点召开。会议召开前，皇帝迫切地想见到俾斯麦。下午3点，俾斯麦提前在办公室和大臣们开了一次会。

和大臣们开会时，俾斯麦告诉他们，德皇可能会在政务会上提出劳动保护提案。俾斯麦建议他们对提案既不要接受，也不要反对，而是让他们多给一些时间来考虑。对此所有大臣都一致表示同意。然后，俾斯麦谈到了反社会主义法。开会前一天，帝国议会对该法案进行二读。该法案大部分条款被议员们一致通过，唯有警察对社会主义者的驱逐权条款没有通过，民族自由党与其他反对党派共同投票反对这项条款。在辩论环节，赫尔多夫以政党的名义宣布，倘若这项条款不恢复，他们将投票反对整个法案，除非政府发布官方声明，接受法案的缩减形式。保守党的这项决定表明党内左右翼互相做出了妥协，一翼想完全退出摧毁卡特尔同盟，另一派则想保留，同时为即将到来的选举做准备。保守党发表了许多言辞激烈的演讲，对这项议案表示反对，如果希望他们最终投票支持这项残缺不全的法案，就得对选民给出解释，因此，政府需要按照他们的要求，发布公开声明。

此时，俾斯麦告诉大臣，让政府发布公开声明来通过这项残缺不全的议案是不明智的，那样的话，议会就无须承担责任。伯蒂歇尔指出，倘若政府不发布声明，法案就毫无意义；他还提出了一些论据表示反对。其他大臣也支持伯蒂歇尔。然而，俾斯麦再次站稳了脚跟。他的论据基于一个微妙的理论，其目的与他以前曾经涉及的一些类似的诡辩一样，即掩盖他真正的动机。

6点钟，大臣们聚集在一起参加枢密院会议。他们进入议事厅后，见到了德皇和宰相，两人已经讨论过这些问题，只不过没有达成一致。

会议开始后，皇帝发表讲话，阐述了他的社会改革计划。

俾斯麦与德意志崛起

他的提案根本不过分：工厂周日禁止开工，妇女和儿童不得工作，如今看来，这些都是十分正常的要求。然而，威廉在讲话中阐述这些议题时，措辞却很不同寻常。举例来说，他表示德意志雇主像榨取柠檬一样剥削工人，任由老年人生活在粪堆中发烂发臭；最后他宣布，他想成为乞丐之王（Roi des gueux）——25年前，为了激怒进步党，俾斯麦曾喊过相同的口号。如今，俾斯麦听到这句话从年轻的德皇嘴里说出来，却是为了支持他所憎恶的社会政策，他没理由感到高兴。

就在腓特烈大帝诞辰这一天，德皇表示想向人民发布一则公告。这则例子很好地体现了他在制造戏剧效果方面极具天赋。然而，在大臣们收到这则指示时，却说需要时间来仔细考虑这个问题，因此，威廉皇帝做出了让步。

威廉二世谈到反社会主义法时，暴风雨才真正来临。他恳求大臣们接受这部法案，哪怕剔除驱逐权的条款也可以。然而，这一次，俾斯麦却站出来表示反对。他提出一系列论据，却没有打动德皇，于是他表现得越来越激动，最终长叹一声：倘若这部法案没能通过，那就拭目以待，在没有法律的情况下，海浪会拍打得有多高，冲突会有多么激烈。

俾斯麦的真正动机是：他希望，在没有法律束缚的情况下，社会主义者会走极端，然后就可以使用武装力量予以镇压。威廉二世看透了他内心的想法。俾斯麦蓄意引发血腥冲突，因此，他回应道，他才刚坐上王位，不希望统治初期就沾染上臣民的鲜血。威廉二世向其他部长们提出请求，要求他们给出意见。他本以为大臣们会同意自己的看法，结果他大失所望，在宰相的面前，没有一个人敢站在皇帝一边。威廉二世只好退让。俾斯麦计划得逞，反社会主义法也流产了。

随后，德皇愤愤不平地离开了政务会。他觉得是大臣们抛弃了自己。他说："这些人不是我的大臣，是俾斯麦的。"俾斯麦常常挂在嘴边的"皇帝决策"变成了什么？俾斯麦第一次和皇帝发生分歧时，这句话就表现得不堪一击。

第二天，反社会主义法案第三次在国会上审议。在全体投票环节，保守党投票反对整个法案，因为政府没有满足他们的期望发布声明，这些投票加上自由民主党、中间派和社会民主党的投票，使该法案被否决。事实上，这是这项特殊法律的终结。旧法律直到1890年9月30日才到期，2月的选举仍然要在它的限制下进行。但是接下来会发生什么？卡特尔国会是否会准备通过一项甚至连他们自己都拒绝的法律？凡是对德意志人民感情有所了解的人，都知道法案不可能通过。与此相反的是，大多数观察者都确信，卡特尔政党同盟在下次选举时会遭到惨败，政府对反社会主义法律的管理不善，领导能力明显缺乏，保守派和民族自由党之间的冲突使他们的失败成为必然。实际上，自此以后，也没有人再想过让反社会主义法死灰复燃了。

俾斯麦清楚地看到，要让联邦参议院更加偏袒他是不可能的，这一点无可置疑。只有一种假设可以解释俾斯麦的态度：他想要挑起冲突。但是，就这么在政务会上引爆冲突，这是多么大的错误啊！1864年至1866年是他在政务会的鼎盛时期，那时他处理政务的方式和现在完全不同，当时他引导威廉一世顺从自己的想法，对皇帝做报告时，他能保证皇帝听得高兴就够了。俾斯麦次子是个冷静清醒的观察者，还有些愤世嫉俗，他评论说："我父亲没以前那么雷厉风行了。"俾斯麦自己也认识到，他在枢密院会议上犯了愚蠢的错误。第二天早上，宰相府主管发现宰相躺在沙发上，双眼含泪。他说，因为皇帝完全疏远了他，他不能继续担任职务。但是，这种情绪很快就过去了，他可不是自愿放弃权力的人。

他试图妥协。在下一次内阁会议上，他极力敦促大臣们支持德皇保护劳工的想法。威廉二世很高兴。第二天，1月27日，是皇帝的生日，这一天看起来像一个可以达成和解的好日子。但几天后，皇帝得知俾斯麦又提出新的难题。德皇曾建议萨克森国王，让他将自己的期望和计划拟成议案，提交给联邦参议院。但是俾斯麦威胁萨克森宰相，如果他们敢这么做，自己就辞职。威廉二世原本打算向德意志人民和全世界宣布社会改革计划，听到内阁正在审议他拟定的草案时，不禁心生怀疑。俾斯麦把草案分成两个宣言，一份是对法律的修改建议，另一份是宣告举行国际会议，邀请其他国家的政府代表来柏林，共同讨论社会问题。就在部长们开会的时候，德皇突然出现，靴子上的马刺发出哐当哐当的声音。这不是俾斯麦习惯于被他的国王这样对待的方式。但是当俾斯麦告诉威廉二世部长们做出的决定时，他满意地离开了。

几天后，公告拟定完成，准备发布。俾斯麦本人也参与了编辑文本，但当国王签署了宣言，并根据宪法要求，要求宰相联合署名时，俾斯麦拒绝了。这是一件非常严重的事情。但是威廉如此高兴能够发布宣言，以至于他在1890年2月4日在官方公报《帝国公报》（*Reichsanzeiger*）上，发布了没有俾斯麦联合署名的宣言。

此时，大选正在如火如荼地进行。宣言引起的轰动，尤其是没有宰相联合署名，使普遍的兴奋情绪进一步提升。反对派成员现在确定，不仅反社会主义法律已经死亡，德皇的政策与俾斯麦的政策也已经发生公开冲突。班贝格正准备前往选区和选民见面时，看到了这份公告，他半开玩笑地对一位朋友说："也许到4月1日，俾斯麦只能在福里德里斯鲁以普通公民的方式庆祝生日了。"

俾斯麦意识到必须赶紧做出改变。在下一次政务会上，他告诉大臣，他将辞去普鲁士总理一职，只保留帝国宰相的职位，德皇也同意了他的计划。他本以为对于自己的部分退休，大臣们会集体抗议，结果令他大失所望：他们都同意这一安排，伯蒂歇尔还发表了一通洋洋洒洒的告别演讲，俾斯麦心中对他的怒火燃烧得更旺了。

召开政务会的同一天，俾斯麦采取了一项超越他以往所有阴谋的举措。当俾斯麦突然出现在法国大使馆（他从未拜访过外国外交官）时，法国大使完全惊呆了。不过，令他更惊讶的是，俾斯麦直言不讳地提出，法国政府应当破坏德意志皇帝筹办的国际劳工大会。法国大使写道："宰相毫不含糊地站到了皇帝的对立面。"但整个令人难以置信的故事中最令人惊讶的是，俾斯麦的用意昭然若揭，他却完全不觉得尴尬。他兴高采烈，对大使调侃地谈到了一位德国王子，即皇帝的叔叔巴登大公。最后，他和大使聊起了他房间里代表着伊阿宋和美狄亚故事的画作。大使提到，在这则传说中，美狄亚最后回到了伊阿宋身边。俾斯麦笑了笑，低声吟诵了这句话："总会回到最初的爱（On revient toujours à ses premiers amours）。"离开时，俾斯麦还说："或许这个规律也会发生在我身上！"

为破坏德皇寄予厚望的国际劳工大会，俾斯麦还采取

俾斯麦与德意志崛起

了其他手段。俾斯麦耍手段的事情自然传到了德皇耳中，此时他十分确信，宰相将暗中采取任何可能的手段搞破坏。皇帝感到君权遭到了冒犯。后来，他说道："除掉他是我君权的职责所在。"

俾斯麦曾经有效地对抗了腓特烈四世皇帝，此时他又采用了相同的手段。他通过一家外国报刊散播消息，自己和德皇存在意见分歧过大，迫于无奈，他只能对普鲁士政府提出退休申请。只可惜，结果再次令他失望。对于俾斯麦可能辞职的消息，1888年有的报刊还为此哀痛哭泣，此刻它们全都表现得相当平静，更糟糕的是，这些报刊好像还对结果很满意。一家民族自由党旗下的报刊冷静地写道，普鲁士大臣的倡议一直遭到俾斯麦的镇压，俾斯麦的离开可以帮助他们利益最大化。

2月20日，新一届帝国议会大选拉开了帷幕。卡特尔同盟政党遭到沉重打击，自由思想党席位是以前的两倍，社会民主党获得的选票也翻了一番。此时反社会主义法律尚未失效，虽然社会主义者面临重重令人不快的限制，他们还是获得了近150万张选票。

这是俾斯麦体系遭遇过的最沉重的打击。成千上万的选民认为，在上一次大选，也就是1887年的大选中，俾斯麦制造的战争恐慌情绪，致使他们被欺骗了。许多人都感受到，俾斯麦的主宰地位已经成为过去式。影响力最庞大的中央党报刊发表了一篇文章，标题是《他辉煌不再！》（Es gelingt nichts mehr!），这个口号广为流传，因为它巧妙完美地表达了大部分人的感受。

俾斯麦的确在这次选举中失败了，要是放到议会制国家，他必定要引咎辞职。然而，德意志不是议会制国家，屈服于人民的投票结果对俾斯麦来说是绝对不可能的。结果恰恰相反。他不再计划部分退休，而是决定保留所有职务，更加彻底地控制和统治大臣。除此之外，他也开始着手组建新的政党联盟。卡特尔政党同盟成为过去式，那为何不尝试让保守派和中央党联盟呢？只要波兰人和韦尔夫派加入，这种联盟形式就能在帝国议会中占据多数席位。在俾斯麦眼里，波兰人和韦尔夫派始终是帝国最强劲的敌人；但是，俾斯麦还是很乐意把他们纳入麾下，组成新的党派联盟。

但更重要的是俾斯麦正在酝酿的另一个计划。俾斯麦完全记得1862年他上任时的情况。当时，威廉一世并不喜欢他，但皇帝被迫依靠他，因为没有其他人可以帮助他度过与议会的宪政冲突。新的冲突将使威廉二世陷入同样的境地。俾斯麦已经制订了煽动这种冲突的计划。他有两个办法可以实现这个目的：一是大幅增加军事预算；二是在已经驳回的法案的基础上，制定出更加严苛、具有压迫性的反社会主义法案。新一届帝国议会必将驳回这些措施，然后就会面临解散，再重新大选的命运。然而，俾斯麦能否有同样的把握，选民会选出更加温和顺从的帝国议会呢？俾斯麦也很怀疑。不过，对于这种可能，他早有准备。他构想出了一个新理论，可能会像60年代他想出的著名的宪法缺口理论一样为个人目标所用。

他构想出的新理论很简单。俾斯麦认为，帝国是德意志各君主，而非德意志各邦国组成的联盟。倘若各君主有不满，他们就能发出通知，解散德意志帝国，就像如果合伙人对公司经营状况不满意也可以关停公司一样。德意志人民没有发言权，也无须征求他们的意见；他们必须等待德意志君主决定通过新宪法，组建新的德意志帝国。毫无疑问，这么做势必会削弱帝国议会的权威，普选制也会遭到废除。

这个理论自然是对德意志民族主义的彻底否定，更是完全否定了德意志民族感情。这意味着，俾斯麦身上受人民喜爱的特质，都被他一一亲手摧毁了。促成德意志统一的英雄却在想办法毁灭德意志，着实是一幕悲哀的奇观。

俾斯麦的这些计划都没有实现，也未曾尝试过，这是德意志人民的幸运，却也是俾斯麦的不幸。皇帝对宰相打算采取何种极端措施毫不知情，却还是拒绝了俾斯麦提出的第一批举措，也不同意推出新的更严苛的反社会主义法案。

与此同时，另外两起事件将危机推向了高潮。在一次政务会上，俾斯麦请大臣们注意1852年的一项古老敕令（Kabinettsorder），要求大臣们向国王做个人汇报时，宰相必须在场。20多年前，这道法令早已经被废除，没有人留意过。也没有人能够说得清：要是宰相离开首都，去瓦尔岑或者福里德里斯鲁待6个月，甚至更久，这道法令又该如何遵守？威廉二世认为，俾斯麦试图再次恢复这个早已形同虚设的规定，阻止他和大臣们自由交流，让他成为俾斯麦的掌中之物。

另一个令皇帝愤怒的消息是，中央党领导人温特霍斯特拜访了俾斯麦。温特霍斯特很清楚，俾斯麦正在组织新的政党组合，而且他的中央党在这个组合中最为重要。此外，他怀疑俾斯麦自七年期斗争以来就想破坏德意志宪法。他曾对班贝格说了这么一段话："若我看到火车头朝我驶来，我不会站在原地不动，而是跳上火车，和它开向下一个目的地。"此时，他相当愿意听取俾斯麦的意见，布莱克罗德领他到宰相办公室。两人谈话持续了一个半小时，在离开后，他对朋友说："我刚拜访完一位临终的伟人"。事实表明，温特霍斯特的来访给俾斯麦带来了致命一击（Coup de grace）。

威廉二世听到温特霍斯特造访俾斯麦后，大发雷霆。在议会制国家，政府首脑依赖议会大多数议员的信任，自然有权组成这类政党联盟，从而确保自己能获得多数派支持。然而，这是德意志，宰相挂在嘴边的一直是依靠皇帝的信任，他实行的也是"皇帝政策"，因此，他打算组成新的政党联盟前，皇帝有知情权，这一点是无可争议的。在这种情况下，我们无须怪罪威廉二世令宰相做出解释的要求。只不过，威廉二世的行动方式大错特错，他的傲慢和不成熟显露无遗——这也是他父亲曾为他深深哀叹遗憾的性格特征。

3月15日上午，威廉二世和俾斯麦聚在赫伯特·俾斯麦家里，两人展开了最后一次激烈谈话。宰相告诉皇帝，温特霍斯特拜访了自己（即便皇帝早就知道了这件事）。威廉二世的回应让人听起来简直不能更糟糕了："你怎么不把他赶出门呢？"谈话开端已经够糟了，但随着谈话进行，气氛变得越来越紧张激烈。俾斯麦大发雷霆，以至于后来威廉二世告诉朋友，他当时很害怕俾斯麦会把墨盒朝他砸过来。威廉二世指责这位年长的政治家和"犹太人与耶稣会"有来往。

皇帝要求废除1852年的古老的敕令，却被俾斯麦一口回绝。俾斯麦提起了德皇打算拜访沙皇一事，建议他不要这样做，因为他收到报告表明，沙皇对德意志并不友好。他宣称手里有这些报告，只是不能给皇帝看，因为可能会

俾斯麦与德意志崛起

冒犯皇帝。马克·安东尼在罗马人强迫他宣读凯撒的遗嘱时，也用过相同的手段。

威廉二世当然急着阅读这些搞阴谋诡计的文件。于是，俾斯麦把文件递给他。皇帝一边忍受着俾斯麦的凝视，一边读出沙皇称他为"一个没有教养的奸诈的年轻人（Un garfon mal eleve et de mauvaise foi）"。本来，威廉二世是想对俾斯麦下命令，说想见哪位国王是他的权利；结果他像个小学生一样，在宰相面前聆听教诲。

然后两人谈话结束。威廉二世走之前，再次下令废除古老的敕令。

自从这件事之后，两个人都心知肚明，他们将会分道扬镳，没有回转的余地。

俾斯麦没有采取任何行动。即便威廉二世派将军来找他，再次要求废除敕令，他没有照办，也没有提出辞职。

威廉二世感到焦躁不安，随后又犯了一个愚蠢的错误。宰相办公室给他发来的一份报告表明，基辅的领事称，俄国似乎在为战争做准备。威廉二世仍然对沙皇的攻击性言论耿耿于怀，于是用他特有的怪异方式夸大了这些报告的重要性。他给俾斯麦写了一封信，信还没有密封，信中责备俾斯麦没有及时提醒他注意"可怕的危险"，"现在是时候警告奥地利，采取对抗措施"。

此时，俾斯麦完全达到了目的：让皇帝插手外交事务。他把消息传给新闻界的记者朋友，由于皇帝想采取军事措施抵抗俄国，出于被迫，他只好辞职。他也做好准备，递交辞职信了。

俾斯麦写了辞呈，打算登报，但皇帝禁止他这样做。在俾斯麦去世当天，布什才在柏林的一家报纸上刊登了他的辞呈，读来就像是已故的宰相对皇帝的控诉信。俾斯麦的写作技巧驾轻就熟。对于和皇帝的意见分歧，他只挑了那些会得到公共舆论支持的部分呈现，还对威廉二世插足外交政策措辞激烈。俾斯麦宣布，他只能违抗皇命，写道："倘若我遵从皇帝命令，德意志重要的成果，乃至所有的胜利果实都会毁于一旦；它们都要归功于前两任皇帝指导下的外交政策，尽管德意志与俄国关系紧张，但仍然取得了巨大成功，比我们现在，乃至未来的预期还要好，舒瓦洛夫伯爵刚向我证实了这一点。"这位政治家已经濒临退休，却还在控诉皇帝总想破坏他毕生的成就。他运用娴熟的写作技巧，描绘这些重大事件，称这个将他赶下台的年轻人是罪魁祸首，要为德意志帝国将面临的一切不幸事件负责。他的辞呈中有这样一句话，读后不禁让人感慨万千："我对皇室和陛下忠心耿耿，多年来，我一直在宰相之位上坐得很稳当，我也以为这是恒久不变的，我早已习惯稳定的君臣关系，现在却要离开我的君主；我也早已习惯帝国和普鲁士的政策治理，现在却要离开政坛，我悲不自胜。"俾斯麦这番话是在控诉威廉二世这位统治者，突然剥夺了赋予他生命价值的一切事物。俾斯麦描绘了一个人类悲剧，其忧伤阴郁之程度不亚于伟大诗人笔下的悲剧。

即便如此，我们也不至于蒙昧到看不清这个事实：俾斯麦的辞职的确具有悲剧色彩，但也是必然结果。无论俾斯麦有多么伟大出众，盖世无双，但此时的他，已经黔驴技穷了。除了发起纷争和政变，他没有其他出口可以摆脱困境。要知道，俾斯麦正盘算着解散德意志帝国，我们只能感谢命运成功阻止他摧毁自己创造的一切成果。他把自己的事业交给了一个毫无能力推进，也无力保留其成果的

俾斯麦与德意志崛起

人的手上，这是德意志的不幸。然而，让这个平庸之辈掌握远超他能力范围的强大权力，俾斯麦也有错。他没有赋予议会限制这个放纵无度的统治者，没有开化德意志人民，使其思想独立，他不能完全撇开关系。

德意志在俾斯麦的领导下，愈发统一、强大、地位显赫。然而，现实政治和利益政治（Interessenpolitik）产生了巨大的影响，这位铁血宰相还将个人政权强加在同胞身上，削弱了自由、独立、正义和人道主义精神，不禁令人扼腕叹息。因此，俾斯麦的成就没能延续下去，他去世20年后，他为普鲁士王权和霍亨索伦王朝铸就的空前的崇高地位轰然倒塌，这一切并非偶然。

第四章 帝国宰相俾斯麦